PUHUA BOOKS

我
们
一
起
解
决
问
题

WILEY

项目管理认证考试系列

PMP®

(第2版)

全真模拟试题

[美]
金·赫尔德曼
(Kim Heldman)
◎著
瓦尼娜·曼加洛
(Vanina Mangano)

高志恒 张璐 ◎译

人民邮电出版社
北京

图书在版编目（CIP）数据

PMP®全真模拟试题：第2版 /（美）金·赫尔德曼
(Kim Heldman)，（美）瓦尼娜·曼加洛
(Vanina Mangano) 著；高志恒，张璐译. -- 北京：人
民邮电出版社，2022.9
ISBN 978-7-115-59363-4

Ⅰ. ①P… Ⅱ. ①金… ②瓦… ③高… ④张… Ⅲ. ①
项目管理－资格考试－习题集 Ⅳ. ①F224.5-44

中国版本图书馆CIP数据核字(2022)第104174号

内 容 提 要

随着科技的高速发展和各行各业的转型升级，项目管理专业人才已经成为我国迫切需要的人才之
一。PMP®是目前含金量极高的项目管理专业人士资格认证，从事项目管理工作的人员对获得PMP®
资格认证的需求与日俱增，国内报考人数呈指数级增长。

本书作者围绕PMP®新考纲的内容，即人员、过程、商业环境三大领域，并结合自己在项目管理
领域二十多年的研究与实践经验，编写了针对三个考试领域的专项试题和三套完整的模拟试题（总共
1 000 道），以及相应的答案解析。从题目设计上来看，题干的场景描述、知识点占比与新考纲保持一
致，高度还原了真实考试题目中的场景；从题目解析上来看，本书不仅对正确选项进行了解析，而且
对错误选项也进行了剖析，清晰地阐明了那些似是而非的选项不正确的原因。

本书是与《PMBOK®指南》（第7版）配套的备考用书，可以帮助参加PMP®认证考试的考生快速
捋清并掌握新考纲的项目管理知识体系。同时，本书对项目管理人员的实践应用也极具参考价值。

◆ 著 ［美］金·赫尔德曼（Kim Heldman）
　　　 ［美］瓦尼娜·曼加洛（Vanina Mangano）
　 译 高志恒 张 璐
　 责任编辑 杨佳凝
　 责任印制 彭志环
◆ 人民邮电出版社出版发行　　　北京市丰台区成寿寺路11号
　 邮编 100164 电子邮件 315@ptpress.com.cn
　 网址 https://www.ptpress.com.cn
　 涿州市般润文化传播有限公司印刷
◆ 开本：787×1029 1/16
　 印张：28　　　　　　　　　　2022 年 9 月第 1 版
　 字数：480 千字　　　　　　　2025 年 8 月河北第 6 次印刷
　　　　　 著作权合同登记号　图字：01-2021-1157 号

定 价：138.00 元
读者服务热线：（010）81055656 印装质量热线：（010）81055316
反盗版热线：（010）81055315

献给我的宝贝，我永远的爱人。

——金·赫尔德曼（Kim Heldman）

献给我现实生活中的英雄：尼古拉斯（Nicolas）和玛丽西尔·曼加洛（Marysil Mangano）。

——瓦尼娜·曼加洛（Vanina Mangano）

致谢

我很荣幸能成为这个伟大团队的一员，同大家一起编写这本项目管理认证考试的书籍。完成一本书的出版工作需要一个强大且专注的团队，我要感谢所有西贝克斯（Sybex）[①]团队成员的帮助和支持，是他们促成了这一切。

最要感谢的是瓦尼娜·曼加洛。没有她的支持，本书的写作工作就不可能完成。对我来说，撰写出高质量的模拟题是迄今为止最困难的任务，而瓦尼娜在这方面做得非常出色。我惊叹于她所拥有的丰富的项目管理知识，也很感激她愿意分享自己的见解和经验。和瓦尼娜共事总是让人感到很愉快，我期待在未来几年里能有机会和她在更多的项目中一起工作。

另一个由衷感谢的是高级策划编辑凯尼恩·布朗（Kenyon Brown），他给了我们创作本书的机会。与凯尼恩一起工作是很愉快的，我很感谢他所提供的帮助和独到的见解，使我们能够把这本书做得更好。

我还要感谢所有在 PMP® 培训课程中使用本书的老师，感谢你们。

最后，也是最重要的，我要感谢我最好的朋友——我的宝贝。我爱你，如果没有你的爱和支持，我不可能完成本书的写作。你是最棒的！

我还要感谢杰森（Jason）、利娅（Leah）、诺埃尔（Noelle）、

---

① 西贝克斯（Sybex）是世界著名的计算机图书出版公司。

阿曼达（Amanda）和乔（Joe），还有世界上最好的两个孙女凯特（Kate）和朱丽叶（Juliette），感谢她们的支持和鼓励。

——金·赫尔德曼

我要感谢 Sybex 团队给我创作本书的机会。我惊叹于该团队在创作和编辑过程中所付出的努力，该团队的每个角色都至关重要。

我要特别感谢金·赫尔德曼，她与我共事超过十年。我总是惊叹于她的热情和风度，就像她在书中所呈现的那样！金确实是项目管理社区中所有人的榜样，我很自豪能与她共同撰写本书。

感谢我们的高级策划编辑凯尼恩·布朗给我撰写本书的机会。和凯尼恩一起工作很愉快，我很感谢他让我留在 Sybex 团队的大家庭中！

通过本书，我有机会与策划编辑汤姆·丁斯（Tom Dinse）一起工作。汤姆是一位眼光独到的专业人士，与他共事令人愉快。汤姆的监督和指导推动了出版进程，帮助我们完成了整个出版流程。

我要特别感谢那些在我生命中占有重要位置的人，他们就是我的家人：尼古拉斯·曼加洛（Nicolas Mangano）、玛丽西尔·曼加洛（Marysil Mangano）、杰（Jr.）和卡丽娜·曼加洛（Carina Mangano）；还有我美丽的侄女凯莉（Kaylee）、阿莉莎（Alyssa）、亚丝明（Yasmin）和蕾安娜（Rianna），你们对我来说就是一切！感谢罗肖德·布朗（Roshoud Brown），他是一位才华横溢的作家，在过去的二十年里，罗肖德一直是我灵感的源泉。

——瓦尼娜·曼加洛

我们要感谢文字编辑金·温塞特（Kim Wimpsett）确保本书在语法和拼写方面的完美无缺；感谢校对员路易丝·沃森（Louise Watson）找出了几个小错误；感谢流程编辑克里斯汀·奥康纳（Christine O'Connor）确保出版过程中的各项工作顺利进行。同时，感谢印度新德里的 Aptara 排版公司。没有他们，本书不可能出版。

——金·赫尔德曼和瓦尼娜·曼加洛

译者序

2019 年 6 月，项目管理协会（PMI）发布了全新的《PMI® 认证考试大纲》（以下简称"新考纲"）。同年，针对新考纲，光环教研团队组建了包括专业学科背景讲师、资深项目管理实践者、专业研发人员等在内的共计 110 多人的团队，对其进行了多维度的研究和调研，我们有幸作为其中一员，参与了本次研究活动。

通过与众多光环专业人士的交流和讨论，我深刻地感受到，考试大纲的不断迭代，让 PMP® 的考试内容逐渐脱离《PMBOK® 指南》的约束，PMP® 的考试题目越来越场景化、价值化，而非以前的概念化、范式化。

2016 年旧考纲（见表 1）的整体思路与《PMBOK® 指南》（第 6版）一致（部分内容为考试大纲独有），考试领域按照五大过程组区分，考试成绩也按照五大过程组判定。

新考纲（见表 2）在领域方面变更为三大领域：人员、过程、商业环境，这预示着 PMI® 认证考试中约一半的内容将体现在项目管理的预测方法上，另一半将体现在敏捷方法或混合方法上。根据新考纲，PMI® 认证考试中"一切执行按计划，遇到问题走流程"的题目数量大幅减少，计算类的题目越来越简单化，概念与概念辨析的题目数量也有在减少的趋势；场景题大幅增加，在这些场景中，项目经理面对的项目的复杂性与不确定性也随之增加。那些似是而非的选项，甚至四个选项都正确的答案，让人感到仿佛不是在做题，而是在这个具有高度不确定性的时代做项目，180 道题就是 180 个项目。

表 1　2016 年旧考纲

领域	考题占比
项目启动	13%
项目规划	24%
项目执行	31%
项目监控	25%
项目收尾	7%
总计	100%

注：总共 200 道题，其中 175 道题计分，25 道题不计分。

表 2　2019 年新考纲

领域	考题占比
人员	42%
过程	50%
商业环境	8%
总计	100%

注：总共 180 道题，全部计分。

　　项目环境的不断变化，对项目经理提出了更高的要求。除了越来越复杂的需求外，项目环境的变化因素还包括产品的变革。以前的产品，更多的是纯硬件或纯软件产品，而现在的硬件产品都会被赋予"大脑"。人们喜欢在硬件的基础上加入软件、人工智能（AI）、云平台，以提升硬件产品的价值。产品管理的商业趋势是，以客户为中心，提升软件价值并持续交付。在这种趋势下，项目管理必定会被要求变革以适应新的趋势，例如，项目的临时性交付可能需要转变为产品全生命周期的价值交付，这更符合敏捷项目的特点。

　　新考纲包括整个价值交付范围内的各种方法，虽然内容有大幅的更改，但是我们可以在《PMBOK® 指南》的迭代中看出端倪。在第 4 版至第 5 版中，人员（干系人）的重要性被反复提及，而且管理干系人的过程被独立成一个知识领域并被纳入四个过程中。而第 6 版对商业环境与商业论证的描述则提高到了一个全新的高度，第 6 版重点讲道："有可能一个项目从范围、进度、预算来看是成功的，但从商业角度来看，并不成功，这是因为业务需要和市场环境在项目完成之前发生了变化。"

综上所述，我们后续的考试内容将会发生深刻的变化，如以原则为指导、以交付价值为核心、以混合方法为生命周期、以干系人满意为目标等。之前的考试题目过分重视过程的合规，如以基准为唯一指导、用审计来确保合规，这种题目数量将会逐渐减少，取而代之的是如何交付价值、带好团队、完成项目绩效的内容。

为了更好地助力国内广大 PMP® 学员的备考，人民邮电出版社引进了这本含金量很高的图书，光环教研团队很荣幸地承担了本书的翻译工作。

本书紧扣新考纲的内容和项目管理的变化趋势，前三章是针对新考纲提出的人员、过程、商业环境三大领域的测试题，第四章至第六章则为每章 200 道题的全真模拟试题。本书题目的场景描述、出题风格与 PMI 完全一致，是市面上不可多得的应对 PMP® 新考纲的考前复习与巩固练习的书籍。

最后，特别感谢以孙娟、张玉洁和黄嘉明老师为核心的光环教研团队在本次书籍翻译项目中所承担的整体统筹与组织指导工作；特别感谢本书的另一位译者张璐老师，以及其他参与本书翻译和校对的老师：姜之易、高燕燕、臧慧宇、杨光、胡亮、郑娇、解纯；特别感谢两位前期的翻译支持者李聃、周琴，以及人民邮电出版社策划编辑杨佳凝，正是在他们的共同努力下，才有了本书中文版的诞生。

高志恒

2022 年 4 月

于北京光环

前言

祝贺你决定参加项目管理专业人士（PMP®）认证考试！ PMP®是项目管理领域中最受各国和组织认可的认证之一，PMP® 认证由 PMI 提供。PMI 是一个在全球拥有数百万成员的非营利性组织。长期以来，PMI 一直是项目管理行业的倡导者和贡献者，为项目管理领域的专业人士提供多项认证。

本书是为准备参加 PMP® 认证考试的人准备的。无论你是在准备的最后阶段，想要了解考试题型，还是只为了做练习题，本书都是不二之选。由于 PMP® 和 CAPM® 认证考试（参见下文介绍）的内容遵循相似的结构，并且主要基于《PMBOK® 指南》的内容，因此学习 CAPM® 认证考试内容的人也会受益。

在备考过程中，了解核心概念很重要，加强应试技巧也很重要。一种常见的应考方法是熟能生巧。本书是 Sybex 公司出版的《PMP®：项目管理专业考试复习指南》（第 4 版）（*PMP®:Project Management Professional Exam Review Guide, Fourth Edition*）和《PMP®：项目管理专业认证考试学习指南》（第 10 版）（*PMP®:Project Management Professional Exam Study Guide, Tenth Edition*）的有益补充。这本学习指南提供了项目管理基础知识和考试中包含的核心概念。本书测试的是你对知识点的了解程度，这些知识点涉及各个领域所涵盖的任务，目的是让你接触到与实际考试类似的试题。你了解的试题越多，考试准备得就越充分。

本书的结构

本书的结构与 PMI 编写的《PMI® 认证考试大纲》中的考试领域一致。每个考试领域都涵盖了执行项目管理职责所必需的高层级的知识领域。考试领域如下：

- 人员；
- 过程；
- 商业环境。

本书为每道试题都提供了解析，以帮助你理解各种概念。前三章与各个考试领域一一对应，最后三章则包含完整的模拟试题。

注意： 最好在一个特定的时间段内完成至少一套完整的模拟试题。为了获得与考试相似的临场体验，你需要在 4 小时内答完 200 道题。

PMI® 认证考试

本书提供的 1 000 道模拟试题将帮助你充分准备并顺利通过 PMI® 认证考试。

PMI 认证概述

PMI 在项目管理领域提供了多种认证，因此，无论你是经验丰富的专业人士，还是初入项目管理领域的新人，都会找到满足你需求的认证。你可以同时持有一个或多个认证。

多年来，PMI 致力于项目管理知识体系，开发出被众多项目管理专业人员和组织使用的全球标准。总的来说，项目管理知识体系共有四个基本标准，它们是由多种实践标准和指南进行补充的。

PMI 提供的一些认证主要基于《PMBOK® 指南》。因为《PMBOK® 指南》是一个重要的资源，所以它也是认证考试开发过程中被使用的众多资源之一。你可能需要密切关注的另一个资源是《敏捷实践指南》（*Agile Practice Guide*）。

在本书出版之时，PMI 共提供了八种认证。下面让我们简要地回顾一下。

1. 项目管理专业人士（Project Management Professional，PMP®）

你可能熟悉 PMP® 认证，毕竟你购买了这本书！但是你知道 PMP® 认证是最广为人知和全球公认的项目管理认证吗？PMP® 认证，连同其他一些认证，证明了你在项目管理方面的经验和知识，这使得获得 PMP® 认证本身就是一个巨大的成就。申请参加 PMI® 认证考试必须符合以下条件。

工作经验

在过去连续 8 年中必须累积以下工作经验。

- 如果你拥有学士学位或同等学力：3 年（36 个月）项目管理经验，总计不少于 4 500 小时。

- 如果你拥有高中文凭、专科学历或同等学力：5 年（60 个月）项目管理经验，总计不少于 7 500 小时。

受教育学时

受教育学时是指获得与项目管理有关的正规教育的学时数。总共需要 35 小时的学时，并且必须在提交申请之前完成。

2. 助理项目管理专业人士（Certified Associate in Project Management，CAPM®）

CAPM® 认证是希望进入项目管理行业的人员的理想选择。拥有中等学历（即高中文凭、专科学历或同等学力）即可满足参加考试的要求。你还必须有不少于 23 小时的正规项目管理培训学时（受教育学时）。

3. 项目集管理专业人士（Program Management Professional，PgMP®）

PgMP® 认证是专业从事项目集管理或希望突出其项目集管理经验的人员的理想选择。获得该认证不需要事先获得 PMP® 认证或其他任何认证。申请参加 PgMP® 认证考试必须符合以下条件。

工作经验

在过去连续 15 年内必须累积以下工作经验。

- 如果你拥有学士学位或同等学力：4 年不重叠的项目管理经验，总计不少于 6 000 小时；以及 4 年不重叠的项目集管理经验，总计不少于 6 000 小时。

- 如果你拥有高中文凭、专科学历或同等学力：4 年不重叠的项目管理经验，总计不少于 6 000 小时；以及 7 年不重叠的项目集管理经验，总计不少于 10 500 小时。

4. 投资组合管理专业人士（Portfolio Management Professional，PfMP®）

PfMP® 认证是专业从事投资组合管理领域的人员的理想选择。它能够反映出多年来为实现战略目标而进行投资组合管理的实际经验。以下是申请参加 PfMP® 认证考试须符合的条件。

工作经验

在过去连续 15 年内必须累积以下工作经验。

- 8 年专业商业经验。

- 如果你拥有学士学位或同等学力：总计不少于 6 000 小时的投资组合管理经验。

- 如果你拥有高中文凭、大专学历或同等学力：总计不少于 10 500 小时的投资组合管理经验。

5. PMI 风险管理专业人士（PMI Risk Management Professional，PMI-RMP®）

PMI-RMP® 认证是专业从事风险管理领域或想要突出其风险管理经验的人员的理想选择。以下是申请参加 PMI-RMP® 考试须符合的条件。

工作经验

在过去连续 5 年内必须累积以下工作经验。

- 如果你拥有学士学位或同等学力：总计不少于 3 000 小时的专业项目风险管理经验。

- 如果你拥有高中文凭、专科学历或同等学力：总计不少于 4 500 小时的专业项目风险管理经验。

受教育学时

- 如果你拥有学士学位或同等学力：不少于 30 小时的风险管理领域培训学时。
- 如果你拥有高中文凭、专科学历位或同等学力：不少于 40 小时的风险管理领域培训学时。

6. PMI 进度管理专业人士（PMI Scheduling Professional，PMI-SP®）

PMI-SP® 认证是专业从事项目进度管理领域或想要突出其项目进度管理经验的人员的理想选择。以下是申请参加 PMI-SP® 认证考试须符合的条件。

工作经验

在过去连续 5 年内必须累积以下工作经验。

- 如果你拥有学士学位或同等学力：总计不少于 3 500 小时的专业项目进度管理经验。
- 如果你拥有高中文凭、专科学历或同等学力：总计不少于 5 000 小时的专业项目进度管理经验。

受教育学时

- 如果你拥有学士学位或同等学力：不少于 30 小时的项目进度管理培训学时。
- 如果你拥有高中文凭、专科学历位或同等学力：不少于 40 小时的项目进度管理培训学时。

7. PMI 敏捷管理专业人士（PMI Agile Certified Practitioner，PMI-ACP®）

PMI-ACP® 认证是在敏捷团队或敏捷实践中工作的人员的理想选择。PMI-ACP® 认证包含了诸如 Scrum、看板、精益、极限编程（XP）和测试驱动开发（TDD）等方法。以下是申请参加 PMI-ACP® 认证考试须符合的条件。

工作经验

你必须具备以下工作经验。

- 过去 5 年内在项目团队工作不少于 2 000 小时（12 个月），目前持有 PMP® 或 PgMP® 认证的人员将满足这一要求。

- 过去 3 年内在使用敏捷方法的项目团队中工作不少于 1 500 小时（8 个月）。

受教育学时

- 不少于 21 小时正规的敏捷培训。

8. PMI 商业分析专业人士（PMI Professional in Business Analysis，PMI-PBA®）

PMI-PBA® 认证是为专门从事商业分析的人员准备的，它是管理需求或产品开发人员的理想选择。以下是申请参加 PMI-PBA® 考试须符合的条件。

在过去连续 8 年内必须累积以下工作经验。

- 如果你拥有学士学位或同等学力：总计不少于 4 500 小时的专业商业分析经验。

- 如果你拥有高中文凭、专科学历或同等学力：总计不少于 7 500 小时的商业分析经验和 2 000 小时的一般项目经验。

受教育学时

- 不少于 35 小时商业分析实践的正规培训。

注意：　　关于 PMI® 认证考试的最新信息，读者可以去 PMI 官网进行查询。

考试当天

在确保自己符合参加考试的必要条件后，PMP® 认证考试成绩就成为你能否获得认证的最终衡量标准。当你购买本书时，你已经在备考的路上走在了前面。你所做的准备将帮助你在考试当天保持平稳和自信的状态。考试不允许携带任何资料，考试期间监考官会给你一张草稿纸。在考试之前，你可以运用本书中的技巧，快速写下笔记，这会让你的大脑完全集中在考题上。在考试前的日子里，建议你通过记住助记符、公式和其他你需要的信息来练习创建参考表。

当然，标准的应试建议也适用于这个考试，比如，睡个好觉、吃一顿丰盛的早餐、在你进入考场前进行放松练习等。此外，在考试期间，请做到以下几点。

- 花点时间完整地通读每道题。完全理解题目中所问的内容对获得正确答案有很大的帮助。

- 如果你不确定自己的答案或无法给出答案，你可以标记问题，进入下一道题。当临近考试结束时，你可以再回过头来审读未作答的题目，解答之前你没有解决的问题。

你有 4 个小时的时间去完成 200 道题。告诉自己通过考试比早点回家更重要。如果有帮助的话，你可以把这句话写在草稿纸上，用来提醒自己。在考试过程中，你可能会感到疲劳，想要早点结束考试，这种想法是不正确的，你要确保你的注意力和精力都集中在成功通过考试上。

注意： 最好使用监考官发给你的草稿纸记下公式和其他信息。因为如果你在考试中途精神疲惫，那么你可能会忘记这些知识点。记住，在考试正式开始前，你不能使用草稿纸。

要想获得更多关于备考的信息，一定要查看 PMI 官网，搜索更多有价值的资源。

项目管理专业人士（PMP®）：考试领域和任务

PMP® 认证考试基于三个考试领域：人员、过程和商业环境。每个考试领域包含一系列任务，由 PMI 在《PMI® 认证考试大纲》中发布。下表将这些考试领域的任务对应到本书相关章，这些章中包含了与任务相关的模拟试题。除了下表，你还可以在第一章至第三章的开头找到考试领域的任务。

考试领域	章
人员（领域 1.0）	
管理冲突	一、四、五、六
领导团队	一、四、五、六
支持团队绩效	一、四、五、六

（续表）

考试领域	章
授权团队成员和干系人	一、四、五、六
确保团队成员 / 干系人得到充分培训	一、四、五、六
建立团队	一、四、五、六
处理并消除团队障碍、困难和阻碍	一、四、五、六
项目协议谈判	一、四、五、六
与干系人协作	一、四、五、六
建立共识	一、四、五、六
参与并支持虚拟团队	一、四、五、六
定义团队基本规则	一、四、五、六
指导相关干系人	一、四、五、六
运用情商提高团队绩效	一、四、五、六
过程（领域 2.0）	
根据交付商业价值所需的紧急程度执行项目	二、四、五、六
管理沟通	二、四、五、六
评估和管理风险	二、四、五、六
让干系人参与	二、四、五、六
规划并管理预算和资源	二、四、五、六
规划和管理进度	二、四、五、六
规划和管理产品 / 可交付成果的质量	二、四、五、六
规划和管理范围	二、四、五、六
整合项目规划活动	二、四、五、六
管理项目变更	二、四、五、六
规划和管理采购	二、四、五、六
管理项目工件	二、四、五、六
确定适当的项目方法论 / 方法和实践	二、四、五、六
制定项目治理结构	二、四、五、六
管理项目问题	二、四、五、六
确保项目持续性的知识转移	二、四、五、六
规划和管理项目 / 阶段的收尾或移交	二、四、五、六
商业环境（领域 3.0）	
规划和管理项目的合规性	三、四、五、六
评估并交付项目收益和价值	三、四、五、六
评估并解决外部商业环境变化对范围的影响	三、四、五、六
支持组织变更	三、四、五、六

目录

Chapter

1

第一章

人员（领域 1.0）

PMP®认证考试内容在人员领域包含以下任务。

- ✓ 任务 1.1 管理冲突
- ✓ 任务 1.2 领导团队
- ✓ 任务 1.3 支持团队绩效
- ✓ 任务 1.4 授权团队成员和干系人
- ✓ 任务 1.5 确保团队成员 / 干系人得到充分培训
- ✓ 任务 1.6 建立团队
- ✓ 任务 1.7 处理并消除团队障碍、困难和阻碍
- ✓ 任务 1.8 项目协议谈判
- ✓ 任务 1.9 与干系人协作
- ✓ 任务 1.10 建立共识
- ✓ 任务 1.11 参与并支持虚拟团队
- ✓ 任务 1.12 定义团队基本规则
- ✓ 任务 1.13 指导相关干系人
- ✓ 任务 1.14 运用情商提高团队绩效

注： 本章对项目管理过程组中的过程名称、输入、工具和技术、输出，以及相关资料和图表的介绍均基于新版《PMBOK®指南》的内容。

1. 卡丽娜在一家专门生产定制化宠物狗服装和玩具的公司工作，担任"你在养狗"项目的首席项目经理。项目开始三个月后，她启动了项目的第二个阶段：开发高科技狗骨头。她正在进行的一项任务是，与发起人一起确认在第一阶段是否有遗漏的干系人，并讨论这些新干系人的影响。卡丽娜在进行什么活动？

    A. 规划干系人参与

    B. 识别干系人

    C. 规划资源管理

    D. 识别风险

2. 下列哪项最适合用来描述敏捷项目中的仆人式领导方法？

    A. 用一个特定的人来管理团队，给团队指出明确的方向

    B. 领导者在迭代工作中的表现很突出

    C. 任命一名目标明确的领导者，让团队成员成为他的追随者

    D. 着重于理解和解决团队成员的工作需求和长期发展需求

3. 你的项目已经启动，你与关键用户召开一系列会议，确定新的企业资源软件的实施需求。你的一位干系人总是挑起争论并且阻碍会议进展。但是她所描述的一个问题似乎是合理的，即旧系统中的数据存在问题，团队需要在继续开发项目之前解决这个问题。关于这种情况，下列哪项陈述是不正确的？

    A. 你应该通过定义问题并将重点放在区分原因和症状的方法上来解决这个问题

    B. 你应该经过问题定义和决策这两个步骤

    C. 你的决策有时间限制

    D. 你的决策过程应该包含确定问题是项目内部的还是项目外部的

4. 南希是一名高级系统工程师。她喜欢与人合作，通常能够掌控全局，因为她的专业知识和组织能力都很强，并且很容易获得追随者。她的经理决定将她提拔为项目经理。尽管南希具有这些优点，但她在执行第一个项目时仍然遇到了很大的问题，她错过了第一个重要的里程碑，且项目已经超出预算 2 万美元。南希缺少 PMI 人才三角的哪部分技能？

　A. 技术项目管理

　B. 领导力

　C. 战略与商务管理

　D. 进度管理

5. 你是乙方项目经理。甲方对现在的项目进展不满意，声称团队遗漏了重要的交付物，要求你暂停项目并重新评估如何满足这个交付物的要求。但是你知道客户已经批准了这个项目至今所有的阶段性交付物。下列哪个选项是正确的？

　A. 你和你的公司可能需要使用问题解决技术，如仲裁和调解，与客户达成一致

　B. 你和你的公司可能需要使用沟通技术，如仲裁和调解，与客户达成一致

　C. 你和你的公司可能需要使用谈判技术，如仲裁和调解，与客户达成一致

　D. 你和你的公司可能需要使用影响力技术，如仲裁和调解，与客户达成一致

6. 敏捷方法可以减少项目在不确定性很高的环境下产生的问题。下列哪些情况可以用敏捷方法解决项目痛点？（选择3项）

　A. 目标不明确

　B. 低级缺陷

　C. 需求不清晰

　D. 技术债务

7. 梦想诊所是一个专门研究睡眠障碍的研究机构。你是其中的一名项目经理，负责一个内部服务项目，该项目处于执行过程组中。你与资源经理协商，想要获得完成项目特定活动所需的资源，并承诺这些资源将在活动完成后立即退出项目。下面哪项描述符合上述场景？

　A. 资源需求是在进行资源需求规划活动时产生的

　B. 人际关系和团队技能是项目经理获取资源的能力

　C. 人员需求是在获取资源时所需的信息

　D. 资源池描述的是规划资源需求时所需的信息

8. 你的朋友们向他们的经理报告，他们通过了PMP®认证考试。你知道他们在说谎，

因为你们同时参加了考试，并且他们和你分享了考试结果。在这种情况下，你应该怎么做？

A. 给他们一个纠正错误行为的机会，如果他们不这样做，你就向 PMI 报告

B. 什么都不做。因为他们是你的朋友，"朋友准则"提醒你，你们必须彼此照顾

C. 给你的朋友们一个教训并与他们断绝关系

D. 立即告诉他们的经理，并直接向 PMI 报告违规情况

9. 卡丽娜在一家专门生产定制化宠物狗服装和玩具的公司工作，是"你在养狗"项目的首席项目经理。在推进项目的过程中，她和项目发起人一起评估项目绩效。她查阅了用户对迭代中的原型产品的反馈，以期对产品得到更多的理解。卡丽娜向发起人指出，时间盒帮助他们减少了项目中的不确定性。卡丽娜使用的是什么类型的生命周期？

A. 预测型

B. 瀑布型

C. 敏捷型

D. 迭代型

10. 难以用语言文字描述的知识叫什么？

A. 显性知识

B. 隐性知识

C. 有形知识

D. 正式知识

11. 你负责的项目中有一群喜欢争论的团队成员。如果你解决了他们之间的冲突，他们会带来更高的生产力和更好的工作关系。你召集团队开会讨论这个问题，并允许他们表达自己的观点。在会议中，一些团队成员理解了队友的观点，这是他们在此次会议之前不曾体验过的经历。在会议结束时，大家达成了共识。团队成员感激你把他们召集在一起，花时间解决冲突的问题。上述案例描述了下列哪个冲突解决策略？

A. 妥协 / 调解

B. 强制 / 命令

C. 缓和 / 包容

D. 合作 / 解决

12. 下面哪种冲突解决策略不能从根本上解决问题？

A. 撤退 / 回避

B. 强制 / 命令

C. 合作 / 解决

D. 缓和 / 包容

13. 在组建新项目团队时，项目经理决定起草一份正式的团队章程。项目经理会在此文档中撰写哪些内容？（选择 2 项）

A. 团队责任

B. 团队任务

C. 团队价值观

D. 决策标准

14. 你正在参与企业的一个关键项目。首席执行官（CEO）已经明确表示这个项目为最高优先级。项目的一位关键干系人辞职后，他的接替者在大约三周前开始工作。接替者没有为你留出任何时间，或者他可能认为这个项目没有 CEO 认为的那样紧急。你担心现状会影响整个项目的成功并希望能有效地管理与此项目相关的过程。下列哪种方法在此场景中不可以使用？

A. 会议

B. 数据分析

C. 基本规则

D. 决策

15. 大卫是一家著名的图书出版公司的项目经理。作为组织内最高级别的项目经理，他经常与意志坚定的项目发起人一起工作。在最近一次项目会议上，大卫的项目发起人对项目状态感到非常沮丧，原因是一个关键资源突然被损耗，导致项目延期。无奈之下，项目发起人质疑大卫的管理能力。对此，大卫平静地向项目发起人保证他一定会实施一个应急计划，并且邀请他私下谈谈，以消除他的不满。然后，大卫替项目组的其他成员表达了歉意。大卫在会议期间坚持的核心价值观是什么？

A. 公平

B. 诚实

C. 尊重

D. 责任

16. 在项目状态会议上，你询问了工作任务的最新状态。你的朋友负责关键任务，他表示一切任务都在按计划推进。但昨天晚上你们一起就餐时，这位朋友承认他负责的任务比计划晚了两周。作为项目经理，你应该怎么做？

A. 出卖你的朋友——毕竟，他不值得你替他隐瞒

B. 立即汇报进度偏差和你获得信息的渠道

C. 给你的朋友重新汇报准确进度的机会，如果他没有这样做，你就准确地报告已经发生的进度偏差

D. 什么都不做。友谊更重要，这是一个展示信任的机会

17. 你正在主持一个变更控制会议。当你评审某个变更请求时，你发现这可能会将项目范围扩大一倍，而且不会带来显著的收益。你知道该变更请求的提出者想要扩大项目范围，但他没有充分考虑变更的影响。由于他在公司的职位较高，他的变更请求通常会得到批准。这位变更请求的提出者通常使用什么类型的权力？

A. 合法权力

B. 专家权力

C. 参照权力

D. 处罚权力

18. 你对如何成为一名项目经理很感兴趣。你邀请了组织中有经验的项目经理当你的导师，让他指导你如何成为一名称职的项目经理。他告诉你，你的组织能力和沟通能力很强；但是，你在某些通用管理领域的能力很弱，所以你需要参加会计和预算编制技能培训。这位导师会依照下列哪种方式诚实地向你解释此事？

    A. 你要在通用管理领域进行正规的培训，否则将无法参加考试

    B. 通用管理技能会影响项目成果。没有这些技能可能会影响你的项目和职业生涯，所以你应该参加这些领域的培训

    C. 估算成本和控制成本是项目规划过程组中的内容，如果你没有参加相关的培训，将无法回答 PMI® 认证考试中的相关问题

    D. 通用管理技能对你的项目成果很重要。估算成本和控制成本是项目在执行阶段最重要的两个过程。因此，你应该参加这些领域的培训

19. 当采用敏捷方法的项目经理收到客户需求变更的要求时，可能的回应方式是什么？

    A. 阻碍变更

    B. 欢迎变更

    C. 预防变更

    D. 对变更漠不关心

20. 一名项目经理向项目发起人报告了项目团队的角色和职责、培训需求及认可和奖励计划，并请求获得批准。他们在进行什么活动？

    A. 制订干系人参与计划

    B. 识别资源风险

    C. 制订资源管理计划

    D. 估算项目成本

21. 一名项目经理需要派遣五名工程师前往日本部署一个高安全网络。这些工程师以前没出过国。在他们出发之前，项目经理邀请日本本土的经理给他们讲述日本的历史、习俗和社会道德规范。项目经理为什么要这样做？

A. 教工程师们了解日本文化

B. 让工程师们在一天的辛苦工作之后休息一下

C. 确保工程师们了解如何在日本进行交流与互动

D. 避免文化冲击

22. 下列哪项正确地描述了命令型冲突解决策略？

A. 以牺牲他人利益为代价来推行某人的观点

B. 采纳多种观点和见解

C. 从潜在的冲突解决方案中退缩

D. 寻找各方都能在一定程度上满意的解决方案

23. 你刚接受了一个新项目的管理任务，此项目为国外客户服务。你邀请一名业务分析师和两名来自客户所在国家的成员加入你的团队，其余成员均来自本国。要确保团队不会产生文化差异问题及保证项目能够按进度计划推进，下列哪项是最佳处理方法？

A. 使用视频会议进行团队建设，让团队成员能够相互了解，尽快让团队进入成熟阶段

B. 要求项目组成员阅读并遵守组织的多元化政策

C. 首先确定你的角色是项目经理，并遵守公司政策

D. 为所有团队成员提供多元化培训，使他们意识到文化差异，并教会他们在有文化差异的情况下如何高效地开展工作

24. 卡丽娜在一家专门生产定制化宠物狗服装和玩具的公司工作，是"你在养狗"项目的首席项目经理。在新项目中，她努力整合团队，因为团队成员之间存在误解。她明白每个人都是好意，但他们还没有消除自己的防御心理，相互之间也不够信任。该团队处于团队发展模型的哪个阶段？

A. 规范阶段

B. 成熟阶段

C. 形成阶段

D. 震荡阶段

25. 威廉·乌奇（William Ouchi）博士提出了一个关于提高员工对组织忠诚度的理论，强调无论是在工作之中还是在工作之外，组织都要重视员工的福利。这种领导力理论的名称是什么？

    A. Y 理论

    B. Z 理论

    C. X 理论

    D. Y/Z 理论

26. 你是乙方项目经理，你的项目已经进入需求收集阶段。但是在这个项目里，与你合作的两个部门存在利益竞争关系，它们不断地相互拆台，甚至蓄意破坏当前的项目工作。为了完成需求收集工作，你必须发挥一些影响力来改善项目现状。关于对项目现状的影响力，下列哪些选项是正确的？（选择 2 项）

    A. 影响力的发挥需要有完成工作的能力

    B. 影响力的发挥需要了解组织的正式和非正式结构，包括使用权力和政治的能力

    C. 政治能力包括让两个部门的成员做他们原本不会做的事

    D. 权力能力包括让两个利益相冲突的部门进行有效合作，完成项目目标

27. 将领导风格与其对应的特点相匹配。

领导风格	特点
A. 放任型	（1）把别人放在第一位
B. 交易型	（2）精力充沛，热情高涨
C. 服务型	（3）例外管理
D. 变革型	（4）放手型
E. 魅力型	（5）寻求激励并鼓励创新

28. 服务型领导如何给团队授权？（选择 2 项）

    A. 赋予团队成员更大的责任

    B. 提供一套独裁的决策方法

C. 任命一个目标明确的领导者来支持团队

D. 通过辅导和鼓励的方式支持团队

29. 你是一名大型项目的经理。根据项目进度表，该项目原本需要大约三年才能完成。某些干系人在项目执行过程中发生了变化，在项目结束前，新的干系人需要参与进来。随着项目的进展，新的可交付成果出现，项目组成员也发生了变化。现阶段，激励新的团队成员对你而言很困难，你在以前的团队使用的团队管理技能似乎不适合这个团队。因为在项目整个生命周期的各个阶段，还会有更多的资源进入或离开，所以你想尽快解决这个问题。根据项目管理中的资源管理知识领域，你应该采取下列哪项措施?

A. 此知识领域的过程要确保人力和物力资源在项目中以最有效的方式被使用

B. 在整个项目的生命周期中，应该使用相同的沟通方式

C. 随着项目的推进，你应该使用不同的管理技能来激励、领导和指导项目中的人员

D. 这个知识领域包括获取资源、建设团队和管理团队

30. 刘易斯是一名营销助理，他向公司的营销总监安特文汇报工作。刘易斯把你拉到一边征求你的意见，他说新立项的项目是他的想法，令他感到沮丧的是，安特文却被任命为该项目的发起人。在这个场景下，谁应该是项目发起人?

A. 刘易斯

B. 安特文

C. 两个都不是

D. 两个都是

31. 集中办公也被称为什么?

A. 紧密矩阵

B. 虚拟团队

C. 专用团队

D. 高效团队

32. 你正在为项目寻找资源。一些资源可以在组织内找到，但是有三个资源必须雇用外包。你需要考虑这些内部员工和外包人员之前的工作经验、个人兴趣、性格特点、可用时间，以及能力和经验。下列哪个选项最适合描述这种情况？

    A. 题设场景是指项目人员分配，是规划资源管理的输出

    B. 题设场景是指组织过程资产，是规划资源管理的输入

    C. 题设场景是指项目人员分配，是获取资源的输出

    D. 题设场景是指事业环境因素，是获取资源的输入

33. 下列哪项不是建设团队的方法？

    A. 培训

    B. 情商

    C. 集中办公

    D. 谈判

34. 人会受到对权力、成就和归属感的需求的激励。这一理论是谁提出的？

    A. 戴维·麦克利兰（David McClelland）

    B. 维克托·弗鲁姆（Victor H. Vroom）

    C. 弗雷德里克·赫茨伯格（Frederick Herzberg）

    C. 道斯拉斯·麦格雷戈（Douglas McGregor）

35. 尼古拉斯是一名项目经理，据说这个项目会改变智能运动健身行业。他准备与项目发起人开会讨论如何跟踪这个项目。在会议期间，他告诉项目发起人，与控制相比，他更希望使用自我激励、倾听、指导来引导项目。尼古拉斯使用的是什么方法？

    A. 仆人式领导

    B. 增量方法

    C. 计划—执行—检查—处理

    D. 双因素理论

36. 你是一名很有上进心的新项目经理。你追求完美，希望获得 PMP® 认证。在获得

PMP® 认证后，你会努力将这些专业知识应用于你未来的项目中，并遵守《PMI 道德规范和职业行为准则》。这段话描述了哪个理论，是指 PMI 角色定位研究的哪个方面？

A. 双因素激励理论，确保个人诚信和专业精神

B. 权变理论，为项目管理知识库做出贡献

C. 期望理论，提高专业能力

D. 领导力理论，责任

37. 你的职位主要涉及满足干系人的需求，并解决计划、控制、预算、政策、流程和团队激励等问题。你签署了一份保密协议，承诺不会泄露商业秘密，你也签署了一份竞业协议，承诺在离职后的 18 个月内不会为竞争对手工作。你的下属也签署了类似的协议，但他们的竞业协议是 12 个月而不是 18 个月。你通过朋友的朋友发现，你的一名下属正在应聘竞争对手的公司。如果他面试通过，并接受了职位，他将违反竞业协议。下列哪项描述了你所担任的职位类型，以及这种情况与《PMI 道德规范和职业行为准则》中的哪个价值观有关？

A. 管理者，责任

B. 领导者，尊重

C. 管理者，诚实

D. 领导者，公平

38. 你所在的虚拟项目团队包含 12 名与你在同一栋大楼工作的成员，以及 4 名在西海岸办公、2 名在堪萨斯城办公、6 名在伦敦办公的成员。你所在地的办公时间与其他地区不同。此外，和你在同一栋大楼工作的同事白天的可用时间也不完全相同，12 名成员中有 3 名需要倒班工作。你应该使用下列哪项来获取这些资源和未来资源的可用性、能力和技能方面的信息？

A. 活动日历

B. 团队名单

C. 项目日历

D. 资源日历

39. 塔克曼（Tuckman）提出了团队发展模型，下列哪项是对其中的成熟阶段最准确的描述？

    A. 团队成员会面，了解项目并熟悉他们的角色和职责的阶段

    B. 团队成员开始一起工作，通过调整工作习惯和行为来支持团队的阶段

    C. 团队作为一个组织有序地运作并顺利解决问题的阶段

    D. 团队成员开始处理项目工作，但是还未开始相互协作或坦诚相处的阶段

40. 希尔瓦娜是一名刚入职的初级项目经理，主要负责网络支持项目。她负责的第一个项目遇到很多问题，这些问题大多是由团队成员的冲突引起的。她的发起人为了让她安心，会和她分享什么经验？

    A. 冲突往往发生在技术环境中

    B. 在项目中，冲突是不可避免的

    C. 冲突总是好的

    D. 冲突从来不反映一名项目经理的能力

41. 亚丝明是一个项目的高级项目经理，该项目旨在为一家财富 100 强的公司布置新的医疗部件生产线。整个行业都对这个项目充满期待，该项目预计持续三年，需要公司投资 15 亿美元。在结束本周工作时，亚丝明收到某位供应商的第五通电话，该供应商一直为该项目编写可用的建议书。该供应商表示，他们与加工该产品的离岸公司有联系，如果他们中标，他们确定可以绕过海关，为亚丝明的公司节省数百万美元。在这种情况下，亚丝明应该怎么办？

    A. 同意与该供应商讨论，因为这将为公司节省数百万美元

    B. 告知报价，记下供应商的电话号码，暂不做选择

    C. 告知报价，并将谈话内容报告给公司法律部门

    D. 告知报价，并将谈话内容报告给同事

42. 你正在为项目寻找资源。一些资源可以在组织内找到，但是有三个资源必须雇用外包。你需要考虑这些内部员工和外包人员之前的工作经验、个人兴趣、性格特点、可用时间，以及能力和经验。你的一个朋友正在找工作，他目前的能力并不

适合这个职位，但你了解他，知道他只需要参加几个培训班就可以很快适应这份工作。这个场景描述了什么过程，以及《PMI 道德规范和职业行为准则》中的哪个价值观？

A. 培养团队，尊重

B. 管理团队，诚实

C. 规划资源管理，公平

D. 获取资源，责任

43. 你发现你的首席信息官拥有优秀领导者的所有特征。关于领导者，下列哪些选项是正确的？（选择 3 项）

A. 领导者使用参照性权力

B. 领导者传递愿景

C. 领导者关注战略计划

D. 领导者关注如何满足干系人的需求

44. 你正在与干系人合作，进行与执行过程组相关的活动。你正在处理一些与项目目标相关的问题，并且尝试和五位干系人达成共识。你使用了影响力和谈判技能，最终与干系人针对手头问题达成了共识。下列哪个选项最适合描述本题的场景？

A. 你使用了管理干系人参与过程的工具 / 技术：人际关系和团队技能

B. 你使用了控制干系人参与过程的工具 / 技术：管理技能

C. 你使用了规划干系人管理过程的工具 / 技术：沟通方法

D. 你使用了规划干系人管理过程的工具 / 技术：会议

45. 认可和奖励是团队互动的重要部分。它们都是认可和促进"期待行为"的正确方式。关于奖励和认可，下列哪些选项是正确的？（选择 3 项）

A. 它们是建设团队过程的输入

B. 它们应该与业绩成正比

C. 奖励如果使用不当，就会扼杀团队成员的积极性

D. 奖励应与绩效挂钩

46. 维克托·弗鲁姆（Victor Vroom）提出了一个理论，他认为积极的结果会产生驱动力。你正在寻找项目经理的岗位。虽然你没有足够的经验来承担这个级别的责任，但你试图说服自己：如果我有足够的动力，并在简历里捏造一点相关经验，表现出积极性，可能就会获得好结果。这个场景描述了什么理论，以及《PMI 道德规范和职业行为准则》中责任价值观的哪个方面？

    A. 双因素理论，职业道德

    B. 成就理论，保证诚信

    C. 期望理论，接受分配

    D. 需求层次的自我实现层级，利益冲突

47. 一名项目经理正在规划一个项目启动会议，该项目的团队成员分散在九个国家。项目经理需要做什么来建立一个鼓励和重视不同观点的环境？

    A. 将视频会议作为一个可选方案

    B. 让所有团队成员现场参加启动会

    C. 组织多元化培训

    D. 让每位团队成员说出他们的名字和国籍

48. 你所在的虚拟项目团队包含 12 名与你在同一栋大楼工作的成员，以及 4 名在西海岸办公、2 名在堪萨斯城办公、6 名在伦敦办公的成员。你所在地的办公时间与其他地区不同。此外，和你在同一栋大楼工作的同事白天的可用时间也不完全相同，12 名成员中有 3 名成员需要倒班工作。下列哪些选项是正确的？（选择 3 项）

    A. 由于地点的差异，团队没有相同的项目目标。你的作用就是让团队成员理解项目目标及你会如何考核他们的绩效

    B. 团队成员应该理解你对他们的期望，你应该确保他们理解决策过程

    C. 你的作用是与所有团队成员沟通，并确保他们理解团队的沟通规则

    D. 你的作用是确保团队成员在项目上的表现得到肯定

49. 你入职了一家新公司，并要在 30 天内了解你的团队。不幸的是，你发现团队缺乏动力，团队成员之间沟通不畅，对你不尊重，工作成果低于预期。有时，你甚至

想离开，但你意识到这不符合《PMI 道德规范和职业行为准则》。在这种情况下，下列哪个选项是不正确的？

A. 辞职不符合《PMI 道德规范和职业行为准则》中关于责任、尊重、公平或诚实的价值观

B. 你将运用人际交往技巧、培训和团队建设等方式，尝试改变这个功能失调的团队

C. 你正在进行与团队管理相关的工作。你意识到由于你是新成员，所以团队发展阶段将从形成阶段重新开始

D. 你将使用基本规则、认可和奖励，以及人员评估工具，尝试改变这个功能失调的团队

50. 下列哪项不是敏捷项目中常见的角色？

A. 跨职能团队成员

B. 项目经理

C. 产品负责人

D. 团队促进者

51. 你的职位主要涉及满足干系人的需求，以及解决计划、控制、预算、政策、流程和团队激励等问题。你签署了一份保密协议，承诺不会泄露商业秘密，你也签署了一份竞业协议，承诺在你离职后的 18 个月内不会为竞争对手工作。你将与一个虚拟团队合作，在招聘过程中，该团队成员也被要求签署类似的协议，但他们的竞业协议是 12 个月。因为这个虚拟团队的成员来自世界各地，所以你应该关注《PMI 道德规范和职业行为准则》中的某个方面。下列哪个选项对这种情况的描述最准确？

A. 你是一名经理，在建设团队的过程中，需要特别重视文化差异和多元化培训

B. 你是一名经理，在获取资源的过程中，需要特别重视文化差异和多元化培训

C. 你是一名经理，在建设团队的过程中，需要特别重视公平和对干系人的影响

D. 你是一名经理，在获取资源的过程中，需要特别重视公平和对干系人的影响

52. 因为你的工作很出色，所以项目成本始终被控制在预算内。你的项目发起人奖励你一张金额不大的支票作为奖励。你认为奖励的数额是公平的、是你应得的。下列哪些选项是正确的？（选择 2 项）

    A. 奖励应与绩效适当挂钩

    B. 奖励和认可制度是对期望行为进行鼓励的非正式方法

    C. 建立奖励和认可制度是该项目的成果

    D. 奖励与绩效挂钩，你应该接受该支票

53. 在项目生命周期的哪个阶段必须进行干系人满意度评估？

    A. 启动阶段

    B. 规划阶段

    C. 执行阶段

    D. 收尾阶段

54. 你决定从事项目管理咨询领域的工作，并签署了一份合同，为一家提供宠物照看服务的中型公司做一个令人期待的项目。该项目的经理没有很多项目执行经验。但是在他的坚持下，所有干系人都已经被识别出来了，他了解干系人的期望，所以认为你没有必要和他们见面。作为更富有经验的项目经理，你认为下列哪个选项是正确的？

    A. 他是对的。只要干系人被识别出来了，你就不需要和他们见面，只要该项目经理了解他们的期望就足够了

    B. 你应该与干系人见面。项目沟通管理包括将干系人的需求用文档的形式记录下来，这些信息会被记录在项目范围说明书中

    C. 你不需要与干系人见面，因为干系人已经被识别出来了。当你收集他们的需求时，你可以与他们见面。这属于项目整合管理知识领域

    D. 你应该与干系人见面，识别、评估他们的需求，并记录他们的期望。这属于项目干系人管理知识领域

55. 项目经理打算根据团队成员的个人特长组建团队。他可以使用什么工具了解团队

成员的优势和劣势，例如，他们如何决策、如何互动及如何处理信息？（选择3项）

A. 培训

B. 结构化访谈

C. 能力测试

D. 态度调查

56. 将下列冲突解决策略与对应的描述相匹配。

策略	描述
A. 妥协	（1）从冲突中退出
B. 合作	（2）让各方都部分满意
C. 强制	（3）导致"输—赢"局面
D. 回避	（4）通常会达成共识

57. 一名项目经理在领导项目团队方面享有盛誉，因为他专注于发展团队成员的技能、引导成员并给他们授权。这是哪种领导者的特征？

A. 情境领导

B. 服务型领导

C. 引导者

D. 教练

58. 在执行干系人参与度评估时，你会使用什么工具来开展这项工作？

A. 干系人评估矩阵

B. 备选方案分析

C. 根本原因分析

D. 项目报告

59. 莱蒂西娅是一家公司的项目经理，该公司主要打造将儿童烹饪食谱和音乐相结合的产品。她的新项目是为公司发布一款家长可以在线购买和下载的数字产品。在跟进项目时，莱蒂西娅注意到，最近干系人的参与度明显下降，在项目状态会议上，他们又提出了不同的意见。她决定采用之前记录在干系人参与计划中的方法，通过使用优先级排序和加权的方式对干系人的参与水平进行评估，以便之后与项目发起人分享和讨论。莱蒂西娅在执行什么活动？

A. 规划如何引起干系人兴趣

B. 管理干系人的参与水平

C. 影响干系人的参与水平

D. 监督干系人的参与水平

60. 能用图片、数字和文字记录的知识叫什么？

A. 显性知识

B. 隐性知识

C. 有形知识

D. 正式知识

61. 下列哪项活动与确定并记录团队的效率有关？

A. 团队绩效评估

B. 项目绩效评估

C. 组织过程资产更新

D. 事业环境因素更新

62. 项目经理正在进行项目收尾活动，与项目发起人一起审查项目最终报告。报告显示，90% 的项目预算已被使用。项目发起人担心可能会发生预算超支的风险，项目经理会如何回应？

A. 向项目发起人保证，发生预算超支风险的概率很低

B. 同意项目发起人的意见，启动风险减轻活动

C. 给项目团队发邮件，表达对项目支出的失望

D. 对项目发起人缺乏信任和信心表示不满

63. 你是一名项目经理，正在进行与团队管理相关的活动。现在，你准备对团队成员

进行个人绩效评估。下列哪些选项有助于你开展这项活动？（选择 3 项）

A. 工作绩效报告

B. 项目管理信息系统

C. 资源管理计划

D. 团队绩效评估

64. 蕾安娜是一名打算转行做项目管理的开发人员。她负责一个小项目，即开发一个新的安全功能，用来保护公司的内部网络。现在，她已经确定了项目的范围、进度和成本基准。她正在积极解决随时出现的问题，她希望得到什么结果？

A. 项目绩效得到优化

B. 能力得到提高

C. 团队互动得到改善

D. 资源得到合理分配

65. 下列哪些选项是在描述虚拟团队？（选择 2 项）

A. 分散在不同地点、有共同目标的一群人

B. 在同一地点办公的一群人，他们有共同的目标，在工作时，很少或根本没有时间进行面对面交流

C. 一群有共同目标的人，他们在工作时，很少或根本没有时间进行面对面交流

D. 一群有不同目标的人，他们在工作时，很少或根本没有时间进行面对面交流

66. 你正在进行一系列艰难的采购谈判，进度、服务等级和激励措施都未被商定。供应商在谈判过程中向你发脾气。你没有预料到会出现这种情况，当你想起《PMI 道德规范和职业行为准则》中的哪个内容及当下是何种阶段时，你不会对他们发脾气？

A. 即使在对方失控的情况下，你也应该对对方保持尊重的态度。在进行复杂合同谈判时，控制采购过程可能会很难

B. 你不能控制别人的行为，但你可以控制自己的行为，即使对方已经失控，你也应该通过控制自己的情绪来保持理智。在进行复杂合同谈判时，控制采购过程

可能会很难

C. 你不能控制别人的行为，但你可以控制自己的行为，即使对方已经失控，你也应该对对方保持尊重的态度。在进行复杂合同谈判时，实施采购过程可能会很难

D. 你不能控制别人的行为，但你可以控制自己的行为。即使对方已经失控，你也应该通过控制自己的情绪来保持理智。在进行复杂合同谈判时，实施采购过程可能会很难

67. 项目经理最应该使用的双赢冲突解决策略是什么？

A. 合作

B. 妥协

C. 撤退

D. 缓和

68. 客户关系管理系统的超级用户向项目经理求助，请他帮忙解决他的团队成员最近发现的一个系统问题。出现这个问题说明项目经理没有做好什么活动？

A. 向超级用户提供适当的培训，以确保在出现问题时，他们有能力解决

B. 公布项目的最终报告，详细说明如何推进正在进行的活动

C. 让项目团队及超级用户团队继续履行自己的责任

D. 将系统的支持和维护工作移交给适合的维护团队

69. 回避、包容、调解、强制及解决是什么类型的策略？

A. 人际关系和团队技能

B. 沟通技能

C. 冲突解决

D. 权力

70. 下列哪种冲突解决策略强调一致性而不是差异性？

A. 缓和

B. 妥协

C. 调解

D. 强制

71. 你的经理询问你是否有时间与她讨论你最近发给她评审的项目状态报告的草稿。她知道你想尽可能做到最好，但状态报告的第三段似乎存在歧义。她认真听完你的解释后，发现她的理解不正确。她说，如果她会误解，那么其他人也可能会误解。她询问你是否介意对这段内容做出解释。你的经理正在实践哪种理论？

A. 成就动机理论

B. 期望理论

C. 权变理论

D. Y 理论

72. 你正处于管理团队的过程中，准备对团队成员进行绩效评估。你会选择哪种工具和技术来确定每位团队成员的领导力、影响力和有效决策力呢？

A. 人际关系和团队技能

B. 观察与交谈

C. 领导力

D. 综合管理技能

73. 将下列决策方法和对应的描述相匹配。

术语	说明
A. 独裁型决策制定	（1）使用系统的方法做决策
B. 多标准决策分析	（2）一个人做决策
C. 投票	（3）使用一致、多数或相对多数的方法做决策

74. 你是一个非营利组织的项目经理，你的团队成员与你是同一个非营利组织的员工，他们的目标都是为有需要的人提供服务。你以前与这些团队成员共事过，知道他们曾经拥有出色的绩效。你所负责的项目的工作内容是建立一个收发中心，把新的或较新的二手笔记本电脑发放给有需要的学校。在最近一次团队会议上，你向所有团队成员重申了你对该项目的期望；同时你也倾听了他们的想法，并向他们

保证，无论付出多大代价，你都会支持他们实现项目目标。你在使用哪种理论方法？

  A. X 理论

  B. 双因素理论

  C. 权变理论

  D. Y 理论

75. 一名初级项目经理正与采购经理一起审查供应商方案。采购经理决定选择某位供应商，但是该供应商的评分并不高。该项目经理得知该供应商是采购经理的亲戚，在这种情况下，他应该怎么做？

  A. 提醒采购经理注意，并向相关部门报告以启动调查

  B. 什么也不做。项目经理应尊重团队中每位成员的角色和权限

  C. 与采购经理对质，并称要向道德委员会报告其行为

  D. 推翻采购经理的决定，选择得分高的供应商

76. 一名项目经理为项目组举行了一次庆祝活动，奖励团队成员出色地完成了某个重大项目。团队成员都很放松、很享受，有些成员甚至在谈论即将到来的假期计划。这是什么类型的项目结束？

  A. 集成式终止

  B. 附加式终止

  C. 绝对式终止

  D. 自灭式终止

77. 凯莉是一名风险经理，与项目经理阿莉莎一起在一家顶级医疗保健公司工作。在项目的关键时刻，她们针对如何应对风险展开了激烈的讨论。经过讨论，她们决定听取发起人的意见，并在和发起人讨论之后达成了共识。她们使用了什么冲突解决策略？

  A. 回避

  B. 合作

C. 强制

D. 妥协

78. 你的经理询问你关于最新的项目状态报告中第三段的问题。她不理解这段话，并认为这可能会给她和她的团队带来负面影响，她希望你向她做出解释。通过你的解释，她重新组织了这段语言，然后针对如何在以后的状态报告中表达这类信息提出了建议。你的经理采用的是哪种领导风格和权力类型？

A. 交易型和处罚权力

B. 交互型和合法权力

C. 民主型和参照权力

D. 放任型和奖励权力

79. 你的同事最近接受了工作调动，新岗位需要 PMP® 认证证书。在近期的一次沟通中，他告诉你，为了得到这份工作，他申请表上的信息作假了。这是一个什么例子？

A. 一个坏朋友

B. 判断力差

C. 违背道德

D. 不专业的行为

80. 莱夫的理由（Reasons to Lyv）是一家大型营销公司的顶级客户。特鲁迪是该公司的总裁，她决定推出一款新产品。新产品应用了根据新的全球定位系统（GPS）研发的跟踪技术。她与项目经理罗伊一起讨论，判断项目中的哪些干系人是抵制型的，哪些干系人是不了解型、中立型、支持型或领导型的。他们使用了什么工具或技术？

A. 数据表现

B. 数据分析

C. 数据收集

D. 专家判断

81. 你正在查看团队的工作分配情况，发现一个资源被过度占用。你担心这个资源的未来可用性，而且你也发现该资源被分配给了多个关键活动。为了让项目能够按计划推进，你应该使用以下哪种技术？

    A. 反向资源分配调度

    B. 资源平衡

    C. 资源负载

    D. 资源平滑

82. 拉尔夫是"暴风健康"项目的项目经理。加入公司以来，他一直力不从心。他的经理发现他在项目管理的多个核心技能方面存在能力不足的问题。在近期的会议上，拉尔夫误传项目预算已被批准，因此，多份订单已被处理。他的经理警觉起来，因为他知道预算尚未被批准。该经理决定与拉尔夫对质，拉尔夫承认他故意提供了错误信息，他希望预算被批准后，一切都会好起来。拉尔夫作为项目管理专业人士，违反了什么核心价值观？

    A. 公平

    B. 诚实

    C. 尊重

    D. 责任

83. 谁负责了解干系人的期望和个人日程？

    A. 项目发起人

    B. 项目经理

    C. 项目团队

    D. 执行发起人

84. 每天早上 9 点，敏捷教练会将团队召集在一起。他会询问团队以下问题："你昨天完成了什么？你今天要做什么？有什么障碍或问题阻碍了你的工作？"该团队在进行什么活动？

    A. 状态会议

B. 每日综述

C. 冲刺计划会议

D. 每日站会

85. 许多项目会因为干系人之间的冲突而失败。下列哪个选项是冲突不可避免的原因？

A. 利益冲突

B. 人类的偏见

C. 不同的经历

D. 不同的个性

86. 服务型领导会表现出哪些特点？（选择 3 项）

A. 帮助员工成长

B. 指导

C. 促进自我意识

D. 发出明确的命令

87. 下列哪项是对干系人最准确的描述？

A. 可能会影响项目的决策、活动、结果，或者受其影响的个人、团队或组织

B. 根据项目管理计划，被分配执行项目工作的人

C. 受组织指派、负责领导团队以实现项目目标的人

D. 为项目提供资源并负责促使项目成功的个人或团体

88. 苏是项目管理办公室（PMO）的领导，她打算实现组织交付模式的转型，将其从预测型模式转变为适应型模式。与她合作十多年的干系人大多数不愿意改变。苏在转型时会采用哪种方法？

A. Scrum

B. 混合模式

C. 瀑布模式

D. 看板

89. 莎莉和乔是两名项目经理，她们在一家十分受欢迎的连锁快餐公司工作。她们目前正在学习 PMP® 认证课程。在学习期间，她们针对"谁应该为管理和执行项目整合活动负责"这个问题发生了激烈的争论。莎莉认为是项目发起人，乔认为是项目经理。谁的回答是正确的？

   A. 莎莉和乔

   B. 莎莉

   C. 乔

   D. 以上都不是

90. 苏是一家企业的项目管理办公室（PMO）的领导。她在公司年度会议上发表了一场演讲，描述了她的角色和职责，以及 PMO 的价值。她在演讲中指出，作为一名实践者，项目经理应该遵守四个核心价值观。苏还特别指出，项目经理应该避免利益冲突。下列哪一个核心价值观可以化解利益冲突？

   A. 责任

   B. 公平

   C. 尊重

   D. 诚实

91. 一名项目经理从英国出发前往墨西哥参加项目启动会议。在会议期间，当项目发起人试图拥抱欢迎他时，他变得非常生气。该项目经理发现，很多人在做个人介绍时都会拥抱他，他觉得项目团队的行为不恰当，因此决定离席。该项目经理经历了什么？

   A. 性骚扰

   B. 一个过于友好的团队

   C. 文化冲击

   D. 不恰当的行为

92. 塔克曼阶梯理论在哪个阶段包含工作的完成和人员的解散？

   A. 总结

B. 解散

C. 发布

D. 收尾

93. 下列哪项不是敏捷生命周期的特征？

    A. 团队通常通过协作完成最重要的特性开发工作

    B. 团队预料到需求会发生变化

    C. 反馈的目的是更好地规划项目的下一阶段工作

    D. 它结合了迭代和增量方法

94. 你正在创作一部新的电视剧。这部剧的制片人告诉你，他是该剧制作过程中所有问题的最终决策者。他通知你开会，讨论项目预算。你所在的组织过去出品的电视剧中，许多作品都获了奖，但几乎所有获奖的电视剧都出自这位制片人。他相信这将会是他们制作的最好的电视剧，他为此感到非常兴奋，因为他觉得过去的电视剧没有一部像这部这样值得推荐。这部电视剧必须在 11 月的收视率调查周首播。根据以上描述，下列哪项说法是正确的？

    A. 制片人对该项目的参与只是提供资金

    B. 制片人是项目经理

    C. 制片人是项目发起人

    D. 制片人是项目集经理

95. 苏是一家企业项目管理办公室（PMO）的领导。她在公司年度会议上发表了一场演讲，描述她的角色和职责，以及 PMO 的价值。苏在演讲中强调，项目经理只有具备一些关键技能才能有效地履行职责。她特别强调其中的一项技能，即项目经理在指导、激励和指挥团队时所需的相关知识、技能和行为。苏指的是下列哪项技能？

    A. 沟通技能

    B. 领导力

    C. 战略和商务管理

D. 技术项目管理

96. 敏捷团队喜欢用哪些类型的绩效测量方法？（选择 2 项）

    A. 预测性测量

    B. 基于价值的测量

    C. 成本效益测量

    D. 经验测量

97. 你正在推进一个项目，但是团队成员之间产生了一些冲突。如果你能解决他们之间的冲突，就能提高团队生产力，并且改善团队成员之间的关系。下列哪一个因素不是大多数冲突产生的原因？

    A. 进度问题

    B. 资源可用性

    C. 个人工作习惯

    D. 文化差异

98. 马斯洛需求层次理论指出，人有五种基本需求，且这些需求按层次顺序排列。一个人必须被满足的第一层需求是什么？

    A. 社会需求

    B. 安全需求

    C. 自我实现

    D. 基本生理需求

99. 下列哪项能更恰当地描述角色定位研究？

    A. 一份工作分析

    B. 一份证明书

    C. 一份可行性研究

    D. 一个商业案例

100. 你是一家生产航空工业部件制造厂的高级项目经理。你刚刚完成了团队任务分配工作，接下来你要做什么？

    A. 通过监控活动管理资源

    B. 通过更新团队技能建设团队

    C. 制订培训计划

    D. 评审之前布置的任务

101. 敏捷团队的团队契约应包含下列哪些内容？（选择 3 项）

    A. 团队价值观

    B. 基本规则

    C. 团队任务分配

    D. 团体规范

102. 你和同事临时被分配到同一个项目工作，你发现这位平时值得信赖的同事违反了其所在国的某些法律。在这种情况下，你应该怎么做？

    A. 什么都不做。这是一位值得信任的同事，你认为他有道德意识

    B. 和同事谈一谈，强调他的所作所为是错误的

    C. 向法律部门报告，并通知相关管理人员

    D. 建议同事和法务部谈一谈，给他们采取合适行动的空间

103. 项目经理正在考虑自己如何在组织战略中发挥最佳作用，因为组织的多数项目团队都集中在此。项目经理在使用什么能力？

    A. 技术项目管理

    B. 领导力

    C. 战略和商务管理

    D. 干系人管理

104. 下列哪项更准确地描述了敏捷方法中产品负责人的角色？

    A. 产品负责人协调冲刺工作，对团队的阻碍进行管理，消除阻碍

    B. 产品负责人在项目或项目结果中拥有既得利益，并与干系人对接

    C. 产品负责人代表干系人，是干系人、敏捷教练和开发团队之间的联络员

D. 产品负责人负责编写积压工作项并标注工作项的优先级

105. 谢丽尔是某个项目的采购经理，该项目负责给系统打一个新的补丁。她与项目经理一起审查主要供应商的最终绩效，发现供应商有许多问题，如延迟 3 个星期交付、超支 5 000 美元等。谢丽尔和项目经理多花了 1 小时来确定当供应商出现问题时，团队有哪些可以做得更好的地方，以及有哪些已经做得很好的部分。谢丽尔和项目经理在进行什么活动？

A. 正在处理对供应商的索赔

B. 正在编写工作绩效报告

C. 验收供应商的工作

D. 总结经验教训

106. 赫茨伯格的双因素理论指出，有两个因素可以使人们产生动力，其中一个是保健因素，另一个是什么因素？

A. 保健

B. 激励

C. 自我实现

D. 基本需求

107. 项目发起人刚刚与该组织的高级管理人员见面，向他们提供了即将启动的项目的最新项目摘要。他向高级管理人员介绍了项目经理亚丝明，并承诺这个项目一定会取得成功。谁应该对项目的成功负责？

A. 项目发起人

B. 高级管理人员

C. 项目团队

D. 项目经理

108. 项目经理使用预测型生命周期制订项目管理计划，描述项目将如何被执行、监控和收尾。下列哪个工具能确保项目经理成功制订项目管理计划？

A. 会议

B. 事业环境因素

C. 组织过程资产

D. 其他过程的输出

109. 将敏捷项目章程和它要解决的问题相匹配。

章程	问题
A. 项目愿景	（1）项目完成的定义？
B. 工作流程	（2）我们如何一起工作？
C. 发布标准	（3）谁受益？如何受益？
D. 项目目标	（4）我们为什么要做这个项目？

110. 拉尔夫是"暴风健康"项目的项目经理。加入公司以来，他一直力不从心，他的经理注意到他在项目管理的多个核心技能方面存在能力不足的问题。在最近的一次启动会议上，他艰难地回答了该项目与组织目标如何匹配的问题，并认为两者之间没有关系。拉尔夫应该加强哪方面的核心技能？

A. 战略和商务管理

B. 技术项目管理

C. 沟通技能

D. 领导力

111. 阿尔弗雷德接受了一份安全项目集经理的工作，但是他没有足够的能力胜任这个职位。尽管没有达到职位要求，但是他认为自己可以在工作中学习。阿尔弗雷德没有遵循哪一个核心价值观？

A. 荣誉

B. 诚实

C. 尊重

D. 责任

112. 查尔斯在一家知名娱乐公司担任项目经理。他了解到一个高度机密的电影交易正在谈判中，他的妻子最喜欢的女演员可能担任女主角。虽然他签署了保密协议，但他决定向妻子透露这些信息，因为他知道妻子一定会保守秘密。查尔斯违反了项目经理的哪一个核心价值观？

    A. 诚实

    B. 尊重

    C. 荣誉

    D. 责任

113. 在进行与控制范围相关的活动时，项目经理发现了范围蔓延的问题。该项目经理了解到，范围蔓延是他的好友导致的，同时该好友也是项目的重要干系人。在这种情况下，项目经理应该怎么做？

    A. 什么都不做。因为范围蔓延是一位好朋友、一位重要的干系人导致的

    B. 拒绝执行由范围蔓延产生的变更，因为新范围未经批准

    C. 公布范围蔓延的问题，并提交给变更控制委员会处理

    D. 什么都不做，因为范围蔓延可以为项目带来积极的变化

114. 下列哪些选项是组成敏捷团队的潜在成功因素？（选择 3 项）

    A. 构建强大的网络

    B. 建立基本的信任

    C. 营造舒适的工作环境

    D. 灌输敏捷思维

115. 下列哪个理论是 Y 理论和双因素理论的结合？

    A. 坦南鲍姆和施密特的领导行为连续体理论

    B. 情境领导理论

    C. 权变理论

    D. 认可与激励理论

116. 下列哪项不是组成 PMI 人才三角的技能？

    A. 沟通技能

B. 战略和商务管理

C. 技术项目管理

D. 领导力

117. 遵守法律法规、执行信息保密和接受你有能力胜任的任务，是项目经理遵守哪个核心价值观的示例？

A. 荣誉

B. 诚实

C. 尊重

D. 责任

118. 用哪种方法分析干系人需要考虑干系人的权力、紧迫性和合法性？

A. 干系人立方体

B. 凸显模型

C. 权力／利益方格

D. 权力／影响力方格

119. 项目经理正在领导一个项目，其团队成员分散在世界各地。项目经理可以使用下列哪些工具或方法构建虚拟工作空间？（选择2项）

A. 使用视频会议工具建立远程沟通渠道，以便召开面对面会议

B. 将团队分成两组，使用即时通信软件连接他们

C. 创建视频会议，支持在不同地点召开视频会议的需求

D. 以上都对

120. 阿莉莎是一名项目经理，负责管理一个将五个数据中心合并为一个数据中心的基础设施项目。在开展项目工作后，她与核心项目团队召开了团队建设研讨会。她想要达成什么目的？

A. 处理与人相关的纠正措施

B. 解决现有冲突

C. 提高团队能力

D. 提升整体项目绩效

121. 项目团队出色地完成了项目任务。你通知团队的职能经理，团队成员的任务已经结束。团队成员都不愿意回到自己的职能团队，并且不想看到该项目结束。他们想为你工作，并表示这段与你一起工作的项目经历是他们职业生涯中最好的经历。在团队解散阶段，你最好不要采取下列哪项措施？

   A. 组织庆功会

   B. 感谢团队成员的贡献

   C. 指导团队完成收尾流程

   D. 专注于结束项目管理流程

122. 项目团队出色地完成了项目任务。你通知团队的职能经理，团队成员的任务已经结束。团队成员都不愿意回到自己的职能团队，并且不想看到该项目结束。他们想为你工作，并表示这段与你一起工作的项目经历是他们职业生涯中最好的经历。这段话描述了以下哪项？

   A. 团队发展处在解散阶段

   B. 你可能在使用 Y 理论管理团队

   C. 这是马斯洛需求层次理论的体现

   D. 认可与奖励

123. 下列哪项是快速交付方法的关键优势？

   A. 完成更多工作的能力

   B. 团队协作的能力

   C. 增量工作的能力

   D. 获得反馈的能力

124. 在项目启动会议上，罗恩向团队主要成员进行了自我介绍，并表示他作为辅助角色，会尽最大可能消除障碍让其他团队成员专心工作。罗恩扮演的是什么角色？

   A. 敏捷教练

   B. 产品负责人

C. 干系人

D. 团队成员

125. 苏是敏捷项目管理办公室（PMO）的领导。她在公司年度会议上发表了一场演讲，描述了她的角色和职责，以及 PMO 的价值。在演讲中，苏表扬了一名项目经理，因为他具有超强的能力：能够定义项目的关键成功因素、制订项目迭代计划并知道在何时寻求帮助。该项目经理被认可的技能是什么？

　　A. 沟通技能

　　B. 领导力

　　C. 战略和商务管理

　　D. 技术项目管理

126. 下列关于横向思维的描述哪些是正确的？（选择 2 项）

　　A. 这是平行分析的一种形式

　　B. 横向思考是识别风险过程的工具和技术

　　C. 爱德华·德·博诺（Edward de Bono）创造了这个名词，并对其进行了广泛的研究

　　D. 这是从不明显的角度推理和思考问题的方法

127. 平衡干系人的利益与获得客户满意度是项目经理的重要工作。要确保客户满意度，最好的方法是定义并记录下列哪项？

　　A. 估算

　　B. 质量

　　C. 需求

　　D. 目标

128. 你负责的项目包含研发新食品添加剂。当你准备将产品交付给客户时，却发现在某些情况下该添加剂会使人产生轻微反应。目前已知反应很小，而且没有发现持续的副作用。作为项目经理，你应该怎样做？

　　A. 什么都不做，因为反应很小，很少有人会受到影响

B. 通知客户你发现的情况，告诉客户你将进一步研究新食品添加剂，以确定其影响

C. 通知客户，除了极少数人产生轻微反应外，添加剂没有其他问题，然后将产品交付给客户

D. 告诉客户你将在下个版本中解决问题，但是现在你将向客户发布第一版产品

129. 已知你的项目共有 35 位干系人，那么共有多少条沟通路径？

A. 600 条

B. 613 条

C. 630 条

D. 595 条

130. 为了推动团队练习，项目经理通过询问与产品相关的问题并形成答案，来描述所交付产品的用途、特性和其他相关信息。该团队在进行什么活动？

A. 数据分析

B. 产品分析

C. 备选方案分析

D. 促进

131. 敏捷方法强调的核心要素之一是价值流，而不是关注人们的使用方式。下列哪些选项描述了通过优化流程来获得价值优势？（选择 2 项）

A. 团队更快地产出成果

B. 团队更少地浪费时间

C. 团队更快地创造价值

D. 绩效杰出者脱颖而出

132. 戴安娜是新任命的项目经理。作为团队的一员，她正在跟高级项目经理查理学习。在团队会议中，她听到查理说了一些脏话，特别是在与一位工程师进行沟通时。她躲在一边，听到查理责骂工程师并质疑他的进度计划。虽然戴安娜是团队的新成员，但她还是决定向查理的经理报告他的行为。查理违背了哪一个核心价值观？

A. 责任

B. 公平

C. 尊重

D. 诚实

133. 你是在国外工作的项目经理，你发现有一些项目团队成员不能很好地适应新环境。虽然在他们到达之前，你已经向他们提供了有关文化差异及所在国家习俗等方面的培训，但是他们仍然感到不舒服和迷茫。下列哪项描述是正确的?

　　A. 这是两个不同国家的团队成员合作的结果

　　B. 这种情况是在不熟悉的环境或文化中工作时发生的，被称为文化冲击

　　C. 这是时差和旅行疲劳造成的

　　D. 最好的解决办法是为团队提供多元化培训

134. 产品负责人打电话给敏捷教练，想要查看冲刺的剩余工作量。敏捷教练应该向产品负责人展示什么?

　　A. 气泡图

　　B. 状态报告

　　C. 燃尽图

　　D. 冲刺摘要图

135. "莱夫的理由"是一家大型营销公司的顶级客户。特鲁迪是"莱夫的理由"的总裁，她决定推出一款新产品，新产品应用了根据新的全球定位系统（GPS）研发的跟踪技术。她与项目经理罗伊一起讨论，判断项目中的哪些干系人是抵制型的，哪些干系人是不了解型、中立型、支持型或领导型。他们在进行什么活动?

　　A. 识别干系人

　　B. 规划干系人参与

　　C. 管理干系人参与

　　D. 监督干系人参与

136. 你参与了一个项目，该项目涉及组织已经申请发明专利的一些绝密制造技术。该

项目的一名团队成员对这种技术非常了解，她在组织内非常受欢迎，很多人向她咨询意见。在团队推进项目时，她也能提供帮助。不过，在该项目之外，她不能讨论涉及此项技术的任何内容。这是什么类型的权力？

    A. 参照

    B. 情境

    C. 专家

    D. 处罚

137. 下列哪一项是项目经理花时间建设团队的原因之一？

    A. 创建一个开放的、令人鼓舞的环境，团队成员能在这样的环境中做出贡献

    B. 创建一个纪律严明的环境，团队成员能在这样的环境中做出贡献

    C. 创建一个集中办公的环境，团队成员能在这样的环境中做出贡献

    D. 创建一个集中办公、纪律严明的环境，团队成员能在这样的环境中做出贡献

138. 项目经理通过培训，增强团队对即将接触的国家的文化意识。项目经理在进行什么活动？

    A. 规划干系人参与

    B. 监督干系人参与

    C. 管理干系人参与

    D. 管理沟通

139. 一名团队成员丹妮拉私下与你谈起她刚与另一名团队成员诺埃尔发生的冲突。他们无法就项目的基本业务流程达成一致。他们都认为自己的观点是正确的，并且各自找你开会，想说服你接受自己的立场。下列哪项是正确的？

    A. 这描述了团队发展的震荡阶段

    B. 这描述了团队发展的成熟阶段

    C. 这描述了团队发展的规范阶段

    D. 这描述了团队发展的形成阶段

140. 你是答科他（Dakota）软件咨询服务公司的项目经理。你正在与一家零售商合作，

该零售商主要通过邮购的方式销售产品。这家公司对客户特征、首次消费的客户数量及类似的信息感兴趣。在第一次项目会议中，你向团队说明质量是该项目的首要目标，你会立即处理与该目标不符的项目结果（包括造成这些结果的人）。最近，与该零售商合作过的一家软件公司因其最终的产品质量不达标而被解除合同。你告诉团队，对于符合此项目质量要求的人员，你会给予奖励；你还告诉他们有关向零售商进行问题升级报告的流程，并指示这个流程不能有任何偏差，你需要知道任何可能产生问题的事项。会议结束后，你回到办公室开始编写下一份项目状态报告。关于这个场景，下列哪项描述是正确的？

A. 这种行为更像民主型领导风格

B. 这种行为更像变革型领导风格

C. 这种行为更像交易型领导风格

D. 这种行为更像情境型领导风格

141. 你的三位干系人联系你，表示他们与你的一名团队成员难以共事。这位团队成员会开不恰当的玩笑，不断打扰别人，并且满腹牢骚，不愿意听取其他干系人的意见。这位冒失的团队成员在下列哪个方面存在缺失？

A. 培训

B. 基本规则

C. 人际关系和团队技能

D. 团队建设活动

142. 你正在管理一个合同项目。你的奖金数额是根据项目是否按时完成决定的。项目进度目前落后，但剩余任务很容易完成，完成时间不会超过一周。下列哪项是最合适的措施？

A. 在计划完成日期向客户开具全额发票

B. 为客户开具截至实际项目完成日期的已完成工作量的发票

C. 提交发票，在客户处理付款请求时完成剩余任务，因为工作会在客户付款之前完成

D. 告知客户有延迟的情况，并商定进度计划和/或发票付款日期的变更，然后在

工作完成后开具全额发票

143. 你的项目进度目前落后于计划，并且超出了预算。一名之前与你合作过的供应商的客户经理告诉你，如果你让他们中标并签订合同，他们会免费投入额外的资源。当天晚些时候，你与供应商评选委员会见面，看到该供应商排在列表的最下面。为了缓解预算问题，即使这违反采购政策，你仍然选择了该供应商。该怎么看待你的行为？

   A. 英勇

   B. 存在利益冲突

   C. 合理的

   D. 会改善成本偏差

144. 你是一家新公司的项目经理，入职不到 30 天就开始进行项目管理工作。你的领导要求你尽快获取资源并将其分配到项目中，这是你的首要任务。你的项目有内部资源和外部资源。现在你有两个待招聘的全职内部岗位，需要招聘人员来填补空缺。你碰巧有一位认识多年的好朋友，他正在找工作，而且他参加了当地的 PMI 分会。他有资格胜任该岗位。你打电话给他并当场录用了他。你使用工单雇用外部资源，违反了与当地人事机构签订的合同。关于这种情况，下列哪项是正确的？

   A. 你没考虑该行为可能会影响团队组建的组织标准流程

   B. 由于该项目尚在进行中，因此你雇用的新资源将被视为预分配的资源

   C. 你没考虑你雇用的人的个人利益和特征

   D. 需要更新资源管理计划

145. 项目经理正在管理一个小项目，该项目共有 12 位干系人，请问存在多少条沟通路径？

   A. 66 条

   B. 72 条

   C. 12 条

D. 24 条

146. 你正在主持项目变更控制会议，碰巧看到一个变更请求会使项目范围扩大一倍，但收益增加不明显。你了解到该变更请求的提出者经常在不充分考虑影响的情况下扩大项目范围，但是由于他在公司中的职位比较高，这些变更通常都会被批准。你邀请一位财务分析师参加会议，让团队了解该变更请求的负面影响，然后通过团队投票否决了该变更请求。你使用了什么类型的权力？

　　A. 合法

　　B. 专家

　　C. 参照

　　D. 处罚

147. 你是负责组织内网络布线项目的项目经理。你的项目团队由六名员工和三名外包人员组成。一年前，他们曾在项目中合作过，而你是团队的新人。下列哪项说法是正确的？

　　A. 根据塔克曼和詹森的理论，团队发展阶段会从震荡阶段开始

　　B. 根据赫塞和布兰查德的理论，团队发展阶段会从形成阶段开始

　　C. 根据塔克曼和詹森的理论，团队发展阶段会从形成阶段开始

　　D. 根据赫塞和布兰查德的理论，团队发展阶段会从成熟阶段开始

148. 你的项目的一个可交付成果需要新闻学技能。总共有三名团队成员投入到了制作此交付成果需要进行的活动中。其中一名成员对她自己的现状非常满意，并认为她能够在项目中发挥自己的全部优势。下列哪项描述是对这种情况最好的说明？

　　A. 该团队成员正处在马斯洛需求层次的自我实现层次

　　B. 薪资不是激励因素，因为该团队成员的基本需求已经得到满足

　　C. 该团队成员的需求已经得到满足，现在根据马斯洛的理论，能力的提升、学习新事物的机会及工作中涉及的挑战将成为激励因素

　　D. 期望理论认为，与其他团队成员之间的友谊是重要的驱动力

149. 项目经理在为甲方企业的 PMO 工作，他的一项任务是为该企业编写项目管理手

册。在项目收尾时，尽管他只是众多参与该项目的编写人之一，但他还是决定以他的咨询公司的名义销售该手册。他认为自己在手册编写方面的贡献使他享有这项权利。甲方企业将如何看待他的这种行为？

A. 作为内容编写者，他有权力这样做

B. 他侵犯了知识产权

C. 作为合著者，应该协助他推进工作

D. 他违反了协议规定

150. 尝试运用敏捷思维的项目团队不会使用下列哪个问题制定实施策略？

A. 为了聚焦高优先级事项，哪些工作可以不做

B. 团队如何使用可预测的方式行动

C. 团队可以快速开展哪些工作来获得早期反馈

D. 仆人式领导方法如何帮助团队实现目标

Chapter

2

第二章

过程（领域 2.0）

PMP® 认证考试内容在过程领域包含以下任务。

- ✓ 任务 2.1 根据交付商业价值所需的紧急程度执行项目
- ✓ 任务 2.2 管理沟通
- ✓ 任务 2.3 评估和管理风险
- ✓ 任务 2.4 让干系人参与
- ✓ 任务 2.5 规划并管理预算和资源
- ✓ 任务 2.6 规划和管理进度
- ✓ 任务 2.7 规划和管理产品 / 可交付成果的质量
- ✓ 任务 2.8 规划和管理范围
- ✓ 任务 2.9 整合项目规划活动
- ✓ 任务 2.10 管理项目变更
- ✓ 任务 2.11 规划和管理采购
- ✓ 任务 2.12 管理项目工件
- ✓ 任务 2.13 确定适当的项目方法论 / 方法和实践
- ✓ 任务 2.14 制定项目治理结构
- ✓ 任务 2.15 管理项目问题
- ✓ 任务 2.16 确保项目持续性的知识转移
- ✓ 任务 2.17 规划和管理项目 / 阶段的收尾或移交

注： 本章对项目管理过程组中的过程名称、输入、工具和技术、输出，以及相关资料和图表的介绍均基于新版《PMBOK® 指南》的内容。

1. 丽塔是智能数字音乐设备公司的产品负责人。在下午的工作会议上，她与团队审查了用户故事，以便为下一个冲刺做准备。她的目的是确保团队足够了解这些故事之间的关系。丽塔在进行下列哪项活动？

   A. 冲刺计划会

   B. 待办事项列表的细化

   C. 冲刺回顾会

   D. 每日站会

2. 项目经理刚刚在使用混合项目交付方法的环境中成功完成了一个项目。谁负责撰写项目的最终报告？

   A. 所有干系人

   B. 项目发起人

   C. 项目经理

   D. 执行主管

3. 风险战略、方法论及与风险相关的角色和职责都是什么文件的组成部分？

   A. 风险登记册

   B. 风险管理计划

   C. 风险报告

   D. 项目文件

4. 凯莉已经管理项目十多年了，主要使用瀑布方法。她最近在一家为移动设备开发软件的公司找到了一份新工作，并开始研究这家公司使用的敏捷方法，她首先学习敏捷原则。确定敏捷方法 12 条原则的正式文件叫什么？

   A. 敏捷原则

   B. 敏捷章程

   C.《敏捷宣言》

   D. 敏捷之书

5. 根据 PMI 的观点，一名优秀的项目经理需要花多少时间进行沟通？

   A. 50%

   B. 75%

   C. 90%

   D. 100%

6. 变更驱动型生命周期还有什么其他名称？

   A. 适应型生命周期

   B. 预测型生命周期

   C. 计划驱动型生命周期

   D. 混合型生命周期

7. 下列哪个项目管理知识领域涉及项目的所有团队成员和干系人？

   A. 项目范围管理

   B. 项目沟通管理

   C. 项目资源管理

   D. 项目质量管理

8. 下列哪些选项是正确的？（选择 3 项）

   A. 由于规划详细，所以高度预测型生命周期降低了风险和成本

   B. 高度预测型生命周期包含不明确的需求

   C. 高度适应型生命周期可获得干系人的持续参与和频繁反馈

   D. 高度适应型生命周期在整个项目周期中定期进行启动活动

9. 将项目管理知识领域的名称与其描述相匹配。

知识领域名称	描述
A. 项目整合管理	（1）包括管理项目按时完成所需的活动
B. 项目进度管理	（2）包括为了成功完成项目，识别、获取和管理所需资源的各项活动

（续表）

知识领域名称	描述
C. 项目采购管理	（3）包括用于开展下列工作的各项活动：识别影响或受项目影响的人员、团队或组织，分析干系人，并制定策略以管理他们的参与
D. 项目资源管理	（4）包括从项目团队外部采购或获取所需产品、服务或成果的各项活动
E. 项目干系人管理	（5）包括为识别、定义、组合、统一和协调各个项目管理过程组的各个过程及活动而开展的活动

10. 你在一个使用混合开发方法的项目环境中工作。混合方法即敏捷方法和预测方法的混合，项目发布周期为 1 个月。你部门的副总裁要求你报告当前版本的项目预算状态为正常。你在过去 6 个月中经历了 3 次预算超支，并且你知道现有版本的预算状态并不正常。但是，你也知道其中一份采购工作订单即将还款，这将改变你最近遇到的大部分预算超支的情况。关于这个问题，下列哪些说法是正确的？

（选择 2 项）

   A. 别人的行为你管不了，但你可以控制自己的行为，不管副总裁让你做什么，你都要实话实说

   B. 这个问题描述了与管理干系人参与水平有关的活动

   C. 管理沟通是项目经理的关键职责之一

   D. 你可以使用燃尽图来展示预算超支的潜在扭转情况

11. 使用敏捷方法管理项目的好处是什么？

   A. 可以密切监督和控制变更

   B. 项目团队可以调整过程，以满足新的或修改后的需求

   C. 可以在项目生命周期的早期识别、减少或消除风险

   D. 团队不会因规划活动而分心，可以专注于执行

12. 大卫（David）是一家著名图书出版公司的项目经理。在最近的项目中，他使用了

一种在整个项目范围内频繁产出较小可交付成果的方法。大卫使用了什么类型的项目生命周期？

A. 预测型

B. 增量型

C. 瀑布型

D. 敏捷型

13. 项目经理刚刚完成了一项采购，该采购产生了项目的最终可交付成果。项目经理接下来可能会做什么？

A. 召开庆祝会

B. 执行行政收尾

C. 释放剩余的项目资源

D. 最终处置未决索赔

14. 尼古拉斯是一个项目的项目经理，该项目号称将彻底改变智能健身监控行业。在咨询了主题专家团队后，他决定使用 Scrum 方法。尼古拉斯的项目团队通过两周的迭代持续构建产品，请问迭代还有什么其他名称？

A. 阶段

B. 冲刺

C. 可交付成果

D. 站立

15. 项目经理正在编制项目的最终报告，他可能会参考什么项目文件来查看项目可交付成果的完成日期？

A. 最终报告

B. 进度基准

C. 里程碑报告

D. 里程碑清单

16. 你是一名开发手机应用程序的项目经理，该程序的功能是，当紫外线处于危险水平时，它会发送警报并提醒用户待在室内。当你进入项目的最终收尾阶段时，你将审查由干系人产生的沟通记录，以便分析反馈。你将参考什么文件来查看反馈？

A. 变更日志

B. 经验教训登记册

C. 项目沟通记录

D. 质量报告

17. 项目经理与项目团队一起总结经验教训。在会议中，获取的信息将被归档并汇总在项目的最终报告里。项目团队正在从事什么活动？

A. 更新经验教训登记册

B. 行政收尾

C. 召开项目会议

D. 获取工作绩效信息

18. 所有项目生命周期都具有以下哪个特征？

A. 不确定度

B. 规划程度

C. 工作未完成程度

D. 工作排序程度

19. 你的项目已经启动，你将与关键用户召开一系列概述会议，以便确定新企业资源软件的实施要求。其中一位干系人很喜欢争论，并在每一个转折点都设置障碍。她提出的某个问题似乎是合理的，即原有系统中的数据存在问题，团队需要在继续推进项目之前解决它。你所汇报的 PMO 实施阶段排序，并要求在下一个阶段开始之前关闭之前的阶段，请问这个过程叫什么？（选择 2 项）

A. 关口出口

B. 阶段审查

C. 阶段出口

D. 期末审查

20. 下列哪项是对监控过程组的正确描述？

A. 制定和修改项目目标并创建项目管理计划

B. 将项目管理计划付诸行动

C. 测量和分析项目绩效，以确定项目是否能按计划进行

D. 使项目或阶段正式、有序地结束

21. 下列哪项最适合描述敏捷项目管理？

A. 一种侧重于在项目生命周期早期，即执行开始之前定义项目需求的方法

B. 表明一种基本概念：项目生命周期中的每个元素都以结果为导向

C. 一种管理项目的方法，这种方法可以使大部分工作很容易被规划和执行，以产生项目的整体产品、服务或结果

D. 一种管理项目的方法，它可以使工作的增量部分在短时间内被轻松地分配、管理及完成

22. 短期的、有时间限制的工作也被称为什么？

A. 缓冲

B. 提前量

C. 滞后量

D. 冲刺

23. 一个项目在什么时候会被认为成功了？

A. 当项目预算用完、范围完成、进度里程碑达成时

B. 当项目预算用完并且进度里程碑达成时

C. 当项目收益得到实现并且干系人的需求和期望得到满足时

D. 当项目目标得到实现并且干系人的需求和期望得到满足时

24. 亚丝明是一名项目经理，负责为一个生产小部件的项目制定项目章程。在与主要干系人会面后，她开始起草文件。亚丝明的项目章程不太可能包含以下哪个

元素？

    A. 详细的风险清单

    B. 项目目的

    C. 主要干系人名单

    D. 预先批准的预算

25. 项目经理每周都会与项目发起人会面。最近公司业绩不稳定，项目发起人紧张地向项目经理询问成功完成该项目的可能性有多大。迄今为止，该项目一直处于正轨并接近执行的尾声。项目经理应该如何回复发起人？

    A. 成功完成的可能性较高

    B. 成功完成的可能性非常高

    C. 成功完成的可能性较低

    D. 成功完成的可能性非常低

26. 项目经理与项目团队召开会议，审查近期评估的风险。在会议期间，他们在评估了风险的应对策略后，决定对其中的两个风险不提前采取任何行动，仅在风险发生时再采取行动。这是什么类型的风险应对策略？

    A. 被动接受

    B. 主动接受

    C. 减轻

    D. 规避

27. 项目经理与团队会面，确定成本绩效的测量规则。团队从事的是什么活动？

    A. 采取纠正措施

    B. 进行绩效评估

    C. 制订成本管理计划

    D. 制定项目预算

28. 项目经理与产品经理和项目团队召开会议，讨论最新迭代的结果。作为会议的一部分，项目经理还审查了迄今为止项目预算的花费情况，并强调了评估成本。下列哪项对评估成本的描述最为妥当？

　A. 通过创造没有缺陷的产品来满足客户需求的相关成本

　B. 检查产品或过程，确保当它们能够满足客户需求时所花费的成本

　C. 事情未按计划进行时产生的成本

　D. 当客户发现需求未被满足时，外部发生的成本

29. 你在 PMO 工作，为了适应公司的大型战略项目，新上任的 PMO 总监调整了项目任务。你与新项目的前任项目经理被安排共同审查干系人的沟通需求、上报流程及项目相关会议的清单。你将通过什么文件获取这些信息？

　A. 干系人参与计划

　B. 沟通管理计划

　C. 资源管理计划

　D. 项目管理计划

30. 你是雷电集团（Lightning Bolt Enterprises）的一名项目经理，你的新项目是研发一种新型的充电电池。在项目进行过程中，一位干系人要求更改产品范围描述，该干系人填写了一份变更申请单，但是此变更会影响项目范围，而且这个变更对项目的成功至关重要。目前变更请求已经获得批准，项目范围说明书也已经被更新。下列哪些选项是正确的？（选择 3 项）

　A. 产品范围描述也是项目章程的一个组成部分，用于定义项目的范围

　B. 变更请求是根据项目范围说明书进行评估的，如果变更请求超出原始项目范围，那么应拒绝变更

　C. 产品分析将产品描述和目标转化为可交付成果和要求

　D. 项目范围说明书被用来指导项目团队的工作，是未来项目决策的基础

31. 你是公司的 PMO 总监。泰瑞是另一个部门的员工，她联系了你，她希望自己能够负责一个正在讨论的新项目，并希望你相信她已经掌握了项目管理知识且可以胜任这项工作。泰瑞对该项目的客观陈述如下："为我们在美国的所有配送中心安装射频识别标签。这项新技术可以帮助我们实时了解商品需求，从而让我们

改善库存管理、减少盗窃和缺货的情况。存储在标签中的电子标识内容应该是固定的。这项新技术需要在每个仓库门口安装读卡器。"关于泰瑞的客观陈述，下列哪些选项是正确的？（选择 3 项）

A. 该陈述描述了项目的概况，但不能将其视为客观陈述，因为它缺少一些要素

B. 项目目标描述了项目期望产生或完成的内容，项目需求描述了可交付成果的规格

C. 该陈述充分描述了项目目标，但是这里面也增加了对项目需求的描述

D. 该陈述混入了需求。陈述中的需求之一是"存储在标签中的电子标识内容应该是固定的"

32. 项目经理正在实施定量风险分析，这可能会产生什么成果？

A. 对每个风险的概率和影响的评估

B. 每个风险的优先级

C. 对整体项目风险敞口的评估

D. 潜在风险应对措施清单

33. 下表显示了项目计划评审技术（PERT）计算的一个示例，请问项目的总工期是多少天？

活动	乐观估计（天）	悲观估计（天）	期望值（天）
1	10	14	12
2	20	30	23
3	3	3	3

A. 33 天

B. 38 天

C. 37 天

D. 47 天

34. 哪位质量大师提出了"第一次就把事情做对"的理论？

A. 菲利普·克罗斯比（Philip Crosby）

B. 约瑟夫·朱兰（Joseph Juran）

C. W. 爱德华兹·戴明（W. Edwards Deming）

D. 沃尔特·休哈特（Walter Shewhart）

35. 在一家专门生产定制化宠物狗服装和玩具的公司中，卡丽娜是负责"你在养狗"项目的项目经理。她正在访谈一些经验丰富的主题专家，以便更好地了解项目中存在的风险。她正在执行什么项目管理过程？

A. 规划风险管理

B. 识别风险

C. 实施定性风险分析

D. 实施定量风险分析

36. 凯莉是一名风险经理，她正在与项目经理阿莉莎合作，她们都在一家顶级医疗保健公司工作。她们目前采用功能驱动开发（Feature-Driven Development，FDD）方法管理几个软件项目。在共同分析风险时，她们注意到在已识别的 20 项风险中，有 5 项风险被视为低优先级。这些风险将被记录在哪里？

A. 观察清单

B. 风险报告

C. 项目管理计划

D. 风险管理计划

37. 你正在为项目制订沟通管理计划，并考虑了你与四位干系人更新信息的时间点和需求。由于你的干系人和同事曾经使用过公司最先进的沟通技术，因此你预估向干系人和团队成员提供信息及更新信息是轻而易举的。下列哪个选项是正确的？

A. 在检查沟通需求分析时应考虑有 10 条沟通渠道

B. 在检查沟通需求时应考虑有 5 条沟通渠道

C. 在检查沟通技术时应考虑有 12 条沟通渠道

D. 在检查沟通技术时应考虑有 20 条沟通渠道

38. 罗肖德是银河小子（Galactic Kidz）公司的客户运营副总裁，也是最新项目"G"的项目发起人。他正与项目经理莎莉讨论当前项目的预算。他向莎莉表达了他对预算远远超出预期的担忧，并要求莎莉调整预算。请问在大多数项目中，最大的成本支出是什么？

　　A. 供应商

　　B. 资源

　　C. 材料

　　D. 差旅

39. 阿莉莎是一名项目经理，负责管理一个基础设施项目，该项目需要将五个数据中心整合为一个数据中心。她目前正在估算项目活动的持续时间，阿莉莎知道她拥有可靠的信息，因此她计划使用一种估算技术，用最少的工作量进行高度准确的估算。她打算使用什么估算技术？

　　A. 三点估算

　　B. 自下而上的估算

　　C. 参数估算

　　D. 自上而下的估算

40. 下列哪项最能描述整体项目风险？

　　A. 一旦发生，会对一个或多个项目目标产生消极影响的不确定的事件或条件

　　B. 一旦发生，会对一个或多个项目目标产生积极或消极影响的不确定的事件或条件

　　C. 不确定性对项目整体的影响，它源于所有的不确定性

　　D. 不确定性对单个项目目标的影响，它源于所有的不确定性

41. 你使用预测型方法管理项目并且刚刚完成了成本基准。接下来，你开始确定资金需求。下列哪个选项是正确的？

　　A. 资金需求来自活动成本

　　B. 管理储备是资金需求和成本基准之间的差额

C. 管理储备在项目开始时被一次性发放

D. 资金需求是估算成本过程的输出

42. 项目经理正在进行与规划采购管理过程相关的活动。他正试图与相关主题专家确认某个可交付成果是进行内部开发更合适还是外部采购更合适。他可以使用什么工具或方法来确认？

A. 市场调研

B. 广告

C. 供方选择分析

D. 自制或外购分析

43. 楚是一名 Scrum 教练，与产品负责人丽塔一起研发最新版本的数字音乐设备。团队目前正处于第四次冲刺。楚加入了咖啡机旁边的一个看板团队，并召开了时长 15 分钟的会议。在会上，楚和团队成员讨论了每个人昨天完成了什么工作、今天将完成什么工作及可能阻碍他们完成工作的任何障碍。楚和他的团队正在从事什么活动？

A. 冲刺计划会

B. 冲刺回顾会

C. 待办事项列表细化会

D. 每日站会

44. 下列哪项最恰当地描述了规划干系人参与的目的？

A. 定期识别干系人，分析和记录干系人的兴趣、参与度、依赖关系、影响和对项目成功有潜在影响的其他相关信息

B. 与干系人沟通及合作以满足他们的需求和期望，解决问题，并引导干系人适当地参与项目

C. 监督干系人的参与，并通过修改参与策略和计划引导干系人的参与

D. 根据干系人的需求、期望、利益和对项目的潜在影响，确定项目干系人参与项目的方法

45. 指导与管理项目工作、管理质量和实施采购属于哪个项目管理过程组？

    A. 规划

    B. 执行

    C. 监控

    D. 收尾

46. 项目在哪个阶段被成功完成的概率最高？

    A. 项目启动过程组

    B. 项目规划过程组

    C. 项目执行过程组

    D. 项目收尾过程组

47. 你是非营利组织社区潮流（Community Trends）的一名项目经理。你的项目是因社会需求而产生的。你正在计算绩效测量指标，并与迄今为止的实际成本进行比较，你假设完工尚需估算（ETC）工作将按初始预算完成。你知道以下信息：完工预算（BAC）为 900 美元，ETC 为 65 美元，计划价值（PV）为 500 美元，挣值（EV）为 475 美元，实际成本（AC）为 425 美元。在这种情况下，下列哪一项是正确的完工估算（EAC）总成本？

    A. 379 美元

    B. 804 美元

    C. 875 美元

    D. 850 美元

48. 项目经理正在进行收尾活动并准备释放项目资源，他可以参考什么文件来确认如何释放资源？

    A. 项目进度表

    B. 项目管理计划

    C. 发布计划

    D. 项目文件

49. 下类哪项最恰当地描述了敏捷型生命周期？

    A. 一种先规划大部分活动然后推进的传统方法

    B. 一种可以创造客户马上使用的可交付成果的方法

    C. 一种融合了迭代和增量并且经常改进和交付的方法

    D. 一种专注于尽早产生反馈以改进和调整工作的方法

50. 你是一名在弱矩阵组织中工作的项目经理，负责一个为期四个月的项目。已知该项目已经过去了两个月，此时一名职能经理宣布她将要把资源重新分配到另一个项目中，但这将抽走该项目一半的关键资源。你向她解释资源不应该被调走，这将导致你的项目提前终止。如果这名职能经理成功调走了资源，你的项目会以什么样的方式结束？

    A. 绝对式终止

    B. 自灭式终止

    C. 整合式终止

    D. 附加式终止

51. 下列哪一个不是敏捷和精益框架？

    A. Scrumban

    B. 极限编程

    C. 瀑布

    D. 水晶方法

52. 在一家专门生产定制化宠物狗服装和玩具的公司中，卡丽娜是负责"你在养狗"项目的项目经理。作为工作的一部分，她会与项目发起人定期评估项目的执行情况。在最近的一次会议上，他们分析了是否有足够的应急储备和管理储备。卡丽娜正在使用什么技术？

    A. 预测

    B. 储备分析

    C. 挣值分析

D. 趋势分析

53. 挣值分析、迭代燃尽图、绩效审查、趋势分析、偏差分析和假设情景分析都是什么类型的工具？

   A. 项目管理信息系统

   B. 数据表现的工具和技术

   C. 数据分析的工具和技术

   D. 进度压缩的工具和技术

54. 下列哪个值是指计划完成的工作的价值？

   A. 挣值

   B. 计划价值

   C. 实际成本

   D. 完工预算

55. 一个敏捷团队每个月都会与产品负责人举行状态审查会议，审查迭代后产生的可交付成果。在演示之后，产品负责人需要按照会议议程促进项目的一般状态审查。一个好的状态审查会议会使用哪种类型的沟通方法？

   A. 推式

   B. 拉式

   C. 互动式

   D. 公共式

56. 罗肖德是银河小子公司的客户运营副总裁，也是最新项目"G"的项目发起人。他正在与项目经理莎莉讨论项目资源的使用情况，在听说该项目无法按计划获得资源后，他表达了担忧。莎莉承认情况确实如此，而且这种情况也造成了项目的意外延期。莎莉应该采取什么行动来补救？

   A. 审查进度，确定项目当前存在哪些资源缺口

   B. 执行数据分析，确定可以采取哪些纠正措施使计划重回正轨

C. 招募额外的资源，代替那些在项目开始后不可用的资源

D. 与职能经理交谈，确保不可用的资源得到差的绩效评估

57. 你是一名负责开发手机应用程序项目的项目经理。该程序的功能是，当紫外线处于危险水平时，它会发送警报并提醒用户待在室内。你正在管理进度并使用图表跟踪迭代待办事项列表中未完成的工作。这个图表叫什么？

　　A. 速率表

　　B. Scrum 图

　　C. 迭代燃尽图

　　D. 迭代图

58. 你正在使用关键链的方法规划你的进度，不过你发现关键路径上的任务执行存在偏差。下列哪项内容是正确的？

　　A. 你的进度尚无风险，但你应该监控关键路径和非关键路径的任务，防止出现进一步的延迟或差异

　　B. 你应该将所需的缓冲量与剩余的缓冲量进行比较，评估进度是否正常

　　C. 你应该采取预防措施，使项目重回正轨

　　D. 非关键路径任务的延迟不会对关键路径造成任何影响

59. 在进行与控制项目和产品范围相关的活动时，项目经理发现范围产生了蔓延。什么是范围蔓延？

　　A. 项目或产品范围不受控制地扩大

　　B. 项目或产品范围的受控扩大

　　C. 在项目中造成持续问题的团队成员

　　D. 落后进度和超出成本的范围交付

60. 项目经理准备在今天下午晚些时候主持项目状态会议。目前该项目已完成了 75%，到达最关键的节点。由于项目发起人计划参加会议，因此项目经理决定更新挣值（EV）计算结果，希望按照项目发起人想要看到的方式呈现最新的绩效更新。已知

完工预算（BAC）为 550 000 美元，当前的完工估算（EAC）为 525 000 美元。请问项目预算的使用情况如何？

A. 低于计划成本

B. 等于计划成本

C. 超过计划成本

D. 提供的信息不足

61. 你是项目"欧拉美容产品"的项目经理，负责开发新的沐浴产品系列。已知你还在变更控制委员会任职，而且该委员会刚刚批准了范围变更。下列哪些选项是正确的？（选择 3 项）

A. 范围变更包括对商定的工作分解结构（WBS）的修改

B. 范围变更可能导致计划的修订

C. 范围变更通常不会影响项目预算

D. 范围变更应反映在产品范围中

62. 在监控项目工作的过程中，项目经理通过分析绩效数据确定是否需要采取纠正或预防措施。请问下列哪个选项是此过程的输入？

A. 偏差分析

B. 工作绩效信息

C. 工作绩效数据

D. 专家判断

63. 将项目生命周期的类型与其描述相匹配。

项目生命周期的类型	描述
A. 预测型	（1）一种传统方法，其中大部分工作是先被规划，然后再被执行
B. 迭代型	（2）一种集合了迭代和增量来细化工作并频繁交付的方法

（续表）

项目生命周期的类型	描述
C. 增量型	（3）一种向客户尽早提供可立即使用的可交付成果的方法
D. 敏捷型	（4）一种允许对未完成的工作进行反馈以改进和调整工作的方法

64. 项目经理在项目生命周期的早期阶段进行项目规划，在后面阶段尽量限制变更。这种方法与哪一种项目生命周期有关？

    A. 迭代型

    B. 预测型

    C. 适应型

    D. 增量型

65. 项目经理通过主持会议，提供有关项目进展的最新信息，请问这是什么类型的会议？

    A. 风险审查会

    B. 状态审查会

    C. 规划会

    D. 变更控制会

66. 下列哪一个过程不属于项目整合管理知识领域？

    A. 管理项目知识

    B. 识别干系人

    C. 监控项目工作

    D. 结束项目或阶段

67. 状态审查会议是通知干系人（和其他人）项目状态的重要工具。下列关于状态审查会议的选项哪一个是不正确的？

    A. 它是一种沟通形式，包括口头和书面交流

B. 状态会议上的口头交流比书面交流更简单，也更容易理解

C. 可能有多个状态审查会议，每个会议针对不同的受众

D. 对于团队成员，面对面的会议比状态审查会议更有效，因为面对面会议会使团队成员更快地了解潜在的风险和问题

68. 你是一名负责户外音乐会活动的项目经理，该项目计划从今天开始启动，为期一年。你正在编写计算机程序的采购文件，该程序将在音乐会期间控制灯光和屏幕投影。你已决定与专门编写自定义软件程序的专业服务公司签订合同。你希望将组织的风险降至最低，并希望以固定价格获得一组能明确定义的可交付成果。如果供应商比预定时间至少提前 30 天完成计划，你同意向供应商支付奖金。根据以上描述，你将选择哪种合同类型？

A. 总价加激励费用合同（FPIF）

B. 成本加固定费用合同（CPFF）

C. 固定总价合同（FFP）

D. 成本加激励费用合同（CPIF）

69. 如何实施质量改进？

A. 通过完成质量审计

B. 通过提交变更请求和 / 或采取纠正措施

C. 通过提交变更请求和 / 或实施预防措施

D. 通过完成质量审计并识别流程中的差距或缺陷

70. 作为项目启动的一个环节，产品经理会与项目团队会面，审查团队章程并建立团队规范。在这个过程中，产品经理还强调了质量的重要性，并期望将其集成到每次迭代中。管理质量有时被称为什么？

A. 质量管理

B. 质量遵守

C. 质量保证

D. 计划—执行—检查—处理

71. 进行收尾活动的项目经理目前专注于首先解决业务价值最高的项目。她使用了什么类型的生命周期来交付她的项目？

    A. 高度预测型

    B. 适应型

    C. 高度适应型

    D. 瀑布型

72. 玛丽西尔是一家公司的项目经理。迄今为止，她已经识别了风险、分析了风险并制定了风险应对措施。现在，她和团队正在执行工作并应对风险触发。他们需要什么项目管理文件？

    A. 应急计划

    B. 风险登记册

    C. 风险报告

    D. 弹回计划

73. 你是项目 "飞往迈阿密"（Fly Me to Miami）的项目经理，该项目主要负责旅游服务。你需要根据合同为你的项目获取一些服务，你已经发布了建议邀请书（RFP）。已知你目前处在实施采购的过程中，下列哪一个选项是不正确的？

    A. 这个过程被用于获取组织内部或外部的商品或服务

    B. 可以使用多种技术评估提案

    C. 供应商可能需要在合格的卖方名单上才能参与投标

    D. 在这个过程中使用投标人会议来回答有关建议邀请书的问题

74. 你是一家新公司的项目经理。在开始工作不到 30 天时，你的领导告诉你，当务之急是尽快获取资源并将其分配到项目中，这是你的首要任务。此外，你还需要组建质量保证团队。下列哪个选项是不正确的？

    A. 在这个过程中，项目经理对质量的影响最大

    B. 你应该遵循项目团队流程来获取新资源

    C. 质量保证一般由第三方提供

D. 项目团队成员、项目经理和干系人对项目的质量保证负责

75. 你接手了一个棘手的项目。你已经与主要干系人举行了一次会议，向他们展示了新产品原型。他们准备好了产品要求，并在检查后通知你，该原型不符合客户提出的要求。在给客户进行演示之前，你的领导会指示你修正原型以使其符合客户的要求。她还告诫你要多关注项目，因为上一个项目经理没有给予项目规划足够多的关注，她比较担心事情不按规划进行，你需要纠正这个问题。这描述了什么知识领域？

   A. 项目进度管理

   B. 项目范围管理

   C. 项目整合管理

   D. 项目风险管理

76. 下列哪份文件重点介绍了敏捷方法的 12 条原则？

   A. 敏捷信条

   B.《敏捷宣言》

   C. 敏捷实践指南

   D. 敏捷标准

77. 预测、迭代、增量和敏捷都是下列哪个选项描述的类型？

   A. 交付方法

   B. 项目生命周期

   C. 项目管理方法论

   D. 项目管理框架

78. 凯莉是一名风险经理，她正在与项目经理阿莉莎合作，她们在同一家顶级医疗保健公司工作。她们共同召开了会议，确定项目团队如何最有效地利用近期发现的机会。凯莉和阿莉莎正在进行与哪个项目管理知识领域相关的活动？

   A. 项目整合管理

   B. 项目风险管理

C. 项目范围管理

D. 项目采购管理

79. 下列哪项最恰当地描述了如何在高度适应（敏捷）型生命周期中进行规划？

A. 一旦计划获得批准，影响范围、进度或成本的变更就会受到限制并最小化

B. 范围的逐步细化基于持续的反馈

C. 随着项目的进展，制定并详细阐述了高级规划

D. 工作按照提前被定义好的要求执行

80. 在公司大会上，你的项目发起人宣布下个季度将启动一个新的高优先级项目。对你而言，这是一个令人沮丧的消息，因为资源非常宝贵。于是你开始采取预防措施，并召集主题专家分析压缩当前项目进度的方法，以便在下个项目启动之前完成当前项目。你和主题专家正在进行什么活动？

A. 敏捷开发

B. 交叠

C. 快速跟进

D. 迭代开发

81. 在冲刺结束后，Scrum 主管、产品负责人和团队成员聚在一起评估整体进度和已完成的工作，并回顾经验教训。这是什么类型的会议？

A. 每日站会

B. 冲刺回顾会

C. Scrum 会议

D. 冲刺计划会

82. 亚丝明是一名项目经理，负责一个为公司生产小部件的项目。她指导项目团队，在小部件投入生产之前一定要详细定义项目需求。由于小部件必须满足合规性要求，因此她对不断变化的需求使用了严格的变更控制过程。亚丝明使用了什么方法来管理项目？

A. 瀑布型

B. 敏捷型

C. 迭代型

D. Scrum 方法

83. 使用下表中的信息，计算网络图中路径的数量。

活动名称	紧后活动	持续时间（小时）
A	B、C、D	5
B	E	2
C	E	10
D	E	7
E	无	2

A. 5

B. 3

C. 4

D. 0

84. 使用下表中的信息，确定关键路径。

活动名称	紧后活动	持续时间（小时）
A	B、C、D	5
B	E	2
C	E	10
D	E	7
E	无	2

A. A—B—E

B. A—C—E

C. A—D—E

D. A—E—D

85. 使用下表中的信息，确定次关键路径。

活动名称	紧后活动	持续时间（小时）
A	B、C、D	5
B	E	2
C	E	10
D	E	7
E	无	2

A. A—B—E

B. A—C—E

C. A—D—E

D. A—E—D

86. 罗肖德是银河小子公司的客户运营副总裁，也是最新项目"G"的项目发起人。他正在与项目经理莎莉讨论如何应对已识别的风险。面对一种特别的风险，他要求莎莉协助购买保险以规避责任。这是什么类型的风险应对策略？

A. 规避

B. 减轻

C. 分享

D. 转移

87. 你是雷电集团的一名项目经理，公司使用混合型生命周期管理项目。你的新项目是研发一种新型的充电电池，项目目标应该包括以下哪项？

A. 对此项目的业务需求的描述

B. 产品的概要性描述，包括有助于衡量项目取得成功的可测量、可量化的产品需求

C. 基于成本、进度和质量等方面的可量化标准

D. 基于价值工程、价值分析或功能分析的可量化标准

88. 项目经理正在与风险经理确定他所负责项目的各个风险的优先级。这描述了哪一个项目管理过程？

A. 规划风险管理

B. 识别风险

C. 实施定性风险分析

D. 实施定量风险分析

89. 将下列质量专家与他们提出的理论相匹配。

质量专家	理论
A. 菲利普·克罗斯比	（1）帕累托原则
B. 约瑟夫·朱兰	（2）计 划—执 行—检 查—处 理（PDCA）循环
C. W. 爱德华兹·戴明	（3）全面质量管理（TQM）
D. 沃尔特·休哈特	（4）零缺陷

90. 项目经理在铺设地下电缆的项目中发现了一个问题，该问题被视为次要问题。项目经理向项目发起人发送了电子邮件，确保发起人可以随时了解所有活动。项目经理使用了什么类型的沟通方法？

A. 互动式沟通

B. 推式沟通

C. 拉式沟通

D. 多向沟通

91. 关于功能需求，下列哪项是正确的？

A. 产品能有效使用的环境条件或质量需求

B. 干系人或干系人团体的需求

C. 组织整体的高层次需求

D. 产品的特定行为

92. 下列哪项最能描述项目的单个项目风险？

A. 一旦发生，会对一个或多个项目目标产生消极影响的不确定的事件或条件

B. 一旦发生，会对一个或多个项目目标产生积极或消极影响的不确定的事件或条件

C. 不确定性对项目整体的影响，它源于所有的不确定性

D. 不确定性对单个项目目标的影响，它源于所有的不确定性

93. 当你想提高估算准确度，同时考虑风险和估算的不确定性时，你应该使用以下哪种方法？

A. 类比估算

B. 三点估算

C. 自下而上的估算

D. 专家判断

94. 如果挣值（EV）为 500 美元，计划价值（PV）为 700 美元，实际成本（AC）为 450 美元，那么成本偏差（CV）是多少美元？

A. –200 美元

B. 200 美元

C. –50 美元

D. 50 美元

95. 苏领导的 PMO 正在将组织从使用预测型方法转变为使用更具适应性的方法来交付项目成果。在指导项目经理进行敏捷实践时，她解释道，敏捷团队应专注于产品的快速开发。苏为什么会采用这种方法？

A. 产品的快速开发可以减少变更数量

B. 产品的快速开发可以使项目团队全球化

C. 产品的快速开发可以使项目尽早地完成

D. 产品的快速开发可以使团队成员获得反馈

96. 你在一家为通信行业编写计费软件的公司工作。你的客户所在的国家 / 地区限制了允许进入该国的外国人数量，你在风险管理计划中识别了此风险。已知项目的关键点是程序的安装和设置，考虑到上述情况，你可能会执行下列哪项操作？

A. 制定一份共享应对策略

B. 绘制因果图，识别风险并显示每种方案对项目目标的成本影响

C. 使用敏感性分析来确定这些风险的影响和事件的顺序

D. 为程序安装和设置过程中可能出现的风险制订风险应对计划

97. 你正在为当前项目制订风险管理计划，为了使未来项目获益，你需要记下如何记录风险活动，风险管理计划中的哪一部分能解决上述问题？

A. 经验教训

B. 风险临界值

C. 跟踪

D. 报告格式

98. 你已经收集了当前项目活动的成本估算，发现大多数活动可以利用现有的人力资源完成。现有人力资源的总成本估算为 535 000 美元。你还需要聘请承包商来完成一些需要专业技能的活动。你收到了当地供应商对这些服务的报价，报价为137 000 美元。下列哪些选项是正确的？（选择 2 项）

A. 你已经确定了组织执行这个项目的成本的定量估算

B. 供应商对组织的服务成本被视为定价（从买方的角度来看），这是他们业务决策的一部分

C. 采购工作说明书（SOW）可以由买方或卖方准备，并且应尽可能准确，因为你将在授予合同的过程中使用该 SOW

D. 当你有多位合格的供应商可供选择时，你应该将价格作为选择供应商的唯一标准

99. 项目团队最近参加了一个确定活动成本的工作会议。为了更准确地估算成本，他们将每个活动进一步分解为更小的部分。这项活动将产生什么？

A. 成本估算

B. 估算依据

C. 成本基准

D. 项目预算

100. 将不同生命周期的元素组合起来以实现特定目标的项目，使用了什么类型的项目生命周期？

A. 敏捷型

B. 混合型

C. 预测型

D. 实验型

101. 项目发起人向项目经理发送紧急电子邮件，要求他对已完成的工作进行测量，并用已批准的预算的形式表示。项目发起人要求他必须在当天掌握这些信息，以便为第二天早上的重要会议做准备。项目发起人想要掌握什么信息？

A. 挣值（EV）

B. 计划价值（PV）

C. 实际成本（AC）

D. 完工估算（BAC）

102. "莱夫的理由"是一家大型营销公司的顶级客户。特鲁迪是"莱夫的理由"的总裁，她决定推出一款使用 GPS 跟踪技术的新产品。她与该项目的项目经理罗伊一起审查和评估公司是否还有足够的资金来应对已知风险。他们在进行什么活动？

A. 技术绩效分析

B. 审计

C. 储备分析

D. 风险审查

103. 莱蒂西娅是一家公司的项目经理，该公司主要打造将简单的儿童烹饪食谱和音乐结合起来的产品。她的最新项目是关于可供家长在线购买和下载的数字产品，这是公司的首款数字产品。项目发起人基普要求莱蒂西娅计算完工估算（EAC），计算的假设是"工作将以计划的速度被完成"。莱蒂西娅了解到，到目前为止，他们已经花费了 20 000 美元预算中的 15 000 美元，该项目的挣值（EV）为 18 000 美元。那么，她将告诉基普目前的 EAC 是多少美元？

A. 13 000 美元

B. 17 000 美元

C. 20 000 美元

D. 15 000 美元

104. 你正在为一个团队工作，该团队采用功能驱动开发（FDD）方法来管理软件项目。作为团队中的高级项目经理，根据经验，你知道沟通的重要性。你经常指导其他项目经理有关沟通的各个元素，这些元素都包含在沟通模型中。下列哪项包括了所有的沟通元素？

A. 沟通的元素包括编码、传递信息、确认和反馈／响应，沟通模型包括发送者、接收者和信息

B. 沟通的元素包括发送者、接收者和传递信息，沟通模型包括口头沟通和书面沟通

C. 沟通的元素包括发送者、接收者和信息，沟通模型包括编码、传递信息、解码、确认信息和反馈／响应信息

D. 沟通的元素包括编码、传递、确认和反馈／响应，沟通模型包括口头沟通和书面沟通

105. 莎莉是银河小子公司的项目经理。在管理项目团队工作时，她注意到有两项关键活动被推迟了，因此她决定向项目发起人反馈该情况。莎莉和项目发起人可能会采取什么行动？

A. 预防措施

B. 缺陷补救

C. 更新计划

D. 纠正措施

106. 罗肖德是银河小子公司里的一个项目的发起人。在每周一次的状态会议上，他表

达了对质量保证的担忧并要求更新计划。质量保证最关心的是什么？

　A. 有效地使用过程并向干系人保证最终结果将满足他们的要求

　B. 确定项目及其可交付成果的质量要求和 / 或标准

　C. 记录项目将如何证明符合质量要求和 / 或标准

　D. 监控和记录进行质量管理活动的结果，以评估项目绩效

107. 合同与项目采购管理知识领域密切相关。下列哪些选项是正确的？（选择 3 项）

　A. 确定项目和合同要求的需求确定阶段属于规划采购管理过程

　B. 申请阶段是对采购文件的答复进行审查的过程，属于实施采购过程

　C. 合同的授予属于实施采购过程

　D. 规划采购管理过程的两个输出是实施采购过程的输入

108. 谁负责项目的质量保证？

　A. 项目经理

　B. 项目经理和项目团队成员

　C. 干系人

　D. 项目团队成员、项目经理和干系人

109. 为了选择卖方，你根据供方过去的表现、合同的合规性和质量评级设计了一些供方选择标准。你的组织在以前的项目中与本项目三个供应商中的两个有过合作，因此你可以放心地选择这两个供应商中的任何一个。下列哪项是最重要的供方选择标准？

　A. 预定义的性能标准或一组定义的最低要求

　B. 潜在供应商的财务记录，确定他们在提供服务时的财务能力

　C. 确定供应商是否清楚地了解你要求他们做什么

　D. 关于卖方的信息，如过去的表现、交货能力、合同遵守情况和质量评级

110. Scrum 教练正在与团队举行月度会议，讨论在最近的冲刺中哪些地方做得很好、哪些地方可以做得更好，以及他们在下一个冲刺中可以改进的地方。这是什么会议？

A. 冲刺回顾会

B. 冲刺评审会

C. 冲刺计划会

D. 每日站会

111. 下列哪一个项目管理文件记录了挑战、问题、风险和机遇？

A. 问题日志

B. 经验教训登记册

C. 风险登记册

D. 项目文件

112. 项目经理正在进行与管理沟通过程相关的活动，这些活动会产生什么结果？

A. 确保满足项目及其干系人的信息需求

B. 为项目沟通活动制定适当的方法和计划

C. 与干系人沟通、合作，以满足他们的需求和期望

D. 确保及时且恰当地收集、发布和最终处置项目信息

113. 你将项目的可交付成果分解为如下内容：项目管理、设计、构建和测试；将设计可交付成果进一步分解为：产品设计文档、蓝图和原型。已知你目前已对所有可交付成果的成本和进度进行了充分的估算，请问你完成了哪项活动？

A. 分解的所有步骤都已完成

B. 对设计可交付成果执行了分解的前 3 个步骤

C. 对所有可交付成果执行了分解的前 4 个步骤

D. 除了设计可交付成果之外，所有可交付成果均已完成了分解的前 3 个步骤

114. 尼古拉斯是一个项目的项目经理，该项目号称将彻底改变智能健身监控行业。他最近完成并发布了项目范围。他团队中的一名关键主题专家要求查看验收标准清单。尼古拉斯将参考什么文件来获取此信息？

A. 项目范围说明书

B. 需求文档

C. 商业论证

D. 范围管理计划

115. 产品负责人与团队和主要干系人一起参加会议，对已完成的可交付成果进行评审。当遵循基于迭代的敏捷方法时，此类会议应在什么时候召开？

A. 在迭代开始时

B. 在迭代结束时

C. 在项目开始时

D. 在项目结束时

116. 玛丽西尔是火杯公司的项目经理。她和团队通过对活动进行排序来制订项目进度计划。一位团队成员表示，在下一代原型杯被烧灼后，人们需要将其静置两天才能进行手绘。玛丽西尔将如何在进度计划中反映这一点？

A. 在两个活动之间添加两天的提前量

B. 在两个活动之间添加两天的滞后量

C. 在两个活动之间添加两天的缓冲期

D. 为项目添加两天的缓冲期

117. 下列哪项最准确地描述了产品范围？

A. 为交付具有独特的产品、服务或成果而执行的工作

B. 整个组织更高层次的需求和执行项目的原因

C. 描述项目的产品、服务或成果的特征和功能

D. 对产品特定行为的描述，包括产品应该执行的动作和交互

118. 下列哪项代表了确定性估算的区间？

A. −25% ~ +75%

B. −5% ~ +10%

C. −10% ~ +10%

D. −50% ~ +50%

119. 你是一家国际钟表制造商的一名项目经理。你的项目需要开发一款具有全球定位系统（GPS）功能的手表。在项目团队中，柯特是一名拥有两年 GPS 技术工作经验的初级职员，嘉莉是一名拥有五年 GPS 技术工作经验的高级职员。你正在估算与 GPS 相关活动的持续时间。嘉莉过去曾参与类似的活动，她告诉你这项活动可能需要 45 天。下列哪个选项是不正确的？

   A. 嘉莉使用类比估算技术得出了此活动的持续时间为 45 天

   B. 这些活动在本质上是相似的，并且嘉莉拥有提供此估算所需的专业知识，因此你可以相信该估算值是非常准确的

   C. 嘉莉使用一种叫作专家判断的技术估算此活动的持续时间

   D. 嘉莉使用的技术也可用于估算项目持续时间，因为项目细节的信息量很大

120. 你的项目发起人已经审查了你为项目创建的初始项目进度表。她对项目的结束日期不满意，因为该日期与她承诺给客户的日期不符，因此你决定使用压缩技术。关于进度压缩，下列哪个选项是正确的？

   A. 赶工是一种压缩技术，通常会产生可行的替代方案

   B. 快速跟进是一种压缩技术，通常会导致成本增加

   C. 进度压缩缩短了项目进度，但不会改变项目范围

   D. 赶工是一种压缩技术，通常会导致风险增加

121. 你是一名开发手机应用程序的高级项目经理。在你负责的最新项目中，你与另一名项目经理合作，后者将管理该项目的一个子项目。她告诉你，她已经分解了工作包，并为她的可交付成果确定了里程碑。你们一起审查了她的里程碑列表，发现其中第一条写着"完成图形用户界面（GUI）：30 天"。以上场景有什么问题？

   A. 两名项目经理不能负责同一个项目

   B. 里程碑不能包含"GUI"

C. 工作包不应被分解

D. 该项目经理不清楚里程碑的定义

122. 如果所选择的风险应对策略并不完全有效，项目经理可以采取什么行动？

A. 制订并实施弹回计划

B. 记录和应对次要风险

C. 主动接受风险

D. 用结果更新风险登记册

123. 艾玛是一名项目经理，负责一个需要对设备进行专门设计的项目。有几个制造商可以提供满足规格要求的设备，她将采购价格作为选择供应商的唯一标准。关于这个问题，下列哪个选项是正确的？

A. 因为涉及多个供应商，艾玛必须使用采购价格作为选择供应商的唯一标准

B. 艾玛将对采购文件和团队协议的审查作为这个过程的输入

C. 艾玛将把交付和安装费用作为采购价格标准的一部分

D. 艾玛将使用此过程的广告工具让供应商知道这个机会

124. 将术语与其定义相匹配。

术语	定义
A. 故事点	（1）在相关用户故事估算技术中使用的无单位度量
B. 燃尽图	（2）为发布产品而对完成的工作进行的可视化展示
C. 燃起图	（3）迭代过程中实际完成的功能的故事点数的总和
D. 速率表	（4）对剩余工作与时间盒中的剩余时间进行的可视化展示

125. 下列哪两个过程分别负责向干系人分发有关项目的信息及通过管理与干系人的沟通来满足他们的需求？

    A. 管理干系人的参与和管理沟通

    B. 管理干系人的参与和信息分发

    C. 管理沟通和管理干系人的参与

    D. 信息分发和管理干系人参与

126. 风险经理与项目经理开会讨论项目进展。风险经理在得知团队按时上线的可能性很小的消息后，对此表示了担忧。项目经理接下来可能进行什么活动？

    A. 以纠正措施的形式提交变更请求

    B. 与风险经理合作，立即更改计划

    C. 什么都不做，因为新的问题或风险尚未被正式提出

    D. 以预防措施的形式提交变更请求

127. 在某项服务的开发过程中，一位客户要求加入新的需求。当客户被要求通过提交变更请求的形式来修改合同条款时，他表示拒绝，并坚持要求免费实施变更。经过多次讨论，双方均未改变立场。项目经理可能会使用什么技术来处理这种情况？

    A. 索赔管理

    B. 替代性争议解决

    C. 检查

    D. 冲突管理

128. 朱莉是一名负责一系列智能水瓶产品的产品经理，这些水瓶能连接到移动应用程序，该应用程序能捕获数据并向人们提供关于饮水习惯的建议。朱莉与 Scrum 团队会面，讨论了影响智能水瓶最新版本的主要威胁。Scrum 团队最终决定共同关注手头的问题，直到问题得到解决。这描述了下列哪项？

    A. 合作

B. 聚焦价值的工作

C. 问题管理

D. 群集

129. 项目发起人致电项目经理，对目前看不到项目进度的每周状态更新表示担忧。项目发起人现在想要的是什么？

A. 工作绩效数据

B. 工作绩效报告

C. 工作绩效信息

D. 沟通管理计划

130. 项目整合管理知识领域与下列哪个选项有关？

A. 为确保及时且恰当地规划、收集、生成、发布、存储、检索、管理、控制、监督和最终处置项目信息所需的各个过程

B. 识别、定义、组合、统一和协调各项目管理过程组的各个过程及活动

C. 识别影响或受项目影响的人员、团队或组织，分析干系人对项目的期望和影响

D. 确保项目包括并只包括成功完成项目所需的全部工作

131. 朱莉是一名负责一系列智能水瓶产品的产品经理，这些水瓶能连接到移动应用程序，该应用程序能捕获数据并向人们提供关于饮水习惯的建议。一天早上，她坐在办公桌前评估用户故事的优先级，考虑应该将哪个功能纳入她的下一个版本。请问朱莉正在看什么？

A. 燃尽图

B. 发布待办事项列表

C. 产品进度计划

D. 产品待办事项列表

132. 布拉德在一家著名的律师事务所担任项目经理。他的最新项目涉及办公室搬迁，新办公室需要能够容纳在未来两年内数量增长 10% 的员工。由于基础设施成本的

意外增加，他计算出该项目将超出预算 2 000 美元。布拉德可以参考什么文件来确定这是否超出预算的临界值？

A. 成本基准

B. 成本管理计划

C. 应急储备

D. 项目资金需求

133. 项目经理使用挣值（EV）分析技术计算出的进度绩效指数为 0.75，成本绩效指数为 1.25。为了使进度回到正轨，项目经理决定为关键活动分配额外的资源，以便更快地完成它们。项目经理使用了什么技术来控制进度？

A. 快速跟进

B. 提前量和滞后量

C. 赶工

D. 资源优化

134. 项目经理召开会议，审查已完成的可交付成果。该会议的目的是让决策者就是否批准和验收可交付成果进行投票。请问决策委员会在投票时需要参考哪项关键输入？

A. 可交付成果

B. 已验收的可交付成果

C. 核实过的可交付成果

D. 工作绩效信息

135. 朱莉是一名负责一系列智能水瓶产品的产品经理，这些水瓶能连接到移动应用程序，该应用程序能捕获数据并向人们提供关于饮水习惯的建议。为了在下一个冲刺前做好准备，她正与团队开会，确保用户故事清晰且大小合适。朱莉与团队在进行什么活动？

A. 待办事项列表的细化

B. 待办事项列表的准备

C. 发布计划

D. 路线图的梳理

136. 格兰特会见项目发起人，并告诉她预算超支了。由于供应商的错误，一件关键设备的成本将比原先估算的多出 30 000 美元。幸运的是，项目发起人理解这种情况并批准使用为突发事件预留的资金。格兰特将从哪里提取资金来支付多出来的成本？

A. 管理储备金

B. 应急储备金

C. 资金限制平衡

D. 成本基准

137. 粗略量级估算的估算区间是多少？

A. −5% ~ +10%

B. −50% ~ +50%

C. −25% ~ +75%

D. −10% ~ +25%

138. 苏领导的项目管理办公室正在将组织从使用预测型方法转变为使用更具适应性的方法来交付项目成果。在她所在组织的敏捷培训课程中，一位团队成员问："一个项目团队有多少人？"苏会如何回答？

A. 1 ~ 5 人

B. 3 ~ 9 人

C. 10 ~ 15 人

D. 没有固定数量

139. 你是一名负责制造新产品的项目经理。产品的制作要求非常精细，比如，其中一个组件的尺寸必须为 1 厘米 × 1 厘米。产品的可靠性是用一台机器测量的，该机器从每 100 个组件中抽取一个样本，以确保测量结果准确。对于这种情况，下列哪项描述最为准确？

A. 这是统计抽样，它是控制质量过程的工具与技术

B. 这描述了质量基准，它是规划质量管理过程的输出

C. 这描述了质量审计，它是规划质量管理过程的工具和技术

D. 这是预防成本，它是规划质量管理过程的工具和技术

140. 使用提供的估算值，计算贝塔分布期望值（请四舍五入到小数点后一位）：最可能估算为 72 天，乐观估算为 55 天，悲观估算为 85 天。

A. 70.0 天

B. 70.7 天

C. 71.3 天

D. 72.0 天

141. 将敏捷方法与其描述相匹配。

敏捷方法	描述
A. Scrum	（1）允许持续的工作和价值流向客户。这种方法的规范性较低，并且会在项目中使用单件物料的拉动方式
B. 看板方法	（2）用于满足大型软件开发项目的需求。这种方法围绕六个核心角色和五个反复执行的活动开展
C. 极限编程	（3）用于软件项目，具有加快周期和减少重量级流程的特点。这种方法侧重于在七个主要因素之间执行更多的迭代循环，并在正式交付之前整合反馈
D. 功能驱动开发	（4）基于频繁循环的软件开发方法。这种方法试图将最佳实践提炼成最简单和最纯粹的形式，然后不断应用于实践

（续表）

敏捷方法	描述
E. 敏捷统一过程	（5）用于管理产品开发的单团队流程框架。这种方法使用期限为一个月或更短的时间盒冲刺，并主要围绕三个核心角色开展

142. 在确定哪个生命周期最适合项目时，企业应该考虑不同项目生命周期的各种特征。根据不同生命周期在连续区间中的交付频率和变化程度，将下列项目生命周期的类型与其描述相匹配。

项目生命周期的类型	描述
A. 预测型	（1）交付频率高，变化程度低
B. 迭代型	（2）交付频率低，变化程度高
C. 增量型	（3）交付频率低，变化程度低
D. 敏捷型	（4）交付频率高，变化程度高

143. 下列哪个选项是不正确的？

A. 每日站会是规划的重要组成部分

B. 每日站会不超过 15 分钟

C. 每日站会用于发现问题

D. 每日站会用于确保工作进展顺利

144. 在一个冲刺结束时，Scrum 团队开会讨论哪些地方做得好、哪些地方可以继续改进。一位工程师表示，最近对每日站会的变更正在奏效。Scrum 团队执行的是什么活动？（选择 2 项）

A. 协作会议

B. 冲刺计划

C. 冲刺回顾

D. 过程改进

145. 项目发起人会见项目经理以了解团队完成项目的时间。项目经理表示，团队每个冲刺平均完成 40 个故事点，因此，他们将在 5 个冲刺内完成项目。项目经理向项目发起人展示了一张预测的图表，图表中包含每次迭代的日期。项目经理和项目发起人正在审查什么图表？

A. 燃尽图

B. 燃起图

C. 甘特图

D. 速率表

146. 项目过程之间是迭代的、以结果为导向并且相互影响的。休哈特和戴明提出了一个概念来定义这种情况，下列哪项是该循环的名称？

A. 计划—执行—检查—处理

B. 启动—需求—执行—关闭

C. 选择—计划—监控—行动

D. 策略—调整—选择—执行—控制

147. 在与多位主题专家会面后，项目经理决定逐个推进项目的各个阶段。项目经理将使用哪个系列的项目生命周期？

A. 连续

B. 交叠

C. 迭代

D. 增量

148. 阶段结束具有下列哪个特征？

A. 可交付成果的质量分析和书面审批

B. 可交付成果的完成、审查和批准

C. 可交付成果的审查和书面批准

D. 可交付成果的完成、质量分析和批准

149. 下列哪个选项是正确的？

　　A. 共有 5 个项目管理过程组，它们分别是启动、规划、执行、监控和收尾

　　B. 共有 55 个项目管理过程，可按过程组或知识领域对其进行分组

　　C. 共有 10 个项目管理知识领域，其过程按顺序执行

　　D. 共有 5 个项目管理过程组，它们分别是启动、规划、管理、监控和收尾

150. 一种可以在短时间内轻松分配、管理和完成小型或增量工作的项目管理方法是什么？

　　A. 瀑布型

　　B. 精益型

　　C. 敏捷型

　　D. 迭代型

Chapter

3

第三章

商业环境（领域 3.0）

PMP® 认证考试内容在商业环境领域包含以下任务。

- ✓ 3.1 规划和管理项目的合规性
- ✓ 3.2 评估并交付项目收益和价值
- ✓ 3.3 评估并解决外部商业环境变化对范围的影响
- ✓ 3.4 支持组织变更

注： 本章对项目管理过程组中的过程名称、输入、工具和技术、输出，以及相关资料和图表的介绍均基于新版《PMBOK® 指南》的内容。

1. 一名项目经理刚刚被分配到一个新批准的项目中，他的任务是制定项目章程的初稿。为了更好地了解该项目的财务状况，他决定审查项目净现值（NPV）和投资回收期。项目经理可以参考下列哪项信息？

    A. 项目预算

    B. 商业论证

    C. 效益管理计划

    D. 项目章程

2. 下列哪项把一组工具和技术组合了起来，并用于描述、组织和监控项目活动？

    A. 项目

    B. 项目管理

    C. 项目组合管理

    D. 项目集管理

3. "莱夫的理由"是一家大型营销公司的顶级客户。特鲁迪是"莱夫的理由"的董事长，她决定推出一个利用新 GPS 跟踪技术的产品。她对这个项目充满信心，并要求营销公司在将该项目作为首要任务的同时组织与这个项目并行的独特活动。比利是营销公司的一名高管，他向团队简要介绍了这个以前从未遇到过的特殊情况，在这之后，项目很快就启动了。比利的项目是由于什么原因产生的？

    A. 战略机遇

    B. 环境因素

    C. 技术进步

    D. 客户要求

4. 关于公平，下列哪个选项是不正确的？

    A. 利益冲突可能包括你所属的协会或附属机构

    B. 有时候可以接受供应商的礼物

    C. 公平包括避免偏袒和歧视

    D. 公平有助于多元化培训和解决文化冲击

5. 关于管理沟通过程的组织过程资产输出的更新，下列哪项内容是不正确的？

A. 干系人通知是此输出的一部分，并且与《PMI 道德规范和职业行为准则》中角色描述研究涉及的一个领域密切相关

B. 项目报告是此输出的一部分，包括状态报告等，并且根据《PMI 道德规范和职业行为准则》，项目状态应始终保持真实

C. 经验教训文档是此输出的一部分，收集经验教训至少应该在项目阶段结束及项目结束时进行

D. 来自干系人的反馈是此输出的一部分，该反馈可以提高未来项目的绩效，但是在当前项目中纳入反馈已经太晚了

6. 你已经在公司工作三个月了。目前你被聘为项目经理，并且急于启动你的第一个项目。你的组织正在考虑启动一个风险比较大的项目，而你不知道自己能否成为该项目的负责人。评选委员会将在两周后开会决定这个项目由谁负责。因为你是新来的，如果你想给公司留下一个好印象，你会怎么做？

A. 在编写项目章程之前，你要确定产品描述已被记录、战略计划已被考虑、历史信息已被研究过

B. 你一定要把收集到的信息和文件拿给项目发起人，这样有助于其编写项目章程

C. 你知道这个项目的一些可交付成果将被购买。当你进入项目成本管理知识领域时，你将使用挣值管理（EVM）来优化生命周期成本

D. 因为项目的结果是未知的，所以你建议将可行性研究作为一个独立进行的项目

7. 你是一家建筑公司的项目经理，该公司正在建设一个联排别墅社区。一位正在竞标该项目电气合同的供应商知道你是某位喜剧演员的粉丝，就送给你两张该喜剧演员演出的门票及其他一些礼物。你知道门票价格很贵，根据座位的位置，这两张门票的价格大概超过 500 美元。面对这种情况，你应该怎么做？

A. 婉拒礼物，并将门票退回

B. 接受门票，因为你已经接受了竞标同一合同的另一位供应商的礼物

C. 恭敬地谢绝礼物，但保留门票作为证据

D. 接受门票，并且拿给项目发起人，因为他也是该喜剧演员的粉丝

8. 在结束项目或项目阶段时，你应该考虑哪个组织过程资产？

   A. 市场条件

   B. 配置管理知识库

   C. 财务管理及应付账款系统

   D. 采购政策

9. 昆西和迈克尔是生活百科公司（Widgets for Life）的两名高管，该公司是一家提供最新的炫酷生活小工具的公司。作为年度规划过程的一部分，他们正在评估与部门目标相关的三个项目，并决定采用效益测量法来帮助他们选择项目。他们可能会使用下列哪一种分析工具来做出选择？

   A. 线性规划

   B. 效益成本比

   C. 多目标规划

   D. 非线性规划

10. 项目选择方法不包括下列哪一个？

    A. 效益测量法

    B. 约束优化法

    C. 净现值（NPV）计算

    D. 备选方案分析

11. 你刚刚进入一家新公司工作，凭借以前的项目管理经验，你从众多竞争者中脱颖而出。你的新名片上印着项目协调员的头衔。你发现你所管理的项目没有项目章程，所以尽管项目已经启动，你也自愿起草了一份。负责协助该项目的供应商已经确定，并且已经开始和工程部一起工作（并向其汇报）。你的汇报对象是建筑部。根据以上描述，下列哪个选项是正确的？

    A. 你在一个弱矩阵组织中工作，并且项目处于执行阶段

    B. 你在一个强矩阵组织中工作，并且项目处于启动阶段

    C. 你在一个强矩阵组织中工作，并且项目处于执行阶段

D. 你在一个弱矩阵组织中工作，并且项目处于规划阶段

12. 下列哪项最准确地定义了商业价值？

A. 对项目如何创造、最大化及维持效益的解释

B. 从商业运作中获得的可量化的净效益

C. 项目成功的关键因素

D. 为组织提供价值的行动、行为、产品、服务或结果的产出

13. 下列哪项代表效益管理计划的组成部分？（选择 3 项）

A. 战略一致性

B. 测量指标

C. 目标效益

D. 业务需求

14. 你是一名项目协调员，并且在一个被认为是弱矩阵组织类型的组织中工作。在这种类型的组织中工作有什么缺点？

A. 你没有什么权力

B. 你的资金有限

C. 你只能使用瀑布法来开展工作

D. 你的工作和角色都很稳定

15. 下列哪些是 PMO 的类型？（选择 3 项）

A. 指令型

B. 卓越中心

C. 支持型

D. 控制型

16. 为了支持项目组合战略目标，一名项目组合经理正在领导一个项目组合规划练习，以便确定哪些项目将在新的季度被推进。她决定使用评分模型，按照以下三个标准对项目进行打分：潜在利润、市场性、易用性。根据下表，哪个项目可能会被

继续推进？

标准	权重	项目 A 得分	项目 B 得分	项目 C 得分
潜在利润	5	5	2	1
市场性	1	1	5	3
易用性	3	2	3	5
加权分数	—	—	—	—

A. 项目 A

B. 项目 B

C. 项目 C

D. 无

17. 在识别干系人的过程中，你应该密切关注哪些环境因素？

    A. 经验教训和历史资料库

    B. 公司文化和组织结构

    C. 现有政策、程序和指导方针

    D. 过去类似项目的干系人登记册

18. 一名项目经理正在进行与规划采购管理过程相关的活动，他可以使用哪种工具或技术来收集关于特定卖家能力的信息？

    A. 市场调研

    B. 广告

    C. 来源选择分析

    D. 自制或外购分析

19. 一名职能经理为项目团队举办了一次庆祝活动，奖励团队成员出色地完成了某个重大项目。团队成员都很放松、很享受，大家都在谈论即将到来的假期计划。项目团队在工作中可能采取了什么样的组织结构？

    A. 强矩阵组织

    B. 弱矩阵组织

　C. 项目导向组织

　D. 项目管理办公室（PMO）

20. 一位 PMO 领导正考虑采用敏捷方法指导组织工作。在评估组织对敏捷方法的准备
　　情况时，她应该考虑哪些特征？（选择 3 项）

　A. 关注长期目标

　B. 管理层对改变的意愿

　C. 组织转变其观点的意愿

　D. 关注短期预算和指标

21. 苏是一家企业 PMO 的负责人。她在公司年度会议上发表了一场演讲，描述她的角
　　色和职责，以及 PMO 的价值。在演讲中，她谈到 PMO 负责确保项目、项目集和
　　项目组合根据组织的战略业务目标进行调整及管理。这被称为什么？

　A. 企业管理

　B. PMI 人才三角

　C. 组织项目管理

　D. 项目组合管理

22. 一名项目经理正在整理项目章程，他想通过参考市场条件来了解项目周围的因素。
　　项目经理可以参考的有效输入是什么？

　A. 组织过程资产

　B. 企业环境因素

　C. 项目文件

　D. 经验教训登记册

23. 你是一名高级经理，负责监督"欢乐度假套餐"项目。你负责管理项目并根据企业
　　的战略目标衡量每个项目的价值；你也负责监控项目以确保它们符合这些目标，
　　同时确保你能够最有效地利用资源。这个场景描述了下列哪项？

　A. 项目和项目集管理

　B. 项目管理

C. 项目集管理

D. 项目组合管理

24. 关于效益成本比，下列哪个选项是正确的？

   A. 这是最快但最不精确的项目选择方法

   B. 它使用算法来计算比率

   C. 效益成本比是最难计算的方程

   D. 效益成本比也被称为成本效益分析

25. 关于项目，下列哪个选项是不正确的？

   A. 它们本质上是暂时的

   B. 它们可以被逐步细化

   C. 它们创造独特的产品、服务或结果

   D. 它们可以在没有结束日期的情况下持续进行

26. 下列哪一种项目选择方法被认为是最不精确的？

   A. 投资回收期

   B. 效益成本比

   C. 评分模型

   D. 净现值（NPV）

27. "莱夫的理由"是一家大型营销公司的顶级客户。特鲁迪是"莱夫的理由"的董事长，她决定推出一个利用新 GPS 跟踪技术的产品。她对这个项目充满信心，并要求营销公司在将该项目作为首要任务的同时组织与这个项目并行的独特活动。比利是营销公司的一名高管，他向团队简要介绍了这个以前从未处理过的特殊情况，在这之后，项目很快就启动了。特鲁迪的项目是由于什么原因产生的？

   A. 战略机遇

   B. 环境因素

   C. 技术进步

   D. 客户要求

28. 一名为传染病非营利组织工作的项目集经理刚刚被指派到一个项目中，该项目旨在解决困扰某国家的一个致命问题。该问题涉及一种致命的细菌，这种细菌已经进入一个流经该国多个地区的主要水源中。第一个项目将包含可行性研究。这个项目是由于什么原因产生的？

    A. 战略机遇

    B. 环境因素

    C. 监管要求

    D. 社会需求

29. 作为被项目管理界支持的一种价值观，诚实包含下列哪项？

    A. 确保诚信

    B. 真实地报告

    C. 报告违反道德规范的行为

    D. 避免利益冲突

30. 下列哪一种价值观代表了你拥有是否做决定、是否采取行动，以及承担后果的权利？

    A. 责任

    B. 公平

    C. 尊重

    D. 诚实

31. 下列哪个选项最恰当地定义了项目集？

    A. 为创造独特的产品、服务或结果而做出的暂时努力

    B. 用协调方式管理的相关项目、子项目集和项目集活动，以便人们获得在单独管理项目时无法获得的利益

    C. 随着更多的信息和更准确的估算变得可用，提高项目管理计划详细程度的迭代过程

    D. 代表产品发展的一系列阶段，从概念到交付、成长、成熟，再到衰退

32. 营销总监安特文找到你，与你分享他对一个新的手机应用程序的最新想法，他称其为 UV2 项目。由于他是公司最畅销的应用程序的幕后策划人，因此你应该重视他的想法。他表示，该想法包括通过改进后端技术来增强现有的 UV 应用程序的功能，从而使应用程序的响应时间更短。后端更改不会影响手机应用程序的功能，也不需要我们对其进行任何新的配置。这被认为是下列哪项？

    A. 一个项目

    B. 持续的操作

    C. UV 项目的第二阶段

    D. 一个项目集

33. 下列哪项不是约束优化法的示例？

    A. 经济模型

    B. 整数规划

    C. 动态规划

    D. 多目标规划

34. 项目经理通过回顾从过去类似项目中获得的经验教训来正确地启动项目。下列哪一个输入包含过去项目的经验教训和历史信息？

    A. 组织过程资产

    B. 企业环境因素

    C. 项目文件

    D. 经验教训登记册

35. 诚实是一名项目经理应该坚持的价值观，下列哪个选项是不正确的？

    A. 个人利益不应该是任何项目决策的考虑因素

    B. 诚实包括报告真实的项目状态

    C. 诚实只涉及有关个人背景和经历的信息

    D. 诚实包括对自己的经历诚实、不欺骗他人、不做虚假陈述

36. 关于净现值（NPV），下列哪项描述是不正确的？

A. NPV 用资本成本进行再投资

B. NPV 大于零的项目应该被启动

C. NPV 是内部收益率（IRR）为零时的贴现率

D. 早期高回报的项目应该比早期低回报的项目更受青睐

37. 你是一个关键项目的新任项目经理，在公司备受瞩目。该项目团队的结构超出了正常组织结构，并且你对这个项目拥有绝对的权限。这描述了什么类型的组织？

A. 混合型组织

B. 强矩阵组织

C. 功能型组织

D. 平衡矩阵组织

38. 亚丝明是一名高级项目经理，她刚刚接手了一个项目，该项目为一家财富 100 强公司生产一系列新的医疗小部件。整个行业都很期待这个项目，该项目预计持续 3 年并且需要公司投资 15 亿美元。这是什么类型的项目？

A. 超大项目

B. 战略项目

C. 项目集

D. 项目组合

39. 你是一名项目经理，为一家生产手机应用程序的公司工作。已知消费者部门的主管正在评估两个项目，但资金只能用于其中一个项目。项目 UV 的目标是生产一个手机应用程序，当紫外线达到危险水平时，该程序会发出警报，提醒用户待在室内；项目 Fun 的目标是生产一个手机应用程序，当它检测到用户没有访问过某个目的地时，就会发出警报。项目 UV 的投资回收期为 12 个月，NPV 为 -100；项目 Fun 的投资回收期为 18 个月，NPV 为 250。你会向主管推荐哪个项目？

A. 项目 UV，因为回收期短于项目 Fun

B. 项目 Fun，因为 NPV 是正数

C. 项目 UV，因为 NPV 是负数

D. 项目 Fun，因为它的 NPV 比项目 UV 的高

40. 你是一家高档玩具零售店的项目经理。你的项目包括以全国 12 家门店作为试点，设立派对活动策划部，以确定这是否可以作为所有门店都应该提供给顾客的一项有利可图的新服务。你已经确定了两个方案作为试点方案。备选方案 A：初始投资为 59.8 万美元；预期现金流的现值在第一年是 30 万美元，在第二年也是 30 万美元；资本成本率是 12%。备选方案 B：初始投资为 62.5 万美元；预期现金流的现值在第一年是 32.3 万美元，在第二年是 30 万美元；资本成本率是 9%。下列哪个选项是正确的？

A. 备选方案 A 将至少获得 12% 的回报率

B. 备选方案 B 将至少获得 9% 的回报率

C. 备选方案 A 或备选方案 B 的回报都是未知的

D. 两个方案都可行

41. 与采用预测方法管理的项目相比，采用自适应方法管理的项目阶段可能会由于沉没成本而过早结束，从而遭受更大的失败。下列哪项是正确的？

A. 这是一个真实的陈述

B. 这是一个错误的陈述

42. 罗伯特是一家电信公司新任的营销部门主管。他正和一名资深的项目经理审查一个将接受赞助的项目。在讨论了该项目的商业价值后，罗伯特要求检查需求，并确认它是如何与项目目标关联的。这名项目经理将分享给罗伯特什么文档？

A. 项目管理计划

B. 产品待办事项列表

C. 需求跟踪矩阵

D. 效益管理计划

43. 为了进行每月客户服务审查，项目经理正在更新幻灯片，该幻灯片包含有关高知名度项目更新的内容。由于项目在进行过程中出现了多种复杂情况，因此现在硬

件采购订单还没有下达，这将导致项目至少推迟两周。项目经理知道客户会因此愤怒。为了不引起冲突，他在更新的报告中省略了这项信息，并计划通过赶工来弥补这一失误。该项目经理违背了哪个核心价值观？

A. 公平

B. 诚实

C. 尊重

D. 责任

44. 职能型（集中式）组织、矩阵型组织和项目型组织是下列哪一个选项的全部类型？

A. 沟通风格

B. 组织文化

C. 组织结构

D. 项目特征

45. 你在一个项目型组织中工作，请问在这种类型的组织中工作的优势是什么？

A. 你几乎可以获得所有资源

B. 你可以无限制地使用资金

C. 你是兼职项目经理，可以兼任两种角色

D. 你的工作和角色都很稳定

46. 你是一名在客户运营组织内工作的全职项目经理，向副总裁汇报客户解决方案。职能经理管理项目预算。你是在哪种组织结构内工作？

A. 职能型

B. 混合型

C. 项目型

D. 项目管理办公室（PMO）

47. 下列哪些被认为是影响项目启动的因素？（选择 3 项）

A. 合规性、法律要求或社会需求

B. 干系人的需求和要求

C. 加强现有业务

D. 过程、服务或产品改进

48. 使用 7% 的利率，在 3 年后得到了 8 000 美元，请问现值是多少美元？（所有选项都四舍五入到整数）

A. 9 800 美元

B. 6 530 美元

C. 9 680 美元

D. 6 612 美元

49. 你是某卫星电视广播公司信息技术部门的项目经理。今年春天，你们公司的首席信息官分配给你一项任务，即将部门内所有电脑的特定桌面应用程序升级到最新版本。因为在升级前，所有形式的桌面软件都存在公司的机器上，这导致公司的共享文件和信息越来越多。员工在把信息转换为其他格式的过程中，浪费了大量的时间。这个项目是由下列哪一个因素引起的？

A. 业务需求

B. 市场需求

C. 技术进步

D. 社会需求

50. 下列哪个选项最恰当地描述了 PMI？

A. 专注于项目、项目集和项目组合管理的非营利组织

B. 专注于项目、项目集和项目组合管理的营利性组织

C. 美国项目管理实践的行业公认标准

D. 项目管理实践的行业公认标准

51. 作为 PMP® 认证证书持有人，你需要遵守什么道德准则？

A.《职业行为准则》

B.《项目管理职业标准与道德规范》

C.《职业道德规范》

D.《PMI 道德规范和职业行为准则》

52. 亚丝明是一个项目的高级项目经理，该项目旨在为一家财富 100 强公司生产一系列
新的医疗小部件。整个行业都很期待这个项目，该项目预计持续 3 年，需要公司投
资 15 亿美元。亚丝明最近得知，由于该公司遇到一场诉讼，导致股东撤出了投资，
因此她的项目将被搁置，项目资金清算需要提上日程。这是什么类型的项目结束？

A. 整合

B. 饥饿

C. 扩张

D. 废止

53. 下列哪一项通常能够显示出组织中的部门、工作单元或团队？

A. 工作分解结构（WBS）

B. 资源分解结构（RBS）

C. 组织分解结构（OBS）

D. 风险分解结构（RBS）

54. 你是一名在弱矩阵类型组织中工作的项目经理。你负责一个为期四个月的项目，
且该项目已经进行了两个月。这时，职能经理宣布她将把该项目的一半资源分配
到另一个项目中。你告诉她这将导致你的项目提前结束，资源不应该被重新分配。
这种情况最可能的结果是什么？

A. 资源将被分配到其他项目

B. 资源不会被分配到其他项目

C. 你会辞职，项目将结束

D. 职能经理将减少项目预算

55. 当应用组织变更管理时应该考虑什么？（选择 2 项）

A. 实现变更的框架

B. 项目变更管理的方法

C. 由 Scrum 主管推动的变更控制过程

D. 在项目、项目集和项目组合层面应用变更管理

56. 下列哪项是对项目效益的最佳描述？

A. 行动、行为、产品、服务或成果的结果，或为发起组织提供价值的结果

B. 描述如何及何时交付项目效益的文件

C. 项目实施将获得的无形价值

D. 项目实施将获得的有形价值

57. 你是一名项目经理，正在与团队开会。这次会议的目的是确定应该使用哪些合规的过程来有效地管理项目。下列哪项描述了你正在做的事情？

A. 逐步细化

B. 裁剪

C. 阶段排序

D. 项目集管理

58. 苏是一家企业 PMO 的负责人。她在公司年度会议上发表了一场演讲，描述了她的角色和职责，以及 PMO 的价值。在演讲中，她概述了 PMO 的一般职责。下列哪项不是 PMO 通常提供的支持类型？

A. 建立公司的战略目标，选择能够实现这些目标的项目

B. 提供早已投入使用的项目管理方法，包括模板、表格和标准

C. 监督、指导和培训项目经理

D. 促进项目内部和项目之间的沟通

59. 安特文是一家中型公司的营销总监。有一次，你在办公室的小厨房里遇见他，你问他最近在忙什么，他告诉你他正在评估项目提案，以确定哪些提案最能支持部门和公司的年度目标。安特文正在进行什么活动？

A. 项目管理

B. 项目集管理

C. 项目组合管理

D. 敏捷管理

60. 下列哪项陈述是不正确的？

    A. 运营工作包含没有结束日期的连续的工作

    B. 项目是暂时的，但可以延续多年

    C. 渐进明细指的是计划的延迟

    D. 一个项目可以发展为日常运营

61. 下列哪项不是描述职能型组织结构的？

    A. 职能经理管理项目预算

    B. 项目经理是兼职的

    C. 项目经理几乎没有权力

    D. 项目经理的角色可以是全职的

62. 下列哪个小组负责审查所有的变更请求并批准或拒绝它们？

    A. TCB

    B. CCB

    C. CRB

    D. ECB

63. 莎莉和乔是两名项目经理，他们在一家十分受欢迎的快餐连锁公司工作。他们都在进行 PMP® 认证学习，并且正就议程上的最新话题展开讨论。乔坚持认为当一个项目因为缺乏资源而结束时，这种类型的项目结束被称为"饥饿"，而莎莉坚持认为这被称为"整合"。谁的想法是正确的？

    A. 莎莉

    B. 乔

    C. 都不确

    D. 都正确

64. 下列哪种类型的组织在项目结束时承担的压力最小？

A. 项目型

B. 职能型

C. 弱矩阵

D. 强矩阵

65. 罗伯特是一家电信公司新任的营销部门主管。他正和一名资深的项目经理审查一个新项目提案。该提案包含市场需求的商业总结，该总结阐释了项目的需求、预期结果、投资回报和全面的成本分析。该提案也可以被描述为下列哪项？

A. 商业案例

B. 效益管理计划

C. 可行性研究

D. 项目章程

66. 产品负责人可能会基于下列哪个因素对工作进行优先级排序？

A. 紧迫性

B. 干系人需求

C. 商业价值

D. 商业案例

67. 你在制药行业工作，你的组织正在考虑在西北方向建造一个新的实验室。现在的市场需求正推动你们研究减肥药，且新的实验室将专注于这类产品的开发项目。但是组织中的一些利益干系人并不确定是否需要建立这个新的实验室，因为现有建筑仍有空间可以用于这个新减肥药的研究项目。你们已经进行了可行性研究，研究结果展示了两种可能满足空间需求的方式。关于这种情况，下列哪个选项是正确的？

A. 项目选择方法是执行经理用来确定诸如公众认知、财务回报、客户忠诚度等事情的方法，仅用于选择可选项目

B. 项目选择方法是在制定项目章程之前，用于从项目执行的可选方法中进行选择

C. 项目选择方法与执行经理考虑的事情类型有关，如公众认知、财务回报、客户忠诚度和市场份额

D. 项目选择方法是启动小组过程的输出，可以用来从项目执行的可选方法中进行
选择。项目经理通常参与选择项目

68. 你正在创作一部新的电视剧。你所在组织过去创作了许多获奖的电视剧，然而没
有一部可以和这部电视剧相提并论。这部电视剧必须在 11 月的收视率调查周首播。
下列哪项陈述是正确的？

　A. 这是一个项目，因为这个电视剧是独一无二的，它有一个明确的开始和结束
日期

　B. 这是一个日常运营，因为这个组织的存在是为了创作电视剧

　C. 这是一个日常运营，因为这个电视剧将会播放许多年，并不是暂时的

　D. 这不是一个独一无二的产品，因为该组织的存在是为了创作电视剧

69. 苏是一家企业项目管理办公室（PMO）的负责人。她在公司内部享有很高的权力，
项目经理直接向 PMO 汇报。苏领导的是哪种类型的 PMO？

　A. 支持型

　B. 控制型

　C. 指令型

　D. 题干中没有足够的信息用来确定答案

70. 最近你怀疑一位同样持有 PMP® 认证证书的朋友可能接受了硬件供应商的礼物。这
些供应商正在竞标一个数百万美元的项目，该项目将由她负责管理。在她的办公
桌上有一台新的 LED 平板电脑，她也在两天前的一个会议上展示了她的新平板电
脑，并且当你今天在她的办公室时，她打开了一台新的超薄笔记本电脑。你应该
怎么做？

　A. 仅告诉你的朋友接受这些礼物可能不合适

　B. 你和你的朋友就她收到的礼物进行了长时间的谈话，她决定把它们退回去，并
且保证以后不再接受供应商的任何东西

　C. 你告诉你的朋友，你担心她会因为最近买了很多新东西而引来是非，因为这显
得不合适，所以你直接问她这些东西是供应商送的还是她自己买的

D. 你知道这是一个利益冲突的情况，并且违反了《PMI道德规范和职业行为准则》。所以你举报了你的朋友，以便有关人员进行调查

71. 一名项目经理在她之前负责的项目发展到运营阶段后被重新分配到另一个项目中，她经历了怎样的项目结束？

A. 扩张

B. 废止

C. 饥饿

D. 整合

72. 关于《PMI道德规范和职业行为准则》，下列哪项内容是不正确的？

A. 它强调责任、诚实、尊重和公平

B. 它包含了项目管理从业人员极力提倡的核心价值观

C. 准则中确定的价值观源于全球项目管理群体

D. 对PMI成员来说，必须遵守准则

73. 一名项目经理正在管理一个生产健身追踪设备的项目。他采用适应型方法来管理进度。考虑到最近可能发生的任何变化，该项目经理正与团队一起为即将到来的迭代更新和准备用户故事。这是一个关于什么的例子？

A. 待办事项列表的细化

B. 进度管理

C. 项目管理

D. 冲刺计划

74. 将PMO的类型与其描述相匹配。

PMO 的类型	描述
A. 支持型	（1）通过管理向 PMO 汇报的项目经理来直接控制项目
B. 控制型	（2）通过提供资源、培训和信息来为项目团队提供咨询
C. 指令型	（3）为项目团队提供支持并要求其遵从已发布的项目管理和治理框架

75. 关于阶段关口，下列哪项内容是不正确的？

    A. 阶段关口也被称为阶段审查、阶段门或决策点

    B. 阶段关口是在阶段结束时进行的，将项目的绩效和计划进行比较

    C. 在阶段关口的末尾，项目团队会做出是否继续推进项目的决定

    D. 阶段关口的主要目的是审计，从而确保合规性

76. 作为项目整合管理活动的一部分，项目经理根据计划报告迄今为止实现的价值。项目经理希望通过开展这项活动达到什么目的？

    A. 根据项目管理计划，向项目进度干系人进行汇报

    B. 根据项目集管理计划，向项目进度干系人进行汇报

    C. 根据效益管理计划，向项目进度干系人进行汇报

    D. 根据产品待办事项列表，向项目进度干系人进行汇报

77. 罗伯特是一家电信公司新任的营销部门主管。他正和一名资深的项目经理审查一个将接受赞助的项目。他要求项目经理审查该项目预期交付的商业价值，以及如何衡量这些价值。项目经理可能与罗伯特共享的文档是什么？

    A. 项目管理计划

    B. 产品待办事项列表

    C. 需求可追溯矩阵

    D. 效益管理计划

78. 昆西和迈克尔是生活百科公司的两名高管。该公司是一家提供最新、炫酷生活小工具的公司。他们最近了解到，有一项新的联邦法律将被通过，该法律用于规范个人数据的收集和使用。由于技术的进步，该公司的许多产品都能收集用户数据。为了满足新法律的要求，他们决定启动一个新项目。这个项目是出于什么需要而产生的？

    A. 联邦政府的要求

    B. 法律要求

    C. 技术进步

D. 组织需要

79. 在组织中，谁被授予批准或拒绝变更请求的权力？

A. 项目经理

B. 项目发起人

C. 变更控制委员会

D. 管理团队

80. 你的某位持有 PMP® 认证证书的团队成员，因违反《PMI 道德规范和职业行为准则》正在接受调查。你应该采取什么行动？

A. 全力配合调查

B. 告诉项目管理协会调查员，因为这个人是你的团队成员，所以你配合调查会有利益冲突

C. 告诉 PMI 调查员，你配合调查可能会有利益冲突，因为调查员可能会在调查过程中发现你的信息，从而导致他们调查你

D. 与 PMI 调查员合作，如实回答他们的所有问题，但拒绝给他们任何书面文件

81. 你是一名从事合同管理工作的项目经理。当项目接近尾声时，你完成了合同管理工作，但你也发现自己失业了。你在哪种类型的组织结构内工作？

A. 强矩阵型

B. 项目型

C. 职能型

D. 弱矩阵型

82. 辛迪正在练习仆人式领导。作为项目经理，她召集团队为即将到来的项目做准备。在解释商业价值的好处时，她可能会强调哪些要点？

A. 优先级

B. 责任性

C. 质量改进

D. 可预测性

E. A、B、C

F. A、B、C、D

83. 《PMI 道德规范和职业行为准则》不适用于以下哪个群体？

A. 持有 PMI 认证证书的人

B. 所有 PMI 成员

C. PMI 志愿者

D. 项目组成员

84. 作为项目管理群体坚持的价值观，责任包含下列哪项内容？

A. 确保诚信

B. 保持职业风范

C. 报告违反道德规范的行为

D. 避免利益冲突

85. 下列哪项影响了敏捷方法的使用？

A. 项目管理方法论的知识

B. 组织的文化

C. 项目管理办公室（PMO）的存在

D. 组织的成熟度

86. 罗肖德是银河小子公司的客户运营副总裁，也是最新项目"G"的项目发起人。他正在与项目经理莎莉评估项目是否能按计划交付计划价值。他们在讨论中可能会引用什么文件？

A. 产品待办事项列表

B. 项目章程

C. 商业案例

D. 效益管理计划

87. 昆西和迈克尔是生活百科公司的两名高管。该公司是一家提供最新、炫酷生活小工具的公司。他们最近决定通过创建 PMO 来进一步提升组织的项目管理能力。经过长时间的讨论，他们决定专注于一种 PMO 模型，该模型将推动项目遵守一套项目管理标准。他们创建的是什么类型的 PMO？

A. 支持型

B. 控制型

C. 指令型

D. 敏捷型

88. 凯莉是一名为移动设备开发软件的公司的项目经理。她管理的项目之一是开发一个健康应用程序，该应用程序可以与其他健康应用程序同步，并结合和分析关联数据，从而使用户获得更全面的观点。最近，她与项目团队回顾了项目的优先待办事项，以便为即将到来的迭代做准备。同时，她得知政府通过的一项新法规可能会影响该应用程序的某些功能，她可能会做什么？

A. 评估新法规对项目范围的影响，并更新项目范围说明书

B. 什么都不做，我们已经确定了项目待办事项的优先级

C. 删除这些功能以规避其违反新法规的风险，并重新安排待办事项的优先级

D. 评估新法规对项目范围的影响，更新待办事项以反映必要的变更

89. 凯莉是一名为移动设备开发软件的公司的项目经理。她管理的项目之一是开发一个健康应用程序，该应用程序可以与其他健康应用程序同步，并结合和分析关联数据，从而使用户获得更全面的观点。由于政府最近的法规出现了变化，因此她需要与团队共同完善待办事项列表。待办事项列表的细化可以被描述为下列哪项？

A. Scrum 团队在 Scrum 冲刺中确定要完成的工作项

B. 用于管理产品和冲刺待办事项的看板

C. 团队为维护产品而制作的以用户为中心的需求有序列表

D. 逐步细化项目需求以满足客户的要求

90. 卡丽娜在一家专门为宠物狗定制服装和玩具的公司工作，担任“你在养狗”项目

的首席项目经理。她刚刚结束了项目的设计阶段，并计划在公司 PMO 的推动下与指导委员会一起进行阶段审查。阶段审查也叫作什么？

A. 关键决策点

B. 终结点

C. PMO 审查

D. 项目审查

91. 你是一名项目经理，正在和团队开会。这次会议的目的是确定你应该使用哪些过程来有效地管理项目。下列哪项是你正在做的事情？

A. 逐步细化

B. 裁剪

C. 阶段排序

D. 项目集管理

92. 项目经理正在管理一个高度模糊的项目。随着时间的推移，工作范围变得越来越清晰，项目团队有望适应变化。为了更好地给团队设定期望，项目经理打算采用迭代方法来管理项目生命周期。项目经理可能会与团队成员沟通什么？

A. 工作将经历较短的反馈循环，团队成员在迭代中重新确定待办事项的优先级

B. 工作将逐步被细化，团队成员在每个季度插入反馈循环

C. 功能将被优先考虑，工作将逐步被细化

D. 团队将从待办事项列表中自下而上地考虑工作的优先级

93. 项目成果可能源自下列哪一项？

A. 想法

B. 超出干系人期望的方法

C. 激励员工

D. 需求和要求

94. 作为行政收尾活动的一部分，项目经理伪造了干系人满意度的调查反馈。他解释

道，在整个项目中他都收到了来自干系人非常积极的反馈，所以不想在他们如此努力地完成项目后再给干系人制造麻烦。项目经理的行为违反了《PMI 道德规范和职业行为准则》中的哪项核心价值？

A. 尊重

B. 荣誉

C. 诚实

D. 诚信

95. 下列哪项最恰当地描述了项目管理从业者应该遵守的诚实价值观？

A. 我们有责任为我们做出的或没有做出的决定、我们采取的或没有采取的行动及由此产生的后果承担责任

B. 我们有责任做出决定并采取客观、公正的行动

C. 我们有责任对自己、他人和委托给我们的资源表示高度尊重

D. 我们有责任了解真相，以诚实的态度沟通和行事

96. 将术语与其描述相匹配。

术语	描述
A. 组织过程资产	（1）专属于执行组织并由执行组织使用的计划、过程、政策、程序和知识库
B. 企业环境因素	（2）不在团队直接控制之下的影响、约束或指导项目、项目集或项目组合的条件

97. 项目经理正在开展审计工作，衡量项目在多大程度上符合法规标准。他们正在进行什么活动？

A. 质量保证

B. 变更管理

C. 回顾

D. 质量审查

98. 下列哪项是帮助项目经理或其他指定的组织资源制定项目章程的有效工具或
　　技术？

　　A. 头脑风暴

　　B. 商业案例

　　C. 企业环境因素

　　D. 组织过程资产

99. 罗伯特是一家电信公司新任的营销部门主管。他最近已经和项目管理团队会面，
　　审查了项目组合。接下来，他着眼于更好地理解现有的治理框架。治理被认为是
　　下列哪项？

　　A. 组织过程资产

　　B. 项目管理方法

　　C. 企业环境因素

　　D.《敏捷宣言》

100. 当加入一个新的组织时，一名新的项目经理必须做什么才能有效地管理团队？

　　A. 提高项目管理技能

　　B. 了解团队

　　C. 评估组织文化

　　D. 研究执行团队

第四章

全真模拟试题 1

注: 本章对项目管理过程组中的过程名称、输入、工具和技术、输出，以及相关资料和图表的介绍均基于新版《PMBOK® 指南》的内容。

1. 尼古拉斯是一个项目的项目经理，该项目致力于对智能运动健身行业进行变革。经过几次初步的战略会议，他召集核心团队，要求他们在项目开发生命周期的早期定义可交付成果，并随着项目的进展，逐步细化可交付成果。尼古拉斯在项目中遵循哪种类型的项目开发生命周期？

   A. 预测型

   B. 迭代型

   C. 增量型

   D. 混合型

2. 项目经理正在指导团队生成工作分解结构（WBS）。她列出了以下步骤：（1）识别可交付成果及相关工作；（2）组织 WBS；（3）将 WBS 组件分解为较低级别的组件；（4）分配识别编码。请问第五步是什么？

   A. 通过识别和分配编码去控制账户

   B. 将工作包分解为活动

   C. 确定规划工作包层面的成本估算

   D. 核实可交付成果的分解程度是否恰当

3. 将组织的结构类型和项目经理的权限级别相匹配。

组织的结构类型	权限级别
A. 职能型	（1）高到几乎拥有全部权限
B. 强矩阵	（2）低
C. 项目型	（3）几乎没有
D. 弱矩阵	（4）中高

4. 昆西和迈克尔是生活百科公司的两名高管。最近，他们选择接下一个大项目，并任命你为项目经理。这项活动属于项目管理的哪个过程组？

   A. 启动

   B. 规划

   C. 执行

D. 监控

5. 项目过程是不断迭代，以结果为导向，并且相互影响的。休哈特和戴明提出了一个能够反映这一想法的概念，下列哪项是这个循环的名称？

　A. 计划—执行—检查—处理

　B. 启动—需求—执行—关闭

　C. 选择—计划—监控—处理

　D. 策略—调整—选择—执行—控制

6. 你的客户要求你正在生产的产品要使用特定的颜色。这是下列哪项的例子？

　A. 需求

　B. 可交付成果

　C. 产品说明

　D. 项目说明

7. 下列哪种动机理论表明期望积极的结果会产生动力？

　A. 期望理论

　B. 成就理论

　C. 激励—保健因素理论

　D. 马斯洛的需求理论

8. 莱蒂西娅是一家公司的项目经理，她的最新项目是发布首款家长可以在线购买和下载的数字产品。在监督项目的过程中，莱蒂西娅发现最近干系人的参与度显著下降，而且他们在项目状态会议上开始产生分歧。莱蒂西娅可以使用下列哪项输入来帮助她处理这种情况？

　A. 项目管理计划

　B. 工作绩效数据

　C. 人际关系和团队技能

　D. 决策

9. 艾伯特最近加入了一家发展迅速的初创科技公司并担任项目经理。该公司的项目管理方法不同于他过去习惯使用的预测型管理方法。他刚刚接手了一个具有很大不确定性的项目，而且到目前为止只确定了最小的需求。为了解决这一问题，他召集团队并告诉他们，未来大家将专注于确定需求，然后才能继续工作，但是他遇到了强烈的抵制。团队抵制的原因可能是什么？

  A. 他们不理解定义好的需求的价值

  B. 他们不认识艾伯特，也不尊重他的权威和领导

  C. 他们习惯于使用预测型方法来管理项目

  D. 他们习惯于使用适应型方法来管理项目

10. 产品经理与团队沟通，对于即将进行的项目，将采用迭代的方法来生产可交付成果，并且通过调整待办事项来解决需求的不确定性，这种方法的价值是什么？

  A. 它让团队成员持续参与

  B. 它是可靠且可预测的

  C. 它以增量方式交付价值

  D. 它允许减少计划

11. 项目经理通过实施整体变更控制程序来促进已被批准的变更的实施。下列哪项是帮助项目经理有效执行活动的工具或技术？

  A. 变更日志

  B. 项目管理信息系统

  C. 工作绩效数据

  D. 已批准的变更请求

12. 合法、专家、参照和处罚都属于下列哪项的内容？

  A. 人际关系和团队技能

  B. 沟通技能

  C. 冲突解决

  D. 权力

13. 肯是一款新产品的负责人，正在将智能技术集成到冰箱中。最新项目旨在将新功能融入产品中，这些功能包括使用人脸识别技术识别家庭成员；在冰箱的面板上显示量身定制的建议，如最喜欢的食谱或鼓励性的评论。最近，肯收到一个消息，竞争对手在市场上击败了他们公司，并且这个新产品错过了市场窗口期，所以该项目被取消了。其实这个竞争对手在最近一次重要的年度电器会议上展示了他们的技术，但是肯没有出席那次会议。肯没有做到什么？

    A. 参加对他负责的产品有重要影响的活动

    B. 对会影响他负责的产品的商业环境的变化进行调查

    C. 将原型整合到项目中，以便他在同一个会议上演示产品

    D. 肯没有做错什么，项目取消是由市场环境造成的

14. 一名项目经理正在准备项目状态会议。该项目目前已完成 75%，且正处于最关键的时刻。由于项目发起人计划参加会议，因此项目经理决定更新挣值（EV），以便项目发起人看到最新的项目绩效。完工预算（BAC）为 55 万美元，当前完工估算（EAC）为 52.5 万美元。项目经理向发起人展示的完工偏差（VAC）是多少美元？

    A. 0.10 美元

    B. 0.95 美元

    C. –25 000 美元

    D. 25 000 美元

15. 你是某休闲服装公司的项目经理。公司推出了名为"黑羊牧场服"的新款系列服装。你准备把这个服装系列的生产外包给供应商。公司的法律部门建议你使用一份卖方可报销可列支成本的合同，并在完成合同后向卖方支付一笔固定费用的合同。你将使用下列哪种合同类型？

    A. 成本加激励费用合同（CPIF）

    B. 成本加固定费用合同（CPFF）

    C. 成本加奖励费用合同（CPAF）

D. 总价加激励费用合同（FPIF）

16. 你是旅游项目"飞向迈阿密"的项目经理，你正在记录和分发项目信息。关于信息交换，下列哪项是不正确的？

A. 要按照接收人能够理解的形式对信息进行编码

B. 接收人应负责正确地解读这些信息

C. 接收人会因为他们的知识、文化影响、语言、情绪、态度和地理位置影响信息接收，而发送人不会因为上述因素影响信息传递

D. 消息是被发送和接收的真实的信息

17. 你的项目评选委员会正在考虑四个项目。项目 A 的净现值（NPV）为正，内部收益率（IRR）为 14%，投资回收期为 21 个月；项目 B 的 NPV 为负，IRR 为 9%，投资回收期为 16 个月；项目 C 的 NPV 为正，IRR 为 16%，投资回收期为 18 个月；项目 D 的 NPV 为负，IRR 为 16%，投资回收期为 13 个月。你应该选择项目_____。

18. 下列哪项能够最准确地描述敏捷团队的关注点？

A. 频繁交付

B. 减少规划中的浪费

C. 使用小型且专注的团队

D. 经常交付商业价值

19. 罗肖德是银河小子公司的客户运营副总裁，也是最新项目"G"的项目发起人。他正与项目经理莎莉讨论当前项目的预算。罗肖德向莎莉表达了他对预算远远超出预期的担忧，并要求她调整预算。请问在大多数项目中，最大的成本支出是什么？

A. 供应商

B. 资源

C. 材料

D. 差旅

20. 类比估算也被称为什么？

    A. 三点估算

    B. 自下而上估算

    C. 参数估算

    D. 自上而下估算

21. 下列哪一个项目管理文件授予了项目经理将组织资源应用于项目活动的权力？

    A. 项目管理计划

    B. 资源管理计划

    C. 项目章程

    D. 商业案例

22. 下列哪项显示了团队上报的质量管理问题，以及对过程、项目和产品的改进建议？

    A. 质量管理计划

    B. 质量控制测量结果

    C. 测试和评估文件

    D. 质量报告

23. 项目经理刚刚确定，有三名对项目高度感兴趣的职能经理在企业资源配置中具有特别高的影响力。项目经理可能在哪里记录这些信息？

    A. 干系人分析

    B. 资源管理计划

    C. 干系人参与计划

    D. 干系人登记册

24. 下列哪一项是规划过程组的特点？

    A. 成本很高

    B. 人员配备水平最低

    C. 成功完成项目的机会为中等

D. 干系人的影响力很大

25. 评选委员会只能选择以下项目之一：项目 A 的原始投资为 100 万美元，现金流入的现值为 100 万美元，折现率为 4%；项目 B 的原始投资为 140 万美元，现金流入的现值为 140 万美元，折现率为 6%；项目 C 的原始投资为 180 万美元，现金流入的现值为 180 万美元，折现率为 7%。评选委员会应该选择哪个项目？

   A. 项目 C

   B. 项目 B

   C. 项目 A

   D. 题干中没有足够的信息来确定答案

26. 项目经理不会使用下列哪项技术来管理干系人的参与？

   A. 决策

   B. 专家判断

   C. 基本规则

   D. 会议

27. 下列哪一项反映了《敏捷宣言》中列出的原则？（选择 3 项）

   A. 最佳架构、需求和设计出自强大的领导者

   B. 可工作的软件是衡量进度的首要标准

   C. 我们最重要的目标是通过持续不断和尽早交付高价值的软件来使客户满意

   D. 以简单为本，尽最大可能减少不必要的工作

28. 你是"音乐点播"项目的项目经理。该项目可以让用户通过智能手机从你所在的唱片公司按需购买并下载音乐。你正在监控项目风险并且已经分析了风险审计、预防措施和纠正措施等元素。这些信息可能会在下列哪一个报告中输出？

   A. 工作绩效报告

   B. 工作绩效信息

   C. 工作绩效数据

   D. 项目文件更新

29. 下列哪些选项是正确的？（选择 2 项）

    A. 使用敏捷方法的团队更有可能产生更大的商业价值

    B. 使用预测方法的团队更有可能产生更大的商业价值

    C. 项目管理的目标是尽可能以最佳的方式产生商业价值

    D. 组织应该选择最能产生商业价值的交付方法

30. 项目经理与一组重要专家会面。他们对客户最近提交的范围变更表示担忧，因为项目已进入执行阶段。下列哪项是可以帮助项目经理有效解决团队问题的技术？

    A. 决策

    B. 数据分析

    C. 会议

    D. 变更控制工具

31. 关于监控过程组中涉及的变更请求，下列哪一项是不正确的？

    A. 批准的变更请求是控制采购和控制质量过程的输入

    B. 批准的变更请求是执行整体变更控制程序和监控风险过程的输出

    C. 检查是控制质量的工具和技术

    D. 变更将作为控制范围过程的一部分被验证

32. 你是一名正在处理资源谈判、采购谈判并识别风险和监督风险的项目经理。已批准的变更请求已经送达，它将会扩大项目范围。你幻想着逃离日常的工作生活，甚至有那么一瞬间你想把项目签给你配偶的公司，然后拿着钱跑路。但是这终究是白日梦，你不得不面对现实。这描述了什么过程？《PMI 道德规范和职业行为准则》中的哪些领域与这种情况有关？

    A. 采购及诚信

    B. 指导、管理项目工作及接受任务

    C. 采购和知识产权

    D. 指导、管理项目工作及利益冲突

33. 项目的一个可交付成果需要业务分析技能。你有三个资源用于完成此可交付成果所需的活动。吉姆和约翰的工资比玛丽高，吉姆倾向于将大部分时间花在社交网站上，约翰的动力来自成就感和专业能力，而玛丽则寻求团队的归属感。下列哪个选项是正确的？

A. 你的资源处于马斯洛需求理论的不同层次

B. 麦克利兰（McClelland）认为薪酬是一种自尊的需要

C. 期望理论认为，无论薪酬差异多大，薪酬都不是激励因素

D. 成就理论认为，薪酬与成就挂钩，因此薪水的巨大差距会成为消极因素

34. 项目经理协助将工作包分解为活动。接下来，她带领团队进行多次练习，对活动进行排序，并确定执行工作需要的资源类型和数量。她下一步可能做什么？

A. 估计每项活动需要多长时间

B. 制订进度计划

C. 根据进度计划验证假设条件

D. 将活动分解为可交付成果

35. 在合同生命周期中，供应商被要求对建议邀请书（RFP）做出回应。这属于合同生命周期中的哪个阶段？

A. 需求

B. 招标

C. 请购

D. 颁奖

36. 下列哪项反映出《敏捷宣言》中关键的价值观？（选择3项）

A. 个体和互动高于流程和工具

B. 客户合作高于合同谈判

C. 响应变化高于遵循计划

D. 演进的软件高于详尽的文档

37. 下列哪一项不是信息管理系统的示例？

A. 电子邮件

B. 电子文件

C. 语音信箱

D. 网站

38. 你正处于项目规划阶段并刚刚开始创建成本基准。作为一名项目经理，你正在做哪项工作？

A. 执行计划成本管理过程

B. 执行估算成本过程

C. 执行制定预算过程

D. 执行成本控制过程

39. 项目的各个阶段共同构成了下列哪项？

A. 项目阶段

B. 项目管理计划

C. 项目生命周期

D. 项目管理

40. 产品负责人正在开发一款新产品，该产品打算在六个月内打入澳大利亚市场，彼时正好赶上假期的开始。她计划研发足够多的功能将产品推向市场，吸引早期用户并获得相应的反馈，以便明年在中国推出更完善的版本。那么，对在澳大利亚市场发布的版本的最佳描述是哪一项？

A. 一个原型

B. 最小可行产品

C. 一个预演

D. 被早期市场采用

41. 下列哪些选项反映了敏捷团队理想的特征？（选择 3 项）

A. 百分之百地专注于项目

B. 集中办公

C. 团队成员数量为 3～9 人

D. 促进每日状态会议

42. 项目经理正在召集干系人和中立方讨论一个会对采购协议产生争议的变更。下列哪项是能够帮助项目经理有效执行这个活动的工具或技术？

A. 索赔管理

B. 变更控制系统

C. 审计

D. 检查

43. 项目经理在执行与控制项目和产品范围相关的活动时，发现了范围蔓延的情况。接下来，项目经理可能会采取什么样的纠正措施？

A. 责备责任人

B. 更新范围基准

C. 提交变更请求并分析范围变更的影响

D. 通知项目团队

44. 你是罗纳河谷公司的项目经理。你的买家发现了一种会在本国非常畅销的新产品。这种新产品在给公司带来巨大机会的同时可能也会带来巨大的威胁，因为它的成本超过了公司之前进口的任何产品，如果销售情况不如买家预计的那么好，那么公司可能会破产。你决定进行可行性研究，下列哪项陈述是不正确的？

A. 应进行可行性研究，以确定潜在市场、成本、风险和其他因素

B. 可行性研究的目的之一是确定新产品的市场需求，而这个需求又可能成为推动项目发展的需求

C. 在可行性研究期间，可以使用项目风险管理过程来识别所有机会并利用它们的可能性。确定潜在威胁，并将这些威胁的可能性和造成的后果降至最低

D. 可行性研究的最终结果之一可能是制定一份项目章程，其中包括对项目预期结果的描述、预算和详细的项目进度表，以供管理层审查

45. 凯莉是一家医疗保健公司的风险经理。她最近被请来支持一个受到众多问题困扰的项目。项目发起人告诉她，这些问题都是因为没有实施记录在案的风险应对计

划造成的。凯莉向项目发起人说明,未实施风险应对计划并不是造成这些问题的根本原因,上述问题是由项目风险管理中最常见的问题引起的。凯莉指的是什么问题?

A. 没有充分地进行风险分析,导致风险应对措施无效

B. 没有为项目分配专职的风险经理,导致风险管理不善

C. 项目团队花费了精力去识别、分析风险及制定风险应对措施,但没有去管理它们

D. 风险登记册中没有明确记录风险触发因素,导致响应计划无效

46. 阿莉莎是一名负责将五个数据中心整合为一个数据中心的管理基础设施项目的项目经理。她正在确定之前规划沟通管理的工件和活动是否达到了预期效果。她最近还发起了一项客户满意度调查,以获得干系人对项目进展情况的反馈。她在执行什么项目管理过程?

A. 管理沟通

B. 监控沟通

C. 规划沟通管理

D. 监控项目工作

47. 当敏捷项目团队有能力承担工作时,团队就会提取任务板中的待办事项来安排他们的工作计划。在一些情况下,一项功能可能需要两周才能完成,当然,也可能需要更多的时间。这描述了哪种交付方法?

A. 瀑布

B. 基于迭代的敏捷开发

C. Scrum

D. 基于流程的敏捷开发

48. 蕾安娜是一名对项目管理感兴趣的开发人员。她承担了一个项目,该项目旨在应用新的安全功能来保护她公司的内部网络。截至目前,她已经确定了项目的范围、进度和预算,现在她正在积极地帮助团队解决出现的问题。她目前正在执行什么

过程？

A. 规划资源管理

B. 建设团队

C. 管理团队

D. 控制资源

49. 随着规划过程的进行，项目管理计划可能需要变更和更新。这些更新是通过下列哪项来决定和管理的？

A. 批准的变更请求

B. 执行整体变更控制程序

C. 控制沟通过程

D. 控制范围过程

50. 关于项目生命周期，下列哪个选项是不正确的？

A. 在项目生命周期的早期，项目成本低，团队成员被分配的项目也很少

B. 干系人最有可能在项目快结束时对项目造成重大影响

C. 风险在项目开始时最高，并随着项目的开展在其生命周期内逐渐降低

D. 项目成功的可能性在开始时最小，并随着项目的开展在其生命周期内逐渐增大

51. 项目经理刚刚推动了项目变更控制过程，该过程产生了 10 个已批准的变更请求。接下来，他可能执行什么过程？

A. 指导和管理项目工作

B. 执行整体变更控制程序

C. 管理项目知识

D. 制订项目管理计划

52. 罗肖德是银河小子公司的客户运营副总裁，也是最新项目"G"的项目发起人。他正与项目经理莎莉讨论并记录角色和职责。他们在进行哪个知识领域的工作？

A. 项目整合管理

B. 项目采购管理

C. 项目资源管理

D. 项目干系人管理

53. 昆西和迈克尔是生活百科公司的两名高管，这是一家提供新奇、酷炫生活小工具的公司。最近，他们选择接下一个大项目，并任命你为项目经理。这项活动属于项目管理的哪个过程组？

A. 启动

B. 规划

C. 执行

D. 监控

54. 你的项目发起人要求你对完成项目工作可能花费的成本进行预测。下列哪个选项是正确的？

A. 你将使用完工尚需估算（ETC）计算，它是控制成本过程中预测工具和技术的一部分

B. 你将使用完工估算（EAC）计算，它是控制成本过程中预测工具和技术的一部分

C. 你将使用完工尚需估算（ETC）计算，它是控制成本过程中挣值管理（EVM）工具和技术的一部分

D. 你将使用完工估算（EAC）计算，它是控制成本过程中挣值管理（EVM）工具和技术的一部分

55. 随着项目的不确定性和复杂性的增加，下列哪项会随之增加？

A. 规划的必要性

B. 重新规划的可能性

C. 变更的可能性

D. 需要更长的迭代

56. 在使用混合方法管理项目时，项目经理应该选择下列哪种类型的合同？

A. 多层次

B. 时间和材料分级

C. 主服务协议

D. 动态范围

E. 价值驱动

57. 谁负责确定每个过程组中的哪些过程适合项目？

A. 项目经理

B. 项目团队

C. 项目经理和项目发起人

D. 项目经理和项目团队

58. 下列哪项最恰当地描述了假设？

A. 限制或规定项目团队行为的行动

B. 预期存在或已经显现的因素

C. 不确定的事件或条件，如果发生，会对一个或多个项目目标产生积极或消极的影响

D. 对问题的即时和临时响应

59. 凯莉是一家健身公司的高级项目经理，该公司正在开发一种新的特许经营模式。她刚刚带领团队参加了各种研讨会来获取需求。接下来，她可能执行什么活动？

A. 发布需求管理计划

B. 定义项目范围

C. 制定工作分解结构

D. 衡量需求的完成情况

60. 你在星际银行担任项目经理。你的项目很大，风险很高，以至于你不确定组织是否应该立项。你提议进行一项可行性研究去检查项目的收益。可行性研究已获得批准并开始。关于该项目，下列哪个选项是不正确的？

A. 启动过程发生在项目开始时，此时成功完成项目的概率很高，人员配备水平很低

B. 启动过程确认下一个项目阶段应该开始。这个过程成本低、风险高

C. 启动过程是指批准实施项目，并授权使用组织资源开始工作的过程

D. 启动过程确认下一个项目阶段应该开始。在此过程中，干系人对项目的产品或服务的影响最大

61. 将术语与其描述相匹配。

术语	描述
A. 燃起图	（1）交付项目所需的总时间，从提交工作到完成工作的时间
B. 交付时间	（2）处理单个工作项所需的时间
C. 速率	（3）进度效率的度量，表示为挣值与计划值的比率
D. 周期	（4）对已完成工作的可视化表示
E. 进度	（5）迭代中已完成的功能的故事点数之和

62. 根据《PMBOK® 指南》，下列哪项不属于合同的内容？

A. 订购单

B. 谅解备忘录

C. 协议

D. 采购订单

63. 瑞秋是一个项目的项目发起人，该项目正在开发一种针对预算不高的消费群体的系列产品。大多数项目经理在被分配到瑞秋发起的项目时都会退缩，因为她喜欢纠结细节，并且对每位团队成员的行为都持怀疑态度，这导致项目经理需要解决一系列问题。根据道格拉斯·麦格雷戈（Douglas McGregor）的领导理论，瑞秋属于什么类型的经理？

A. Y 理论

B. Z 理论

C. X 理论

D. Y/Z 理论

64. 下列哪项描述了在执行与项目工作相关的活动时所确定的原始观察和测量？

    A. 工作绩效信息

    B. 工作绩效数据

    C. 工作绩效报告

    D. 工作绩效分析

65. 你为某个高尔夫设备制造商工作。你的组织正在安装一些新的制造设备，而你正在管理该项目。一些风险事件已经给项目带来了影响，因此，变更请求已被提交。你目前正在监控风险，下列哪项是不正确的？

    A. 变更请求可以在监控风险过程中以纠正措施的形式提交，该过程是监控过程组的一部分

    B. 变更请求不会以预防措施的形式提交，因为你正在监控过程组中，并且对项目的投入已经太多了

    C. 变更请求必须经过整体变更控制程序，该过程也在监控过程组中。

    D. 变更请求可以在控制风险过程中以变通方法的形式提交，该过程是监控过程组的一部分

66. 将 PMO 的类型与其描述相匹配。

PMO 的类型	描述
A. 支持型	（1）担任管理职务。指派项目经理执行项目并直接管理项目
B. 控制型	（2）担任咨询角色。提供模板、最佳实践、培训及从其他项目中汲取经验教训
C. 指令型	（3）担任支持和服从角色。提供项目经理们必须遵循的项目管理和治理框架

67. 项目经理刚刚确定，有三名对项目高度感兴趣的职能经理在企业资源配置中具有特别高的影响力。项目经理参与了什么活动？

    A. 制订资源计划

    B. 制订干系人参与计划

C. 确定团队任务

D. 识别干系人

68. 卡丽娜在一家专门设计定制化的宠物狗服装和玩具的公司工作，是"你在养狗"项目的首席项目经理。她刚刚结束了设计阶段，并计划在公司项目管理办公室的协助下与指导委员会进行阶段审查。阶段审查也叫什么？

A. 关键决策点

B. 终结点

C. 项目管理办公室审查

D. 项目审查

69. 项目团队最近参加了一次工作会议，检查和记录风险应对在处理整体项目风险方面的有效性。他们正在执行什么项目管理过程？

A. 识别风险

B. 规划风险应对

C. 实施风险应对

D. 监控风险

70. 项目发起人要求项目经理在即将召开的项目状态会议上观察非语言反馈，并根据这些观察调整他的演示文档。下列哪个过程与这些活动相关？

A. 规划沟通管理

B. 管理沟通

C. 监控沟通

D. 控制沟通

71. 下列哪个选项最能说明项目可交付成果和项目需求之间的区别？

A. 可交付成果是项目或项目阶段必须产生的特定项，这样才能被视为完成项目或项目阶段。每个项目阶段只有一个包含多个需求的可交付成果

B. 需求是项目或项目阶段必须产生的可测量项，这样项目或项目阶段才能被认为是完整的。每个项目阶段可能有多个包含多个需求的可交付成果

C. 需求是必须为项目或项目阶段的完成而产生的可测量项，可交付成果是用来告诉你想要生产什么样的规格

D. 可交付成果是指必须在项目或项目阶段完成的特定项，需求是可交付成果的规格说明，用来告诉你是否成功地生成了可交付成果

72. 你正处于获取和分配项目资源的过程中。你拥有内部资源和外部资源。你将根据与当地人事机构签订的合同，使用工作订单来雇用外部资源。下列哪项是不正确的？

A. 项目经理负责确保项目资源是熟练且可用的，并记录他们的报告责任。这是在上述过程和规划资源管理过程中完成的

B. 项目经理可能无法雇用或选择所有项目团队成员

C. 来自咨询公司的团队成员被计入规划采购管理过程和规划资源管理过程，而非获取和分配项目资源的过程

D. 检查可用性并考虑个人兴趣和特点是该过程的重要组成部分

73. 项目经理被要求计算项目的投资回收期。项目投资为 50 万美元，预计前两个季度的现金流入为 5 万美元，之后每个季度的现金流入为 10 万美元。请问投资回收期是多少？

A. 6 个月
B. 12 个月
C. 18 个月
D. 24 个月

74. 罗伯特是一名实习项目经理，正在准备 PMP® 认证考试。在和同事学习期间，他坚持认为项目经理要考虑所有项目管理过程；而他的同事则坚持认为没有必要这样做，项目经理应该只执行必要的过程。谁是正确的？

A. 罗伯特
B. 罗伯特的同事
C. 都正确

D. 都不正确

75. 你有一个充满活力的项目团队。他们以结果为动力，有良好的冲突解决能力，并且能够高度投入项目中。他们对项目目标有深刻的理解，并理解项目的发展方向。这描述了下列哪项内容？

A. 团队建设的规范阶段

B. 高效团队的特征

C. 项目经理采用交易型领导的方式

D. 期望理论

76. 尼古拉斯是一个项目的项目经理，该项目致力于对智能运动健身行业进行变革。他准备与项目发起人会面，讨论他们最大的供应商的绩效。尼古拉斯需要参考什么才能提供这些信息？

A. 数据分析

B. 项目管理计划

C. 协议

D. 采购文件

77. 罗肖德是银河小子公司的客户运营副总裁，也是最新项目"G"的项目发起人，他正与项目经理莎莉讨论项目的资源利用问题。因为最近他在走廊里听说计划好的资源不可用，十分担忧。莎莉承认情况属实，并且这已经使项目进度落后了。在这种情况下，莎莉没有做什么？

A. 合理规划进度

B. 及时通知发起人

C. 获取合适的资源

D. 建立正确的关系

78. 沟通的元素包含在沟通模型中。下列哪个选项是对两者最好的解释？

A. 沟通的元素包括编码、传递信息、确认和反馈 / 响应，沟通模型包括发送者、接收者和信息

B. 沟通的元素包括发送者、接受者和信息，沟通模型包括口头沟通和书面沟通

C. 沟通的元素包括发送者、接收者和信息。沟通模型是管理沟通过程的工具，包括编码、传递信息、解码、确认信息和反馈 / 响应信息

D. 沟通的元素包括编码、传递信息、确认信息和反馈 / 响应信息，沟通模型包括口头沟通和书面沟通

79. 项目经理刚刚确定，有三名对项目高度感兴趣的职能经理在企业资源配置中具有特别高的影响力。根据这些新信息，她更新了显著性模型并思考它会给项目带来什么影响。项目经理在从事什么活动？

A. 干系人分析

B. 资源分析

C. 干系人参与

D. 监督干系人

80. 你是一名项目经理，正与当地大学合作进行一个项目研究，该项目涉及一项新的科学发现。最近，由于在监控过程中批准了一些变更，因此你发现构成项目最终产品的可交付成果的描述变得不准确和不完整了。你将使用下列哪个过程中的哪项来跟踪可交付成果的变更并确保其描述准确和完整？

A. 控制范围过程中的范围变更控制系统

B. 控制质量过程中的质量控制系统

C. 执行整体变更控制过程中的配置管理系统

D. 监督沟通过程中的变更控制系统

81. 你已收到针对最近的建议邀请书（RFP）的提案。评估团队使用以下类型的信息对供应商进行评级：可用性、经验和培训。给经验分配的权重为 5，给可用性分配的权重为 3，给培训分配的权重为 2。供应商 A 的得分如下：可用性为 4 分，经验为 2 分，培训为 2 分。供应商 B 的得分如下：可用性为 3 分，经验为 4 分，培训为 4 分。请问哪家供应商会中标，其最终得分是多少？

A. 供应商 B，21 分

B. 供应商 B，37 分

C. 供应商 A，21 分

D. 供应商 B，43 分

82. 项目经理正准备获取执行项目工作所需的资源。项目经理在获取和管理项目资源时可能会参考下列哪个项目文件？

A. 项目管理计划

B. 资源管理计划

C. 人员配置管理计划

D. 资源需求

83. 下列哪个过程涉及让干系人有效参与，了解他们的需求和利益，了解他们给项目带来的好处和坏处，以及了解项目将如何影响他们？

A. 控制干系人参与

B. 规划干系人参与

C. 识别干系人

D. 管理干系人参与

84. 你的客户已经决定，如果不变更已确定的工作分解结构，你就无法继续执行正在管理的项目。你同意修订并签署合同，遵循变更控制管理过程，并适当地修改计划文件以反映变更。不过变更被批准后，项目成本和项目进度也发生了重大更新。关于这种情况，下列哪项是不正确的？

A. 必须调整基准来反映新的项目成本和进度

B. 绩效测量基准（PMB）包括管理储备和应急储备

C. 使用挣值管理（EVM）来确定 PMB

D. 进度、范围和成本基准共同构成 PMB

85. 规划进度管理、估算活动持续时间和控制进度属于哪个项目管理知识领域的过程？

A. 项目时间管理

B. 项目整合管理

C. 项目进度管理

D. 项目资源管理

86. 阿莉莎是一名负责将五个数据中心整合为一个数据中心的管理基础设施项目的项目经理。她召集了一组从事过类似项目的核心专家来讨论应该如何管理范围。阿莉莎使用了什么工具或技术？

A. 数据分析

B. 专家判断

C. 备选方案分析

D. 组织过程资产

87. 你已经采用了几种现金流方法来确定执行当前项目的替代方法。关于现金流的分析结果，下列哪项是正确的？

A. 投资回收期和内部收益率（IRR）通常会让你做出相同的接受／拒绝决定

B. 净现值（NPV）和贴现现金流通常会让你做出相同的接受／拒绝决定

C. 投资回收期和贴现现金流通常会让你做出相同的接受／拒绝决定

D. 净现值（NPV）和内部收益率（IRR）通常会让你做出相同的接受／拒绝决定

88. 项目发起人向你提出了一个进退两难的问题。首席执行官在年度股东大会上宣布，你管理的项目将要在今年年底完成。但这比约定的完成日期提前了六个月。可是现在回去纠正她的错误已经太晚了，股东们都期待该项目在宣布的日期之前就能交付，所以你必须加快这个项目的交付进度。但在这之前，你的主要限制因素是预算。你可以采取什么措施来加快该项目的进度？

A. 雇用更多资源以更快地完成工作

B. 要求更多的资金，以便你可以将计划中原本使用内部资源完成的一个项目阶段外包出去

C. 使用谈判和影响技能来说服项目发起人去和首席执行官沟通并纠正她的声明

D. 检查项目计划，看看是否有可以快速跟进的阶段，然后修改项目计划以反映进度的压缩

89. 你是一名项目经理，负责开发一个当紫外线处于危险水平时发送警报，提醒用户待在室内的手机应用。你正在获取资源来为项目配备人员，并从投标人那里获得对外包工作的回应。这些活动与什么过程组相关？

   A. 规划

   B. 执行

   C. 监控

   D. 收尾

90. 你是一家工程公司的项目经理。公司赢得了一个在城市南部的一段高速公路沿线的几个入口匝道上增加匝道计量灯的投标。你将项目的一部分分包给了另一家公司，工作内容包括在混凝土中挖洞和设置灯杆。但是你发现该公司的最终产品不符合安全标准且没有遵守适用的标准，你需要采取纠正措施来解决问题并使项目重回正轨。下列哪项是正确的？

   A. 你处于管理沟通过程中，并已完成对承包商工作的绩效审查

   B. 你处于管理质量过程中，并已进行了质量审计

   C. 你处于管理质量过程中，并已执行了过程分析

   D. 你处于确认范围过程中，并已执行检查以确保工作的正确性

91. 你是一家为旅行者提供非凡体验的公司的项目经理。你的最新项目负责开发一款智能手机应用程序，它可以自动获取用户的全球定位系统坐标并为用户提供量身定制的资源和建议。在记录资源管理计划时，你决定合并责任分配矩阵（RACI）。RACI 代表什么？（选择4项）

   A. 执行

   B. 知情

   C. 负责

   D. 报告

   E. 咨询

   F. 建议

92. 你是一家工程公司的项目经理。公司赢得了一个在城市南部的一段高速公路沿线的几个入口匝道上增加匝道计量灯的投标。你将项目的一部分分包给了另一家公司，工作内容包括在混凝土中挖洞和设置灯杆。最近，你发现分包商的工作有误，因为灯杆没有被埋到正确的深度。你审查了他们的工作并发现过程中的偏差及安全标准的缺失导致了这个错误。下列哪项是正确的？

  A. 你处于管理质量的过程中，已执行质量审计，并确定需要采取纠正措施

  B. 你处于确认范围的过程中，已执行质量检查，以确保工作的正确性

  C. 你处于控制采购的过程中，已完成合同审计，以确保分包商的绩效符合合同要求

  D. 你处于关闭项目或项目阶段的过程中，已完成对承包商工作的绩效审查

93. 关于管理项目知识的过程，下列哪项是不正确的？

  A. 它涉及显性和隐性知识

  B. 它生成经验教训登记册

  C. 它在执行过程组结束时被执行

  D. 它经常导致项目管理计划的更新

94. 关于项目资源管理知识领域，下列哪项是不正确的？

  A. 知识领域仅负责人力资源的识别、管理和监控

  B. 知识领域共有六个项目管理过程组

  C. 估算活动资源过程是该知识领域的一个组成部分

  D. 知识领域有属于规划、执行和监控过程组的过程

95. 形成阶段、震荡阶段、规范阶段、成熟阶段和解散阶段都是下列哪项中的阶段？

  A. 马斯洛需求理论

  B. 塔克曼团队发展模型

  C. 赫茨伯格双因素理论

  D. 弗洛姆期望理论

96. 项目资源的可用性、经验水平、兴趣、成本和能力被视为获取资源过程的哪个输

人的一部分？

A. 企业环境因素

B. 组织过程资产

C. 人际关系和团队技能

D. 资源日历

97. 成本加激励费用合同、成本加奖励费用合同、成本加成本百分比合同和成本加固定费用合同都是哪一种合同类型的其他名称？

A. 成本补偿合同

B. 工料合同

C. 总价合同

D. 成本加成合同

98. 你正在帮助组织推进一个关键项目。首席执行官已明确表示该项目是重中之重。该项目的一位主要干系人辞职了，她的替代者大约在三周前开始接手工作，但替代者没有为你留出时间，或者说她在这个项目上似乎没有与首席执行官一样的紧迫感。你关心的是整个项目的成功，并希望有效地管理与该项目相关的过程。下列哪项能够解决这种情况？

A. 监控干系人参与

B. 监督项目工作

C. 监督沟通

D. 执行变更管理

99. 根据以下信息：挣值（EV）为95美元，计划价值（PV）为85美元，实际成本（AC）为100美元，请问项目进度计划是提前还是落后于本期计划，为什么？

A. 提前，因为进度偏差（SV）的结果为负数

B. 落后，因为进度偏差（SV）的结果为负数

C. 提前，因为进度偏差（SV）的结果为正数

D. 落后，因为进度偏差（SV）的结果为正数

100. 谁负责确定每个过程组中哪些过程适合项目？

    A. 项目经理

    B. 项目团队

    C. 项目经理和项目发起人

    D. 项目经理和项目团队

101. 项目经理在与项目团队会面，估算迄今为止已经确定了的活动的持续时间。项目发起人让项目经理提供一份具有较高可信度的项目工期估算。假设项目经理获得了所有必需的信息，项目经理可能会使用什么估算技术？

    A. 三点估算

    B. 自下而上估算

    C. 参数估算

    D. 自上而下估算

102. 项目团队最近参加了一个工作会议，该会议审查和记录了风险应对措施在处理整体项目风险方面的有效性。这个工作会议叫什么？

    A. 状态会议

    B. 技术绩效评估

    C. 风险审查

    D. 头脑风暴

103. 关于项目阶段，下列哪个选项是不正确的？

    A. 项目阶段通常由便于管理、规划和控制的工作部分组成

    B. 项目管理办公室可能根据干系人或管理层的需求预先定义阶段

    C. 阶段有各种属性，如名称、编号、持续时间和资源需求

    D. 在阶段结束时，项目阶段通常不会产生可交付成果

104. 谁提出了定义团队发展阶段的模型？

    A. 布鲁斯·塔克曼博士（Dr. Bruce Tuckman）

    B. 维克托·弗鲁姆（Victor Vroom）

C. 戴维·麦克利兰（David McClelland）

D. 亚伯拉罕·马斯洛（Abraham Maslow）

105. 你的项目中有 10 位干系人。作为项目经理，你必须管理 45 条沟通渠道。当增加了 2 位干系人后，你需要管理的沟通渠道增加了多少条？

A. 47 条

B. 45 条

C. 21 条

D. 66 条

106. 根据《PMBOK® 指南》，管理干系人参与过程的哪个输出用于促进与干系人的沟通？

A. 项目沟通

B. 问题日志

C. 项目管理计划的更新

D. 变更请求

107. 尼古拉斯是一个项目的项目经理，该项目致力于对智能运动健身行业进行变革。他最近使用自己的谈判技能，获得了参与其项目的两位职能领导的支持。他参考了管理特定干系人的策略和行动计划来实施管理。尼古拉斯参考了哪一个文档来获取相关信息？

A. 沟通管理计划

B. 干系人参与计划

C. 资源管理计划

D. 采购管理计划

108. 你的项目包含一种新的制造技术，该技术需要运用化学工程知识才能执行项目管理计划中所需的一项服务。这项服务已被执行，所以已批准的变更请求已被提交。下列哪项描述是正确的？

A. 已批准的变更请求是指导与管理项目工作过程的结果，为了实施此变更，将重

复执行指导与管理项目工作过程

B. 已批准的变更请求是指导与管理项目工作过程的输入，为了实施此变更，将重复执行指导与管理项目工作过程

C. 这个已批准的变更请求是项目的外部要求，且正在扩大原始的项目范围。因此，此变更请求将在监控过程组中被处理

D. 这个已批准的变更请求是项目的内部要求，且正在扩大原始的项目范围。因此，此变更请求将在监控过程组中被处理

109. 你正在给活动排列顺序，并且刚刚开始识别依赖关系。你可以使用下列哪项来帮助你快速开始？

A. 事业环境因素

B. 组织过程资产

C. 里程碑列表

D. 进度工具

110. 莎莉和乔是两名项目经理，他们在一家十分受欢迎的快餐连锁公司工作。他们都在准备 PMP® 认证考试，并正在讨论工作分解结构（WBS）。莎莉对此很困惑，她问乔："WBS 包含什么内容？"乔可能会如何回答？

A. WBS 包括对项目范围、主要可交付成果、假设和约束的描述

B. WBS 是一个包含唯一标识符的工作包，它为成本、进度和资源信息的分层汇总提供了一个结构

C. WBS 是一份文档，该文档提供了项目范围说明书内每个组件的详细可交付成果、活动和进度信息

D. WBS 是项目团队为完成项目目标和创建所需的可交付成果而对需要开展的总体工作范围的分解

111. 卡丽娜在一家专门生产定制化宠物狗服装和玩具的公司中工作，是"你在养狗"项目的首席项目经理。卡丽娜的项目管理计划刚刚获得了批准，她即将向项目团队公布这件事。卡丽娜执行的活动与哪个过程组相关？

A. 启动

B. 规划

C. 执行

D. 监控

112. 下列哪种类型的估算技术具有较高的准确度？

A. 类比估算

B. 自下而上估算

C. 储备分析

D. 参数估算

113. 你是婚礼策划公司的一名项目经理。因为每场婚礼都是独一无二的，所以你的组织会将每场婚礼都作为一个项目进行管理。你为新活动提出了一个不错的想法，你确定客户会喜欢这个创意，公司也将受益。你的老板要求你研究一个替代方案，并给你提出了建议。你发现，备选方案 A 在未来两年内可能会产生 2 100 万美元的收入，而备选方案 B 在未来三年内可能会产生 2 900 万美元的收入。财务经理告诉你折现率是 5%。你应该选择哪个项目，为什么？

A. 备选方案 A，因为折现现金流量为 19 047 619 美元，而备选方案 B 的折现现金流量为 25 051 290 美元

B. 备选方案 B，因为其收益高于备选方案 A 的收益

C. 备选方案 B，因为其折现现金流量为 26 303 854 美元，而备选方案 A 的折现现金流量为 19 047 619 美元

D. 备选方案 B，因为备选方案 A 的折现现金流量为 20 000 000 美元，而备选方案 B 的折现现金流量为 27 619 047 美元

114. 强制依赖又被称为什么？

A. 首选逻辑

B. 硬逻辑

C. 软逻辑

D. 外部依赖

115. 你是一家建筑公司的项目经理，该公司正在你所在的城市建造一座新的城乡办公楼。变更控制委员会（CCB）最近批准了一项范围变更。下列哪项不会导致范围变更？

    A. 进度修订

    B. 产品范围变更

    C. 对商定的工作分解结构的变更

    D. 项目需求变更

116. 下列哪个过程会根据项目进展情况及结果与计划的比较，来调整干系人参与及沟通的策略和计划？

    A. 监控沟通和监控干系人参与

    B. 管理沟通和管理干系人参与

    C. 规划沟通管理和规划干系人参与

    D. 指导与管理项目工作和监控项目工作

117. 关于趋势分析，下列哪个选项是不正确的？

    A. 趋势分析是控制成本过程的一种工具和技术

    B. 趋势分析是用于预测未来结果的数学公式

    C. 趋势分析能确定项目绩效会随着时间的推移而改善或恶化

    D. 趋势分析被用于分析问题是如何发生的

118. 使用三角分布公式，根据以下三点估算值计算预期成本：乐观估算为 2 500 美元，最可能估算为 3 500 美元，悲观估算为 7 200 美元。

    A. 4 400 美元

    B. 3 950 美元

    C. 13 200 美元

    D. 3 500 美元

119. 项目团队使用迭代引入新的功能并完成项目可交付成果。项目团队遵循什么类型的项目开发生命周期？

    A. 预测型

    B. 迭代型

    C. 增量型

    D. 混合型

120. 你已经选择了供应商，并且正在与供应商会面，讨论合同的最终细节。供应商告诉你，原来建议邀请书（RFP）中招标的设备已不再适用。供应商表示，最好的解决办法是购买他们提供的新设备，但这比原来的设备价格贵。你担心新设备可能与现有设备不兼容，所以与供应商讨论。经过进一步调查，新设备被证明可以使用，供应商也同意增加一些额外的培训时间来抵消价格差异。上面描述的是下列哪个采购过程的工具和技术？

    A. 采购谈判

    B. 独立估算

    C. 建议书评估技术

    D. 既定事实

121. 项目管理团队正在考虑是选择自制产品还是外购产品。自制产品需要 35 000 美元的初始投资，失败概率为 15%，可能产生的影响力的货币价值为 15 000 美元；外购产品需要 25 000 美元的初始投资，但失败概率为 35%，可能产生的影响力的货币价值为 10 000 美元。请问自制该产品的预期货币价值是多少？

    A. 37 250 美元

    B. 20 250 美元

    C. 5 250 美元

    D. 2 250 美元

122. 项目决策委员会只能从以下项目中选择一个：项目 A 的原始投资为 100 万美元，投资回收期为 18 个月；项目 B 的原始投资为 140 万美元，投资回收期为 18 个月；

项目 C 的原始投资为 180 万美元，投资回收期为 18 个月。请问项目决策委员会应该选择哪个项目？

A. 项目 A

B. 项目 B

C. 项目 C

D. 题干中没有足够的信息来确定答案

123. 你有一支充满活力的项目团队。你的一位团队成员能力非常出众。团队成员以结果为驱动力，具有良好的解决冲突的技能，并高度致力于项目。团队成员对项目的目标和目的有着扎实的理解。当这位能力出众的团队成员质疑团队在其中一个目标上所采用的方法时，你会征求团队的意见，并在做出决定之前收集事实。你询问团队的想法，他们的结论是这位团队成员是对的，与其按照团队的计划去推进项目，不如采纳这位团队成员的解决方案。基于这个问题，这位团队成员表现出的是什么权力？项目经理拥有什么样的领导风格？

A. 专家权力，民主的领导风格

B. 参照权力，民主的领导风格

C. 专家权力，情境领导风格

D. 合法权力，情境领导风格

124. 项目生命周期的哪个阶段发生风险的概率最高？

A. 启动

B. 规划

C. 执行

D. 收尾

125. 准备参加 PMP® 认证考试的两名项目经理正在讨论项目生命周期阶段的各种执行方法，他们将使用以下方法，除了哪一个？

A. 顺序

B. 快速跟进

C. 迭代

D. 交叠

126. 雅兹是一名初级项目经理，在一家正在开发新的特许经营模式的健身公司工作。雅兹目前在高级项目经理的指导下工作，该经理要求雅兹计算完成剩余项目工作的预期成本。已知工作正在按计划进行，雅兹确定完工估算（EAC）是 75 000 美元，到目前为止的累计实际成本（AC）是 50 000 美元。雅兹将向高级项目经理报告的剩余项目工作的预期成本是多少美元？

A. 25 000 美元

B. –25 000 美元

C. 10 000 美元

D. 15 000 美元

127. 项目经理正在监督团队执行项目活动。她跟踪了一天，发现团队成员可以为了彼此间的协作而开始调整自己的工作习惯和行为，她对此感到很满意。团队目前处在塔克曼团队发展阶梯理论的哪个阶段？

A. 形成阶段

B. 震荡阶段

C. 规范阶段

D. 成熟阶段

128. 如果挣值（EV）为 500 美元，计划价值（PV）为 700 美元，实际成本（AC）为 450 美元，请问进度偏差（SV）是多少美元？

A. –200 美元

B. 200 美元

C. –50 美元

D. 50 美元

129. 你正在监控沟通过程，你的组织承担了一个大型、复杂且运行多年的项目。你将以新任项目经理的身份进入该项目组（以前的项目经理离开了，不会再回来）。你在花了一些时间了解项目后，发现了一些项目发起人不想听到的坏消息，但是你有计划使项目重回正轨。与此同时，该项目的另一位干系人告诉你，项目发起人刚刚通知他们项目正在按计划进行，并会在预算内按时完成。因此，你知道干系人之间没有进行交流，并且自从你进入项目组以来，就没有与干系人定期举行过会议。关于这个问题，下列哪项是不正确的？

A. 定期、及时的状态会议将有助于防止出现这种情况。会议，如定期安排的状态评审会议，是此过程的工具和技术

B. 报告模板和沟通策略将有助于沟通。模板和策略是项目沟通输入的一部分

C. 项目经理负责推动状态会议，并为其提供诚实、真实的信息

D. 面对一个如此复杂的项目，你可能需要和不同的群体召开状态评审会议

130. 下列哪一种技术可以提供在任何给定日期完成项目的可能性？

A. 关键链法

B. 关键路径法

C. 紧前关系绘图法

D. 假设情景分析

131. 你所在的组织使用预测型方法来管理项目。你最近启动了新项目，并与关键用户召开一系列会议，去确定对新的企业资源软件实施的需求。你正在执行的活动是哪个过程组？

A. 启动过程组

B. 规划过程组

C. 执行过程组

D. 监控过程组

132. 卡丽娜在一家专门生产定制化宠物狗服装和玩具的公司工作，是"你在养狗"项目的首席项目经理。卡丽娜刚刚制定了一个项目的项目章程，该项目将创建一个全新的高科技狗骨头生产线。项目章程的意义是什么？

A. 一旦项目章程获得批准，项目团队就可以开始进行项目工作

B. 一旦项目章程获得批准，项目经理就可以开始进行规划活动

C. 一旦项目章程获得批准，项目发起人就可以开始为项目分配资金

D. 一旦项目章程获得批准，项目经理就有权将资源应用于项目

133. 项目经理正在管理一个智能健身监控设备的项目。他刚刚获得了项目授权，并分析了干系人的需求和期望。项目经理下一步可能执行什么活动？

A. 制定项目章程

B. 制订项目管理计划

C. 收集项目和产品需求

D. 制定干系人参与策略

134. 大卫是一家著名的图书出版公司的项目经理。作为组织中的高级项目经理，大卫经常接到复杂的项目任务。正因为如此，最近项目管理办公室经理指派大卫去管理一个项目，因为该项目的项目发起人一直由于范围蔓延而臭名昭著。知道了这一点，大卫很可能会更加重视哪个项目管理过程？

A. 确认范围

B. 监控项目工作

C. 控制质量

D. 控制范围

135. 你正在使用控制进度过程的工具和技术，下列哪一个选项是不正确的？

A. 进度偏差（SV）是监控项目时间的关键因素

B. 将实际日期与估算或预测的日期进行比较是确定 SV 的一种方法

C. 非关键路径活动的延迟不会导致进度延迟

D. 关键路径任务的延迟总是会导致进度延迟

136. 项目发起人要求项目经理确认产品范围是否得到满足。项目经理将使用什么文档来衡量产品范围的完成情况？

A. 产品需求

B. 项目管理计划

C. 需求文档

D. 项目章程

137. 下列哪项最恰当地描述了项目管理计划的目的？

A. 项目管理计划描述了如何执行、监控和收尾项目

B. 项目管理计划描述了实现项目和产品范围所必须满足的需求

C. 项目管理计划记录了项目的成功标准、批准的需求及项目的签字人

D. 项目管理计划记录了业务需求和证明项目合理性的成本效益分析

138. 项目经理正在处理与管理干系人有关的风险或潜在问题，并预测干系人未来可能提出的问题。项目经理正在执行什么过程？

A. 监控沟通

B. 管理沟通

C. 管理干系人参与

D. 监控干系人参与

139. 你是一家制药公司的项目经理。最近有一个项目是在六个月内发布新药，并且目前进展顺利。该项目与前一年发布的另一款药物的项目非常相似。在掌握准确的历史信息和可量化的参数的情况下，使用哪种成本估算技术确定预算是最恰当的？

A. 成本汇总

B. 类比估算

C. 挣值

D. 参数估算

140. 获取资源过程的工具和技术不包括以下哪一项？

A. 多标准决策分析

B. 虚拟团队

C. 资源日历

D. 谈判

141. 你是非营利组织"社区潮流"的一名项目经理。你的项目是因社会要求而产生的。到目前为止，该项目已经经历了一些成本偏差（CV），但这些偏差是非典型的，预计不会持续。你知道以下信息：完工预算（BAC）为 900 美元，完工估算（EAC）为 885 美元，计划价值（PV）为 475 美元，挣值（EV）为 500 美元，实际成本（AC）为 425 美元。根据给定的信息，下列哪项是正确的完工尚需估算（ETC）？

    A. 400 美元

    B. 460 美元

    C. 471 美元

    D. 重新估算

142. 下列哪种权力类型取决于影响者的职位？

    A. 合法权利

    B. 专家权利

    C. 参照权利

    D. 处罚权利

143. 项目经理正在处理与管理干系人相关的风险或潜在问题，并预测干系人未来可能提出的问题。项目经理正在执行什么过程？

    A. 监控沟通

    B. 管理沟通

    C. 管理干系人参与

    D. 监控干系人参与

144. 关于建设团队过程，下列哪些选项是正确的？（选择 3 项）

    A. 建设团队过程的输出包括团队绩效评估、变更请求、项目管理计划更新、组织过程资产更新和事业环境因素更新

    B. 建设团队过程涉及的是建设和培训团队，而不是个人

    C. 团队建设可以帮助团队成员产生有效、高效且协调的绩效表现

    D. 集中办公是一种用来帮助团队表现得更好的技术

145. 项目经理正在使用预测型方法管理项目。最近，该项目经理经历了几次项目调整。下列哪项不会产生变更请求？

    A. 项目文件的更新

    B. 纠正措施

    C. 预防措施

    D. 缺陷修复

146. 卡丽娜在一家专门生产定制化宠物狗服装和玩具的公司中工作，是"你在养狗"项目的首席项目经理。卡丽娜的项目管理计划刚刚获得了批准，她即将向项目团队公布这件事。在项目生命周期的这个节点上，成本可能是下列哪项？

    A. 最低的

    B. 低的

    C. 高的

    D. 最高的

147. 你是奥拉拉美容产品的项目经理。你的项目是研发一条新的洗浴产品线。你还在变更控制委员会任职，变更控制委员会刚刚批准了一项范围变更。下列哪项是不正确的？

    A. 范围变更包括对商定的工作分解结构（WBS）的修改

    B. 范围变更可能导致计划修订

    C. 范围变更通常不会影响项目预算

    D. 范围变更应反映在产品范围中

148. 在状态会议上，项目经理告知团队，到目前为止，项目总共花费了 7 500 美元，挣值（EV）是 5 000 美元。项目目前的表现如何？

    A. 低于计划成本范围

    B. 在计划成本范围内

    C. 超出计划成本范围

    D. 提供的信息不足

149. 关于预期货币价值的分析，下列哪个选项是不正确的？

    A. 预期货币价值是一种执行定量风险分析的工具和技术

    B. 预期货币价值通常与决策树分析结合使用

    C. 预期货币价值从项目整体的角度来检查风险

    D. 预期货币价值的计算方法是用发生概率乘以每个可能结果的值，然后将所得的结果相加

150. 你是超级厨房公司的项目经理。你的最新项目是开发具有独特行业特色的自动切肉机，项目预算为 95 000 美元。根据最新数据，该项目的计划价值（PV）为 70 200 美元，挣值（EV）为 59 000 美元，实际成本（AC）为 65 500 美元。根据进度和预算，该项目目前的执行情况如何？

    A. 该项目进度提前，且低于预算

    B. 该项目进度提前，且超出预算

    C. 该项目进度落后，且低于预算

    D. 该项目进度落后，且超出预算

151. 项目经理正在进行定量风险分析。该过程可能输出什么？

    A. 对每个风险的概率和影响的评估

    B. 每个项目风险的优先级

    C. 对整体项目风险敞口的评估

    D. 潜在风险应对措施列表

152. 某高端家具连锁店正在开发一版全新的文艺复兴风格的家具，这版家具将在六个月后发售。项目经理正在估算项目活动的持续时间，他使用了上一版项目中的信息作为估算的主要依据。该项目经理使用了_____估算技术。

153. 卡丽娜在一家专门生产定制化宠物狗服装和玩具的公司工作，是"你在养狗"项目的首席项目经理。她正在采访一些经验丰富的主题专家，以便更好地了解项目中存在哪些风险。她将在哪个文件里记录她的发现？

    A. 风险登记册

B. 风险管理计划

C. 风险报告

D. 项目文件

154. 项目经理最近向项目发起人报告，项目的完工尚需绩效指数（TCPI）为 1。这是什么意思？

A. 很难在既定目标内完成这个项目

B. 必须继续以当前的速度执行项目才能完成既定目标

C. 完成既定的目标相对容易

D. 不可能完成既定目标

155. 马斯洛需求层次理论是一种激励理论，该理论指出人类有五种按层次顺序排列的基本需求。在这五种需求中，哪一个是最高的需求？

A. 社会需求

B. 安全与保障需求

C. 自我实现需求

D. 生理需求

156. 关于箭线图（ADM），下列哪一个选项是不正确的？

A. 在 ADM 中，活动在箭头上，通过节点连接到依赖活动

B. ADM 允许多种类型的依赖关系，包括"完成—开始""开始—完成""开始—开始"和"完成—完成"

C. ADM 也被称为双代号网络图（AOA）和矢线图（AOL）

D. ADM 允许通过多个时间估算来确定持续时间

157. 如果活动 A 的最早开始日期为第 10 天，最早结束日期为第 16 天，最晚开始日期为第 12 天，那么活动的总浮动时间是多少天？

A. 0 天

B. 6 天

C. 2 天

D. 4 天

158. 下列哪项最能准确描述项目管理从业者应该遵循的尊重的核心价值观？

A. 我们有责任对我们所做的决定或未能做出的决定、我们所采取的行动或未能采取的行动及由此产生的后果负责

B. 我们有责任做出决定，并且公正、客观地行事

C. 我们有责任对自己、他人和所拥有的资源给予高度的尊重

D. 我们有责任了解真相，并诚实地行事

159. 监控项目工作过程的输出可以采取多种形式，如问题或操作项日志、状态报告、项目文档、仪表板等。这是指以下哪一项输出？

A. 工作绩效信息

B. 工作绩效数据

C. 工作绩效报告

D. 项目文档更新

160. 大卫是一家著名图书出版公司的项目经理。作为组织中的高级项目经理，大卫经常接到复杂的项目任务。大卫当前的一项工作是监督可交付成果的检查，即根据书面要求和验收标准衡量可交付成果。作为开展这些活动的一部分，大卫希望取得什么成果？

A. 工作绩效信息

B. 变更请求

C. 验收的可交付成果

D. 计划更新

161. 采购工作说明书、保险和履约保证金、卖方定价，以及支付条款都是什么文档的要素？

A. 协议

B. 建议邀请书（RFP）

C. 采购管理计划

D. 卖方建议书

162. 关于权力类型，下列哪些选项是正确的？（选择 3 项）

A. 处罚权力又被称为强制权力

B. 专家权力来自个人所具有的学科知识

C. 参照权力也被称为正式权力

D. 处罚、专家、合法和参照都是权力类型

163. 你的项目依赖精确的制造过程。你已经聘请了训练有素的审核员来评估过程并识别无效的活动。审核员发现了一些无效活动，因此，你采取了纠正措施。关于这种情况，下列哪个选项是不正确的？

A. 这是由于质量审核而产生的质量改进

B. 质量改进是通过提交变更请求来实现的

C. 通过采取纠正措施来实施质量改进

D. 质量审核的目的与控制质量过程的目的相同

164. 你是向运营总监汇报工作的项目经理，你可以进入部门的项目管理办公室（PMO）内部网，下载最新的项目章程模板。这是什么类型的 PMO？

A. 支持型

B. 控制型

C. 指令型

D. 题干中没有足够的信息来确定答案

165. 你是"木琴语音"项目的项目经理，负责制作儿童软件程序，教授儿童基本的阅读和数学技能。你正在执行计划质量管理过程，并且正在进行成本和质量之间的权衡。你清楚地知道，提前预防缺陷比以后花时间和金钱修复缺陷更能节省预算且更加有效。这描述的是下列哪项？

A. 成本效益分析

B. 自制或外购决策

C. 质量成本

D. 不合格成本

166. 项目生命周期中哪个阶段的成本最高?

　　A. 启动

　　B. 规划

　　C. 执行

　　D. 收尾

167. 如果已知挣值(EV)为114美元,计划价值(PV)为120美元,实际成本(AC)为103美元,那么成本绩效指数(CPI)和进度绩效指数(SPI)分别是多少?

　　A. 1.1 和 0.95

　　B. 1.2 和 1.05

　　C. 1.05 和 1.2

　　D. 0.95 和 1.1

168. 下列哪些选项最能描述产品待办事项列表的特征? (选择3项)

　　A. 由业务代表确定优先级

　　B. 它包含当前冲刺中要完成的优先级高的工作

　　C. 工作是从待办事项列表的顶部被提取的

　　D. 它是一个确定了工作优先级的列表

169. 莱蒂西娅是某公司的一名项目经理,她的最新项目是发布公司的第一款数码产品,家长可以在线购买和下载。在监督项目时,莱蒂西娅发现最近干系人的参与度显著下降,而且他们在状态会议上开始产生分歧。莱蒂西娅可以利用哪些关键信息来帮助自己应对这种情况?

　　A. 项目管理计划

　　B. 工作绩效数据

　　C. 人际关系和团队技能

　　D. 决策

170. 项目团队最近参加了一个工作会议，目的是确定与个别活动有关的费用。为了得到更准确的估算，他们将每项活动进一步细分为更小的部分。团队参与了什么过程？

    A. 规划成本管理

    B. 估算成本

    C. 确认预算

    D. 控制成本

171. 组成项目管理过程组的过程经常相互作用和重叠，这些过程通常以什么方式被执行？

    A. 依次执行

    B. 单个执行

    C. 迭代执行

    D. 渐进执行

172. 在一次状态会议上，项目发起人罕见地露面，回答了有关项目资金的问题，并要求团队提供项目总体进展的最新情况。项目发起人曾一度要求项目经理提供一份进度基准的副本，以便他查看已经完成了哪些工作。项目发起人的要求有什么问题？

    A. 项目发起人不应该要求项目经理提供项目的特定信息，特别是关于进度表的信息

    B. 他们真正想要的是具有所有基准的项目管理计划

    C. 进度基准提供原始进度和已批准的变更，但不提供当前进度

    D. 没什么问题，这是一个有效的要求

173. 你已经检查了执行项目时遇到的问题和限制，并确定了与执行过程相关的低效和无效的过程。你使用了管理质量过程所需的什么工具和技术？

    A. 质量管理和控制工具

    B. 质量审计

C. 成本效益分析

D. 过程分析

174. 成本基准包括下列哪项内容?

A. 管理储备

B. 应急储备

C. 成本汇总

D. 现金流

175. 下列哪个选项是不正确的?

A. 收集三点估算值有助于对所需的活动资源进行更准确的估算

B. 自下而上估算是一种耗时的技术,因为它可以生成可靠的资源估算

C. 资源分解结构是作为估算活动资源过程的一部分而生成的

D. 项目管理软件有助于提高工作的准确性、组织性和数据的可访问性

176. 你为"作家专区"工作,这是一项为那些有抱负的作家提供审查和评论手稿的服务。你是负责一个新的计算机系统的项目经理,该计算机系统被要求能够记录、跟踪和保存提交的稿件及编辑的注释。你雇用了一家供应商,与其合作,为了达到你的要求,该供应商从头开始编写系统。你正在查看关于项目绩效方面的报告,报告中的一项衡量标准是完成工作时的预期成本。这描述了下列哪个指标?

A. 实际成本(AC)

B. 挣值(EV)

C. 完工尚需估算(ETC)

D. 完工估算(EAC)

177. 在组建项目团队时,项目经理发现有一个关键资源刚刚从公司辞职。这个资源是执行既定活动所需专业技能的唯一可用资源。由于雇用和获取新资源可能需要长达三个月的时间,因此项目发起人将采购授权给专业承包商。项目管理团队将根

据下列哪个选项来确定如何从外部获取资源？

A. 需求管理计划

B. 项目管理计划

C. 人力资源管理计划

D. 进度管理计划

178. 项目经理已经开展了相关工作，产生了关键的可交付成果。接下来，项目经理可能执行什么过程？

A. 指导和管理项目工作

B. 制订项目管理计划

C. 执行整体变更控制

D. 监控项目工作

179. 你正在为项目制订沟通管理计划。你将检查诸如公司和部门的组织结构图、干系人的关系、参与项目的不同部门、参与项目的人数和工作地点，以及项目所需的政府报告等要素。这道题描述了下列哪项？

A. 沟通模型

B. 沟通技术

C. 沟通方式

D. 沟通需求分析

180. 采取纠正措施是下列哪项的结果？

A. 在根据基准比较和监控项目绩效时

B. 在协调和整合项目的各个要素时发现偏差

C. 当有可能产生负面后果时

D. 在质量过程中发现产品缺陷时

181. 赛博频道公司（Cyber Channel Inc.）的一名项目经理正在识别项目风险。在审查某个特定系统的要素是如何相互关联时，项目经理发现了两个风险，它们与另一个风险的起因相关，而这两个风险最初都被忽视了。项目经理使用了下列哪种技术？

A. 影响图

B. 流程图

C. 因果图

D. 控制图

182. 关于启动过程组，以下哪个说法是不正确的？

A. 启动过程组负责制定授权项目的文件

B. 启动过程组的过程本质上是迭代的，通常在每个阶段开始时都会被重新讨论

C. 启动过程组负责通过获得启动项目或阶段的授权来定义新的项目或阶段

D. 启动过程组包含最少的项目管理过程

183. 莫莉是一家公司的首席项目经理。莫莉的项目有三家不同的供应商来执行工作的各个组成部分。莫莉的客户刚刚要求将交货日期提前一个月。为了确定是否能完成客户要求，莫莉与三家供应商的客户经理讨论资源的可用性。莫莉和客户经理可以在哪里查看资源的可用性？

A. 资源管理计划

B. 卖方甘特图

C. 合同

D. 资源日历

184. 一家房车租赁公司正在推出一项寄售计划，该计划是专门为那些打算出租自己车辆的私人车主定制的。该项目的项目经理刚刚开始进行风险管理活动。由于项目经理在管理风险方面经验丰富，因此项目立即进入了识别风险的过程。根据这些信息，下列哪种情况最有可能发生？

A. 鉴于项目经理的经验水平，项目经理有可能有效地开展风险管理活动

B. 无论项目经理的经验水平如何，项目经理都不可能有效地开展风险管理活动

C. 项目经理可能会生成一个有效的风险登记册

D. 根据项目经理的经验，项目经理可能会发现更多的风险

185. 罗伯特是一名项目经理，塞尔吉奥是一名业务分析师。他们安排了每日团队会议，在会议部分话题的讨论中，与其他参会者相比，罗伯特和塞尔吉奥往往会发生更直接的冲突。下列哪项不太可能成为两者冲突的根源？

A. 个人工作风格

B. 个性冲突

C. 进度优先级

D. 稀缺资源

186. 作为项目经理，约瑟每周召开一次项目团队会议，审查迄今为止项目取得的进展。每次召开会议时，约瑟都会分享在过去一周迭代中完成的故事点的平均数量。这被称为什么？

A. 进度绩效指数（SPI）

B. 速率

C. 周期时间

D. 冲刺

187. 莎莉和乔是两名项目经理，他们在一家十分受欢迎的快餐连锁店工作。他们都在准备 PMP® 认证考试，并且正在审查有关项目采购管理知识领域的过程。莎莉和乔最近产生了分歧，对哪个过程负责执行与采购结束相关的活动这个问题有不同的意见。莎莉坚持认为是结束项目或阶段的过程，而乔认为是控制采购的过程。谁的观点是正确的？

A. 莎莉

B. 乔

C. 都不正确

D. 都正确

188. 项目经理正在执行与监控项目范围相关的活动。项目经理可以使用哪项关键信息和计划来帮助他们开始工作？

A. 项目文件

B. 偏差分析

C. 趋势分析

D. 工作绩效数据

189. 你是幸运星糖果公司的项目经理。你已经确定了项目的可交付成果和需求。你将在哪里记录它们？

    A. 在项目范围说明书中，它们是创建工作分解结构过程的输入

    B. 在项目范围管理文档中，它们是定义范围过程的输入

    C. 在产品需求文档中，它们是定义范围过程的输出

    D. 在项目规范文档中，它们是定义活动过程的输出

190. 卡丽娜在一家专门生产定制化宠物狗服装和玩具的公司工作，是"你在养狗"项目的首席项目经理。卡丽娜正与她的发起人通过比较绩效测量基准与实际进度及成本绩效来评估项目绩效。卡丽娜使用了什么技术？

    A. 偏差分析

    B. 挣值分析

    C. 技术绩效分析

    D. 趋势分析

191. 你是闪电公司的项目经理。你的新项目是研究和开发一种新型的可充电电池。请问被记录在项目章程中并用于创建项目范围说明书的项目目标应该包括下列哪项？

    A. 对促成这个项目的业务需求的描述

    B. 产品描述的简要总结，包括有助于衡量项目成功的可测量、可量化的产品需求

    C. 可量化的标准，包括成本、进度和质量等要素

    D. 从价值工程、价值分析或功能分析中得出的可量化标准

192. 瀑布、敏捷和 PRINCE2 是以下哪一项的例子？

    A. 一套项目管理标准

    B. 管理项目的方法

C. 管理项目的全球实践

D. 项目管理工具和技术

193. 对于项目持续时间的估算，已知最可能估算是 100 天、悲观估算是 250 天、乐观估算是 75 天。请问这个项目的期望值是多少天？

A. 120.83 天

B. 141.66 天

C. 108.33 天

D. 195.33 天

194. 下列哪项不能代表《PMI 道德规范和职业行为准则》中涉及的价值观？

A. 荣誉

B. 责任

C. 公平

D. 尊重

195. 项目决策委员会正在评估三个项目。他们使用加权评分模型，该模型有三个标准：减少培训时间、简化客户支持功能和投资回报。这些标准的权重分别为 5、4 和 2。决策委员会已经给三个项目评完了分，并给出了三个标准的分数。具体如下：

项目 1：减少培训为 5 分，简化支持为 3 分，投资回报为 5 分

项目 2：减少培训为 3 分，简化支持为 5 分，投资回报为 5 分

项目 3：减少培训为 4 分，简化支持为 4 分，投资回报为 3 分

根据三个项目在加权评分模型中的得分，你应该选择哪个项目？

A. 项目 3

B. 项目 2

C. 项目 1

D. 题干中没有足够的信息来确定答案

196. 谁负责管理项目中的变更？

A. 项目发起人

B. 所有人

C. 项目经理

D. 产品负责人

197. 某杂货连锁店正计划通过开发一种新的条形码系统来实现 IT 部门的现代化，该系统能够让他们使用准时制策略，更有效地保持货架上的库存。然而，在项目许可阶段，项目经理表示，为了实施准时制战略，公司必须使以下哪一项具备高水平？

A. 质量

B. 资源

C. 经验

D. 融资

198. 项目经理正在使用混合方法来管理项目。他向项目发起人介绍了项目迄今为止取得的进展。为了便于讨论，项目经理会展示一张图表，它能直观地显示项目的剩余工作量与剩余时间。项目经理会展示什么？

A. 燃起图

B. 甘特图

C. 燃尽图

D. 雷达图

199. 你是奥拉拉美容产品的项目经理。你的项目是研发一条新的洗浴产品线。最近，在对其中一款新产品进行质量检查时，检查结果表明该产品未达到合格标准。下列哪项活动会产生合格或不合格的测量结果？

A. 控制测量

B. 属性抽样

C. 偏差

D. 常见偏差原因

200. 将项目生命周期的类型与对其计划发生时间的描述相匹配。

项目生命周期的类型	描述
A. 预测型	（1）计划发生在项目生命周期的早期。计划在每次迭代中都会被修改，完成工作的相关信息将被反馈给未来的工作
B. 迭代型	（2）大多数计划都是提前进行的。团队努力在早期就尽可能多地确定需求的细节
C. 增量型	（3）团队计划整个项目的一个或多个子集。这些完成的可交付成果将被反馈给未来的工作

第五章

全真模拟试题2

注： 本章对项目管理过程组中的过程名称、输入、工具和技术、输出，以及相关资料和图表的介绍均基于新版《PMBOK® 指南》的内容。

1. 公司总裁要求你领导一个与公司第一战略重要相关的大型项目。项目启动后，总裁询问你是否已经开始组建项目团队。他特别提出，希望看到公司不同地区的员工都能参与进来，从而使公司内部的专业知识得到充分运用。与此同时，他还提醒你，因为公司最近亏损，所以成本也是一个考虑因素。鉴于上述信息，在组建团队时，你应该考虑下列哪种方案？

    A. 建立多个小团队

    B. 外包团队

    C. 集中办公

    D. 使用虚拟团队

2. 在敏捷实践中，"I 型人才"指的是什么人？

    A. 可以用其他相关领域相对落后的技能补充其在某一领域的专业知识的人

    B. 可以用任意技能完成待办事项列表中的工作任务的通才

    C. 处于职业生涯早期，并且需要在完成任务的同时接受辅导的人

    D. 在一个领域有很深的造诣，且很少在该领域之外做出贡献的人

3. 苏是一个企业项目管理办公室的领导。最近她推出了一个季度项目审计流程，即每个季度企业将随机审计 10% 的项目组合。项目审计的主要驱动力和好处是什么？（选择 2 项）

    A. 对不遵守已发布的标准和政策的项目经理进行纪律处分

    B. 确定对合规性的潜在威胁

    C. 确认关键的法律和 / 或合同要求

    D. 根据已发布的标准和政策监控合规性

    E. 辅导、指导并培训项目经理

4. 将项目终止类型与对应的描述相匹配。

项目终止类型	描述
A. 整合式终止	（1）在完成所有可交付成果之前，切断项目资源供给
B. 自灭式终止	（2）项目因交付完成并被干系人接受而结束

（续表）

项目终止类型	描述
C. 附加式终止	（3）资源被分配到组织内的其他区域或分配给其他项目
D. 绝对式终止	（4）项目转变为持续运营

5.　下列哪个指标可以用来衡量实际完成的工作的价值？

　　A. 实际成本（AC）

　　B. 挣值（EV）

　　C. 计划价值（PV）

　　D. 完工估算（EAC）

6.　你是一家全国玩具连锁店的项目经理。你的新项目需要创造一个在全国多家商店展示的样品。你正在使用 RACI 矩阵来表明个人和活动之间的关联性。关于 RACI 矩阵，下列哪项是正确的？

　　A. RACI 矩阵是资源管理计划中的组织结构图和关于职责描述的工具与技术的一部分

　　B. RACI 矩阵是一种基于矩降的图表，它是资源管理计划的工具与技术

　　C. RACI 矩阵是组织结构图和职责描述的一部分，也是一种用于资源管理计划的工具与技术的层级结构图

　　D. RACI 矩阵是责任分配矩阵（RAM）中的一种类型，责任分配矩阵是资源管理计划的工具与技术

7.　下列哪项最能描述跨职能团队成员在敏捷团队中的角色？

　　A. 辅导和指导团队的个人，有时被称为 Scrum 主管、项目经理或团队教练

　　B. 负责引导产品方向的个人

　　C. 拥有完成任务所需工作技能的个人

　　D. 授权和发布团队成员任务的具有决策权的个人

8.　关于多元化和包容性，下列哪个选项是正确的？

　　A. 包容性确保所有团队成员都可以参与并在团队中发表意见

B. 包容性包括雇用来自不同宗教背景、文化、种族和经历的项目团队成员

C. 多元化的团队可以探索新的想法并以此解决其面临的挑战和问题

D. 代际敏感性涉及理解当今劳动力中各年龄层级之间的差异

E. 以上都正确

9. 你所在的评选委员会正在考虑两个项目，最终只能选择其中之一。项目 A 的预期现金流入为 14 000 美元，它的投资回收期为 14 个月，内部收益率（IRR）为 4%。项目 B 预计前 16 个月每季度现金流入为 5 000 美元，IRR 为 2%。评选委员会应该选择哪个项目，为什么？

A. 项目 A，因为它的投资回收期比项目 B 短

B. 项目 B，因为它的 IRR 值低于项目 A

C. 项目 B，因为它的投资回收期比项目 A 短

D. 项目 A，因为它的 IRR 值高于项目 B

10. 下列哪个选项是不正确的？

A. 所有团队成员都必须具备情商技能

B. 情商技能包括协作、谦逊和乐意与他人沟通

C. 项目经理拥有情商技能至关重要

D. 并非所有团队成员都必须具备情商技能

11. 你在成本管理时发现有两种替代方案可供选择：一是聘请承包商来完成一种可交付成果，二是直接从海外供应商处购买这种可交付成果。目前，你需要从购置、运营和处置成本这些方面，对这两种备选方案进行比较并做出决定。你正在使用的方法是什么？

A. 价值工程法

B. 生命周期成本法

C. 挣值管理法

D. 财务分析法

12. 某组织想要转变其组织文化以实行新型实践（如敏捷型），它必须创建下列哪种环

境？（选择 2 项）

A. 安全、诚实的工作环境

B. 制约与平衡

C. 灵活的环境

D. 透明的环境

13. 公司总裁要求你领导一个与公司第一战略重点相关的大型项目。得知此消息后，一位首席建筑师前来拜访你，提出他也会参与该项目，但该项目尚未正式启动。此时可能发生了什么？

A. 首席建筑师提前开始工作

B. 一个误会，因为项目还没有开始

C. 首席建筑师已被预分配

D. 首席建筑师表达了他对于这个项目的兴趣

14. 将冲突解决技术与其同义词相匹配。

冲突解决技术	同义词
A. 包容	（1）调解
B. 撤退	（2）回避
C. 妥协	（3）命令
D. 合作	（4）解决
E. 强迫	（5）缓和

15. 阿莉莎是一名项目经理，负责管理一个基础设施的项目，即把五个数据中心整合为一个数据中心。到目前为止，她已经完成并收到了签署的项目章程，并确定了干系人。目前，她正在决定并记录她将使用哪个流程来管理项目。这项活动的输出是什么？

A. 项目章程

B. 干系人登记册

C. 项目管理计划

D. 范围管理计划

16. 下列哪些选项是范围基准的组成部分？（选择 3 项）

A. 项目范围说明书

B. 活动清单

C. 工作分解结构（WBS）

D. WBS 词典

17. 下列哪位质量理论学家被称为全面质量管理之父？

A. 菲利普·克罗斯比

B. 约瑟夫·朱兰

C. W. 爱德华兹·戴明

D. 沃尔特·休哈特

18. 项目经理想要深入了解团队的优势领域和劣势领域，他可以使用下列哪一种工具？

A. 培训

B. 性格评估

C. 会议

D. 个人和团队评估

19. 项目经理在拥有 PMO 的组织内工作。PMO 的主要工作目标是为该组织能够成功
交付项目成果而提供所需的支持，并确保该组织始终遵守企业已发布的项目治理
要求。这里描述的 PMO 是什么类型？

A. 敏捷型

B. 支持型

C. 控制型

D. 指令型

20. 下列哪项关于实施整体变更控制过程的描述是错误的？

A. 该过程是作为执行项目工作的一部分进行的

B. 该过程贯穿整个项目生命周期

C. 该过程包含纠正措施、预防措施和修复缺陷的变更

D. 该过程属于项目整合管理知识领域

21. 加布里埃拉负责领导她所在部门的项目交付工作。目前，她正在管理一个项目，该项目将为一款智能手机的应用程序添加一系列新功能，这个应用程序可以为用户提供交互式的"虚拟朋友"。她正在采用瀑布式方法管理项目的开始和结束，并按照敏捷实践执行工作。在项目开始时，加布里埃拉记录了项目执行、监控和收尾的具体方式。加布里埃拉正在创建哪一个文件？

A. 版本发布计划

B. 项目管理计划

C.《敏捷宣言》

D. 干系人参与计划

22. 关于控制图，下列哪些选项是正确的？（选择 3 项）

A. 常见的产生偏差的原因包括随机的、已知的或可预见的，过程中经常出现的偏差及常见的产生偏差的原因可在控制图中绘制出来

B. 控制图通过测量偏差来确定过程是否受控

C. 纠正超出可接受范围的常见的偏差可能需要项目经理对过程的更改或重组进行批准

D. 控制图与七点法则结合使用

23. 项目经理正在召开会议，为即将到来的迭代进一步定义用户故事。参会的两名团队成员鲍勃和珍妮在会议开始时观点不统一，珍妮特别指出团队应该将第二个用户故事放到下一次迭代中。项目经理继续讨论下一个用户故事，暂时忽略了鲍勃对该议题提出的反对意见。鲍勃勉强接受了这个决定，之后他也接受了珍妮和团队成员做出的其他决定，并在会议剩余的时间里保持沉默。在会议结束时，项目经理告诉鲍勃，她将优先处理待办事项列表顶部的第二个用户故事，并在系统允许的情况下将其加入迭代。该项目经理在这个场景中使用了哪一种

冲突解决技术？

A. 缓和

B. 妥协

C. 命令

D. 合作

24. 你是一家开发和制造医疗保健设备公司的首席项目经理。近期，在收到部门经理的指示后，你的团队开始进行敏捷实践。在这种场景下，是什么权力类型在起作用？

A. 合法权

B. 参照权

C. 专家权

D. 惩罚权

25. 可用性、成本和技能是下列哪项的示例？

A. 项目进行中的假设条件

B. 项目进行中的制约因素

C. 团队成员的选择标准

D. 项目选择标准

26. 项目经理正在制定项目章程并使用了混合项目管理方法，随即他识别了几个制约因素。当制约因素在整个项目中发生变化时，他应该将其记录在哪里并保持定期更新？

A. 产品愿景

B. 迭代待办事项列表

C. 风险登记册

D. 假设日志

27. 对于满足或超出合同中预期价值的产品或服务的可交付物，下列哪种合同类型可以设立相应的激励措施？

A. 成本补偿合同

B. 工料合同

C. 总价合同

D. 成本加成合同

28. 合同的各个阶段与项目采购管理知识领域过程密切相关。下列哪项是不正确的?

A. 确立项目和合同需求的合同要求阶段与规划采购管理过程相关

B. 回应采购文件的合同邀标阶段与实施采购过程相关

C. 授予合同的合同授予阶段与实施采购过程相关

D. 规划采购管理过程的两个输出是实施采购过程的输入

29. 将干系人的参与程度与其描述相匹配。

干系人的参与程度	描述
A. 不知道	(1)干系人不支持项目,并且可能会强烈地抵制参与
B. 抵触	(2)干系人对项目充满期望,支持并参与项目
C. 中立	(3)干系人是中立的,既不支持项目也不反对项目,并且最低限度的参与
D. 支持	(4)干系人积极参与项目并帮助确保其成功
E. 领导	(5)干系人不参与项目

30. 某大型制造公司的项目经理正在研发一种新系统,该系统将螺栓制造过程缩短 30 秒,从而每年为公司节省 2% 的运营成本。该项目将涉及所有部门并且需要聘请高层管理人员。项目经理知道干系人的参与对于项目的成功至关重要,因此他正在花费时间制定干系人的参与战略。项目经理参与的是什么活动?

A. 制订沟通管理计划

B. 制定干系人登记册

C. 制订干系人参与计划

D. 制订项目管理计划

31. 下列哪项最能描述敏捷团队中产品负责人的角色？

    A. 辅导和指导团队的个人，有时被称为 Scrum 主管、项目经理或团队教练

    B. 负责引导产品方向的个人

    C. 拥有完成任务所需工作技能的个人

    D. 授权和发布团队成员任务的具有决策权的个人

32. 戴安娜是一家小型科技初创公司的项目经理。她的第一个项目是将数据托管从本地解决方案转移到基于云的解决方案。随着工作的全面展开，她开始编写状态报告，以便稍后将其分发给项目团队和其他干系人。这个活动——创建状态报告——属于下列哪个过程组？

    A. 规划

    B. 执行

    C. 监控

    D. 收尾

33. 你是一家公司的项目经理，这是一家为旅行者提供极致体验的公司。你有在其他应用敏捷实践的公司工作的经验，并且你也意识到你有机会在新职位中运用到这些经验。为了更好地过渡，你选择了一种混合实践的方法。虽然团队已经接受了这些变化，但你遭到了高层的强烈反对，他们希望看到不做过多修改的详细的项目进度计划。你能做些什么来获得高层的支持？

    A. 争取集中办公

    B. 使项目公开透明

    C. 修改术语，使他们感觉更熟悉

    D. 提供教育和培训

34. 在选择生命周期的类型时，你应该考虑下列哪些因素？（选择 3 项）

    A. 发起人的偏好

    B. 组织文化

    C. 项目团队

D. 项目本身

35. 看板使用的是下列哪种调度方法？

A. 关键路径法

B. 关键链法

C. 迭代调度

D. 按需调度

36. 在实施采购流程时，你可能会要求供应商为你的项目提供墨水样本。这个墨水样本必须具有特定品质（供应商在采购的报价申请中进行过概述），并且你在进行选择之前，还需要在项目部署的打印机中测试墨水。关于你的行为，下列哪个说法是不正确的？

A. 这是建议书评估技术的一个示例，它是这个过程的工具和技术

B. 这是供方选择标准的一个示例，它是这个过程的输入

C. 这是建议书评估技术的一个示例，它是这个过程的输出

D. 供方选择标准可能还包括财务能力和技术能力

37. 你是一名项目经理。你所工作的部门最近经历了重组。你的新经理将作为你现有项目的发起人介入项目。新经理要求你简要介绍可以为部门提供价值的项目输出成果时间表。新经理描述的是什么？

A. 收益

B. 里程碑

C. 净现值

D. 内部收益率

38. 为什么在执行定性风险分析过程中很难评估风险概率？

A. 因为它依赖于历史数据

B. 因为它的值是基数值

C. 因为它的值是有序的

D. 因为它依赖于专家判断

39. 曼弗里特和弗兰克是两名在彼此职业生涯中相互支持的项目经理。最近，弗兰克向曼弗里特征询关于他的团队采用极限编程实践的建议。在结束午餐会议后，弗兰克向曼弗里特询问如何才能创造一个开放、鼓舞人心的环境，使得团队成员能够在其中做出贡献。曼弗里特可以给弗兰克提供什么建议？

    A. 为项目团队制定基本规则

    B. 激励项目团队

    C. 训练项目团队

    D. 发展项目团队

40. 奥雷斯特正在使用 Scrum 模型管理项目发布，他决定在项目期间团队集中办公。通过采用这种方法，奥雷斯特将获得哪些好处？（选择 3 项）

    A. 提高团队效率

    B. 以更低的成本创造一个持续学习的环境

    C. 促进知识共享

    D. 扩大可用的资源池

41. 你是一家开发和制造医疗保健设备公司的首席项目经理。在收到部门经理的指示后，你的团队最近开始采用敏捷方法。虽然团队已遵照执行，但你根据经验判断，认为混合方法是前进的最佳途径。你请求并获准与部门经理会面，在会面时，你提出采用混合方法的建议。当会面结束时，基于你的经验和背景，部门经理同意了你的建议。在这种情况下，是_____权在起作用。

42. 你已经选择了一种预测型方法来管理项目，并将使用项目管理计划作为项目基准。你计划持续收集绩效数据并在必要时尽快实施已批准的纠正措施。这个活动与下列哪一个过程组相关联？

    A. 规划

    B. 监控

    C. 执行

    D. 启动

43. 你刚被一个新组织聘用。你正在制定建议邀请书（RFP），并发现该组织的合格卖家名单中有一家你大学同学开创的公司。你在进行了自制或外购分析后，决定组织最好还是采购此项目所需的产品。现在你正在帮助采购小组为即将举行的投标人会议做准备，同时确定用于评估建议邀请书的标准。你安排与经理和采购主管会面，解释了你与其中一位供应商的关系。因为你已经很多年没有见过你的大学同学了，所以你肯定这不会成为阻碍。这个问题涉及《PMI 道德规范和职业行为准则》中的哪个领域，你正在执行哪个过程？

    A. 利益冲突和控制采购过程

    B. 保证诚信和实施采购过程

    C. 保证诚信和控制采购过程

    D. 利益冲突和实施采购过程

44. 苏正在领导她的 PMO 从指令型转向敏捷型。在向公司领导团队描述敏捷型 PMO 时，苏可能会强调哪些特征？（选择 3 项）

    A. 敏捷型 PMO 是面向创新的

    B. 敏捷型 PMO 是价值驱动的

    C. 敏捷型 PMO 是面向解决方案的

    D. 敏捷型 PMO 是多学科的

45. 在组建团队时，项目经理可能需要与下列哪些角色进行谈判？（选择 3 项）

    A. 团队成员

    B. 职能经理

    C. 其他项目经理

    D. 供应商

46. 除了下列哪项，其余都是虚拟团队的好处？

    A. 成本由各个地区分摊

    B. 它仅需较少的旅行

    C. 扩大技能资源库

D. 团队更靠近客户和供应商

47. 你是一名高级项目经理，在一家生产航空工业零部件的制造厂工作。你正在采用精益和瀑布的组合方法来管理项目，并且正在实施已批准的变更。这个活动属于哪个过程组？

   A. 启动过程组

   B. 规划过程组

   C. 执行过程组

   D. 监控过程组

48. 你被分配到了一个新项目。你与你的经理会面以进一步讨论项目的未来。在过去的六个月中，PMO 一直在努力转变为敏捷型。你的经理表示你应该采用适应型方法管理新项目，从而为团队的发展方向提供支持。他进一步告知，该项目在质量和进度方面将受到高度约束的驱动，并且高层期望项目得到增量构建。你应该采用下列哪种适应型方法来管理该项目？

   A. 水晶方法

   B. 敏捷统一过程

   C. 动态系统开发方法

   D. 功能驱动开发

49. 工作分解结构（WBS）的最低层级是什么？

   A. WBS 词典

   B. 工作包

   C. 规划包

   D. 控制账户

50. 克里斯汀最近加入了一家成长中的初创公司，担任医疗器械行业的项目经理，她向研发主管汇报工作。入职第一周，她花时间熟悉了组织和她的职责。她惊喜地得知她将直接负责管理项目的预算。克里斯汀在哪种类型的组织结构中工作？

   A. 职能型

B. 项目型

C. 弱矩阵

D. 强矩阵

51. 你在某种产品可交付成果的管理质量过程中使用了数据表现工具和技术，以便对潜在缺陷的原因进行分组。这描述的是哪一种工具和技术？

A. 关联图

B. 矩阵图

C. 亲和图

D. 过程决策程序图

52. 人、交互、社区、沟通、技能和才能是什么方法论的核心价值？

A. 敏捷统一过程（Agile Unified Process）

B. 水晶方法（Crystal Methods）

C. 规范敏捷（Disciplined Agile）

D. 看板（Kanban）

53. 下列哪个过程的目的在于满足干系人的需求、管理与干系人的沟通、解决问题及管理干系人的期望等，并且这个过程还与《PMI 道德规范和职业行为准则》中对应的这一领域相关？

A. 管理干系人的参与和角色定位研究

B. 控制干系人的参与和角色定位研究

C. 控制干系人的参与和职业责任

D. 管理干系人的参与和职业责任

54. 你是一家为旅行者提供极致体验的公司的项目经理。你的最新项目涉及开发一款智能手机应用程序，该应用程序可自动获取客户的 GPS 坐标并为客户提供量身定制的资源和建议。你选择了一种混合方法来管理项目，现在团队可以很好地在一个月的迭代期内执行项目工作。但是自执行活动以来，项目团队成员之间一直存在问题，包括分歧、糟糕的会议气氛等。下列哪项可能导致这些问题的发生？

A. 团队成员之间存在个性冲突

B. 团队仍处于形成阶段

C. 基本规则尚未建立

D. 混合方法不适用于团队

55. 你是一名项目经理。你所在的部门最近经历了重组。你的新经理现在将作为你现有项目的发起人介入项目。新经理要求你简要介绍可以为部门提供价值的项目输出成果的进度表及责任人。在简报会上，你可能参考哪一个文件？

A. 产品待办事项列表

B. 效益管理计划

C. 项目管理计划

D. 燃尽图

56. 在三点估算法中，假设乐观估算为25天，悲观估算为50天，最可能估算为35天，根据三角分布公式，请问期望值是多少天？

A. 25天

B. 36天

C. 35天

D. 37天

57. 阿莉莎是一名项目经理，负责管理一个基础设施项目，该项目需要将五个数据中心整合为一个数据中心。她更新了自己在项目开始时创建的干系人参与矩阵，以记录此项目的沟通需求。阿莉莎使用的是什么工具或技术？

A. 项目管理信息系统

B. 人际关系和团队技能

C. 专家判断

D. 数据表现

58. 玛丽西尔在一家成熟的医疗保健公司担任首席项目经理。在过去的三个月里，她努力将新的概念和风格应用到其工作环境中。但是她遇到了来自瑞秋和罗恩的一些阻力，这两位同事更喜欢不同的领导风格——交易型、变革型和魅力型的结合体。瑞秋偏爱的是什么类型的领导风格？

A. 仆人式领导

B. 交互型领导

C. 放任型领导

D. 魅力型领导

59. 根据塔克曼阶梯理论的描述，团队在下列哪个阶段的生产力和效率最高？

A. 形成阶段

B. 震荡阶段

C. 规范阶段

D. 成熟阶段

60. 下列哪项是项目经理在管理项目整体工作时的有效输入？

A. 项目文件

B. 专家判断

C. 问题日志

D. 工作绩效数据

61. 你的项目评选委员会将在本周内考虑启动两个备选项目中的一个。他们要求你推荐对组织更有利的项目。你收集的信息显示，项目一的初始投资为 795 000 美元，第一年每月的现金流入为 44 000 美元，从第二年开始每季度预期现金流入为 156 000 美元。项目二的初始投资为 845 000 美元，第一年每季度的预计现金流入为 180 000 美元，从第二年开始每季度的预计现金流入为 136 000 美元。你应该向委员会推荐哪个项目，为什么？

A. 项目一，因为它的投资回收期为 18 个月，比项目二的投资回收期短

B. 项目二，因为它的投资回收期为 15 个月，而项目一的投资回收期为 18 个月

C. 项目一，因为它的初始投资比项目二低

D. 项目二，因为它的投资回收期为 16 个月，而项目一的投资回收期为 19 个月

62. 你是一家服装公司的项目经理。你的项目需要安装新的人力资源系统。你正在采用混合方法来交付项目成果。你已确定与此项目相关的风险类型，下一步应该怎么做？

   A. 你应该使用定性和 / 或定量风险分析来评估风险，并确认其概率和影响

   B. 你应该使用德尔菲（Delphi）技术来确认风险，并识别你可能遗漏的其他风险

   C. 你应该通过制定风险应对流程来规划风险应对措施

   D. 你应该确定应对风险所需采取的步骤，并将这些步骤在风险应对计划中详细说明

63. 你的项目经历了一系列绩效的变化，并且产生了一些风险。现在完工估算（EAC）和完工预算（BAC）产生了差异，项目发起人要求你估算该项目完成时的成本。下列哪项是正确的？

   A. 考虑到绩效的变化，BAC 可能不再合理，因此你应该使用 EAC 来预测项目完成时的成本

   B. 考虑到绩效的变化，EAC 可能不再合理，因此你应该使用 BAC 来预测项目完成时的成本

   C. BAC 可能会因为绩效的变化而不再合理，因此你应该使用完工尚需估算（ETC）来预测项目完成时的成本

   D. EAC 可能会因为绩效的变化而不再合理，因此你应该使用 ETC 来预测项目完成时的成本

64. 迈克是一位经验丰富的项目经理，他的任务是指导初级项目经理伯纳德。在指导会议上，迈克谈到了两种类型的知识。他分享道，其中一种类型的知识可以使用文字、图片和数字进行记录。迈克指的是什么类型的知识？

   A. 隐性

   B. 已知

   C. 未知

   D. 显性

65. 仆人式领导处理工作的顺序是什么？

    A. 过程、人员、目的

    B. 人员、过程、目的

    C. 目的、人员、过程

    D. 过程、目的、人员

66. 跨文化沟通会为团队成员带来哪些挑战？

    A. 优先事项往往各不相同

    B. 团队成员往往分散在全球各地且存在时差问题

    C. 接收方有时不能理解信息的含义

    D. 团队成员的情绪容易波动

67. 根据干系人的权力、紧迫性和合法性，项目经理可以使用什么模型对干系人进行分类？

    A. 干系人立方体

    B. 干系人登记册

    C. 影响力方向

    D. 凸显模型

68. 项目经理正在召开启动会议并宣布项目工作即将开始执行。她与团队一起审查项目基准、沟通节奏和指导方针，并邀请团队参加派对以提高士气。下列哪个文件可作为项目基准？

    A. 项目管理计划

    B. 批准的项目进度表

    C. 工作计划

    D. 批准的项目预算

69. 某种方法论采用基于迭代的敏捷方法。这种方法论是一个单体团队框架，主要用于管理产品的开发周期。在每次迭代结束时，团队都会召开会议，对项目进行复盘并提出改进建议。这是哪一种方法论？在这个过程中，引用的技术是什么？（选择 2 项）

A. 冲刺回顾会

B. Scrum 框架

C. 冲刺评审会

D. 看板

70. 某项目经理负责一个由分散在四个时区的敏捷团队成员组成的项目。该团队现在遇到了沟通问题。项目经理可以做什么来应对团队面临的沟通挑战？

A. 召开视频会议

B. 设置远程配对

C. 根据位置分配工作

D. 集中办公

E. A、B

F. A、B、D

71. 玛丽西尔是一家公司的项目经理，她开始制定项目进度表的活动。到目前为止，她已经制订了进度管理计划，并带领团队将工作包分解为活动。现在，她和团队正在对活动进行排序。她计划在下次会议期间使用网络图以显示其可视化效果。她最有可能使用的是下列哪种网络图方法？

A. 箭线图法（ADM）

B. 双代号网络图法（AOA）

C. 前导图法（PDM）

D. 矢线图法（AOL）

72. 你在一个运用敏捷实践来管理项目的组织中工作。在评估项目时，你可能会采用什么类型的绩效衡量方法？

A. 预测和成本效益

B. 基于价值和经验

C. 仅成本效益

D. 仅经验

73. 根据现有的质量政策，你正在将质量管理计划转化为可执行的质量活动。你处于下列哪个过程中？

  A. 质量管理计划

  B. 管理质量

  C. 控制质量

  D. 确认范围

74. 下列哪些是发送方 / 接收方沟通模型的组成部分？（选择 3 项）

  A. 推送

  B. 编码

  C. 传递

  D. 解码

75. 团队章程的目标是什么？

  A. 使团队正规化，以便资源的分配和投入可以被清晰地理解

  B. 创造一个团队可以自我管理和自我指导的环境

  C. 创造一个团队成员可以尽其所能的工作环境

  D. 营造团队归属感，以促进包容和协作行为

76. 项目经理正在组建项目团队，并获取团队完成可交付成果所需材料和物资的过程中。他从事的是什么活动？

  A. 开发资源

  B. 管理资源

  C. 获取资源

  D. 估算资源需求

77. 你是一家视频游戏公司的项目经理。你的项目是一个长期项目，该项目将在未来两年内分三个阶段完成。你已经收集了估算活动持续时间过程的输入并准备进行估算。项目发起人希望你在本周末之前对所有阶段进行项目估算。项目发起人明

白现阶段的估算是一个粗略的数量级估算，其结果并不完全准确。你将使用下列哪种工具和技术进行估算？

A. 参数估算

B. 专家判断

C. 类比估算

D. 三点估算

78. 下表是项目关键路径的一个示例。假设每个活动必须在下一个活动开始之前完成，那么活动 3 的最晚开始日期和最晚结束日期分别是？

活动	时长（天）	最早开始日期	最早结束日期
1	22	5 月 1 日	5 月 22 日
2	6	5 月 23 日	5 月 28 日
3	7	5 月 29 日	6 月 4 日
4	1	6 月 5 日	6 月 5 日

A. 最晚开始日期为 5 月 30 日，最晚结束日期为 6 月 5 日

B. 最晚开始日期为 5 月 29 日，最晚结束日期为 6 月 4 日

C. 最晚开始日期为 5 月 31 日，最晚结束日期为 6 月 6 日

D. 最晚开始日期为 6 月 5 日，最晚结束日期为 6 月 11 日

79. 下表是项目关键路径的一个示例。假设每个活动必须在下一个活动开始之前完成，下列哪个选项是不正确的？

活动	时长（天）	最早开始日期	最早结束日期
1	22	5 月 1 日	5 月 22 日
2	6	5 月 23 日	5 月 28 日
3	7	5 月 29 日	6 月 4 日
4	1	—	—

A. 活动 1—2—3—4 是关键路径

B. 下一步需要计算最晚开始日期和最晚结束日期

C. 必须使用逆推法来确定活动 4 的剩余时间并补全该表

D. 在确定最早开始、最早结束、最晚开始和最晚结束日期后，可以计算出每个活动的浮动时间

80. 下表是项目计划评审技术（PERT）的一个示例。活动 2 对项目特别重要，你的干系人要求你提供该活动的置信水平。你告诉他们你有 95.44% 的概率在几天内能够完成活动 2？

活动	乐观（天）	悲观（天）	期望值（天）
1	10	14	12
2	20	30	23
3	3	3	3

A. 18~28 天

B. 21~25 天

C. 13~33 天

D. 23~28 天

81. 公司总裁要求你领导一个与公司第一战略重点相关的大型项目。因此，你需要将你负责的一个项目移交给另一位项目经理。在交接会议期间，这位项目经理要求查看团队计划中需要进行哪些培训。这些信息可以在下列哪个文件中获得？

A. 培训管理计划

B. 沟通管理计划

C. 团队章程

D. 资源管理计划

82. 你是一名项目经理，你所在的部门最近经历了重组。在员工会议上，部门经理宣布将科技转化至云平台作为首要战略重点。你一直在采用敏捷方法管理项目，并且你知道这个消息对你的项目有直接影响。接下来，你可能做什么？

A. 与发起人共同评估影响并继续执行变更管理流程

B. 评估对待办事项列表的影响并在团队的帮助下细化待办事项列表

C. 取消项目并提交一个新项目，以便正确应对范围的变更

D. 与部门经理会面并使你的项目获得豁免权

83. 你的组织正在经历高层管理人员的重组。你的项目团队担心项目可能会因为高层的变动而被取消。果然，项目团队的担心是正确的，你已收到项目取消的通知。你的团队还有一个剩余的可交付成果计划于下个月完成。你的下一步计划是记录到目前为止的工作结果。下列哪项描述了该过程所使用的工具和技术？

A. 信息管理系统、专家判断和会议

B. 七种基本质量工具、统计抽样、检查和已被批准的变更请求审查

C. 检查和决策技术

D. 偏差分析

84. 项目经理正在与团队合作，根据产品路线图制订简要、高层级的进度计划表。这个活动将明确产品发布计划中包含的冲刺次数。项目经理和团队正在使用下列哪种工具或技术制订进度计划？

A. 敏捷发布计划

B. 冲刺计划

C. 进度网络分析

D. 发布驱动开发

85. 根据爱德华·德·博诺（Edward de Bono）理论，我们可以使用什么类型的备选分析来确定项目范围？

A. 自下而上

B. 专家判断

C. 横向思维

D. 头脑风暴

86. 项目经理意识到两个共同编写代码的开发人员之间存在分歧。项目经理应该使用

哪一种冲突解决技术来创造双赢的局面？

A. 缓和

B. 妥协

C. 强迫

D. 合作

87. 你是一家为旅行者提供极致体验的公司的项目经理。你一直在努力发展自己的个人领导技能，并聘请了一位导师来帮助你。在辅导课程中，你请导师说一下优秀领导者所具有的特征。下列哪些是优秀领导者可能会表现出来的特征？（选择 3 项）

A. 使用参照权

B. 传授远见卓识

C. 关心战略计划

D. 关心如何满足干系人的需求

88. 将提供的示例与影响项目的类别相匹配。

示例	影响项目的类别
A. 组织文化	（1）事业环境因素
B. 员工能力	（2）组织过程资产
C. 组织政策	
D. 经验教训	
E. 市场条件	

89. 当前项目完工预算（BAC）为 15 000 美元，实际成本（AC）为 12 000 美元，挣值（EV）为 10 000 美元，完工估算（EAC）为 17 000 美元，请根据 EAC 计算完工尚需绩效指数（TCPI）。

A. 0.5

B. 1.67

C. 1

D. 题干中提供的信息不充分

90. 下列哪项是待办事项列表细化的最佳定义？

    A. 一份团队为维护产品而创建的顺序清单，该清单以用户需求为中心

    B. 随着项目信息的增多和估算准确性的增加，待办事项的详细程度也在不断增加，整体是一个迭代的过程

    C. 项目需求和 / 或进行中的活动的渐进明细，进行中的活动指的是为满足客户需要而进行的团队审查、更新及编写需求的活动

    D. 一个团队召开的会议，以评审在冲刺期间完成的工作

91. 下列哪些是常见的冲突来源？（选择 3 项）

    A. 角色定义

    B. 缺乏资源

    C. 个人工作风格

    D. 进度优先级

92. 你的项目发起人告诉你，他正在考虑给予你项目中一位高级工程师 1 000 美元的工作奖金。虽然该工程师兑现了承诺，但她在工作过程中与其他人产生了很多摩擦，并且其间不断违反团队章程。在这种情况下，你应该怎么办？

    A. 告知发起人此奖金与其表现正好匹配

    B. 告知发起人应将此奖金平均分配给团队

    C. 告知发起人奖金不是激励团队的最佳方式

    D. 告知发起人此奖金与其表现不相符

93. 保罗与项目发起人会面，以审查并获得有关项目效益管理计划的反馈。项目发起人仔细审查了到当前为止获得的收益清单，包括谁拥有这些收益，以及它们是如何映射到公司战略目标的。项目发起人可能会就该计划向保罗提供下列哪项反馈？

    A. 效益管理计划看起来很完整，关键组成部分均已齐备

    B. 效益管理计划缺乏一个可以在他和保罗之间提供反馈循环的系统

C. 效益管理计划缺乏一个可以将每项收益追溯到组织战略的系统

D. 效益管理计划缺乏一个确保收益可被追溯的系统

94. 你在一家为通信行业编写软件程序的公司工作。你客户所在的国家／地区限制了允许进入该国的外国人的数量。你在风险管理计划中识别到这个风险。项目期间的关键点是安装和设置。你已经评估了风险并正在执行定性风险分析过程。你将使用下列哪个工具和技术来确定此风险对项目目标（如时间、成本、范围或质量）的潜在影响并确定其发生的可能性？

A. 风险分类

B. 风险概率和影响评估

C. 风险数据准确性评估

D. 风险紧迫性评估

95. 迈克是一位经验丰富的项目经理，他的任务是指导初级项目经理伯纳德。在指导会议上，迈克强调了管理沟通渠道的重要性，然后询问伯纳德有多少位干系人参与了他的项目。伯纳德回答，有 15 位干系人。伯纳德的项目需要管理多少条沟通渠道？

A. 113 条

B. 105 条

C. 210 条

D. 225 条

96. 克里斯汀最近加入了一家医疗器械行业的初创公司。虽然她是一位经验丰富的项目经理，但这个行业对她而言还很陌生。为了提高工作的有效性，克里斯汀应该怎么做？

A. 研究医疗器械行业

B. 评估组织文化

C. 审查项目组合

D. 跟随她的同事

97. 你最近加入了一个组织，担任项目经理。组织为你分配的第一个项目之前已经开展了 6 个月。前任项目经理在任职 20 年后从公司退休。在工作的第一周，你注意到团队成员之间产生了大量的冲突。根据你的经验，冲突通常是由哪些原因引起的？（选择 3 项）

   A. 资源可用性

   B. 个人工作习惯

   C. 地理问题

   D. 进度问题

98. 你正在开展一个敏捷项目，该项目最关切的是为客户提供可以立即使用的可交付成果。你最有可能使用下列哪一种类型的项目生命周期？

   A. 增量型

   B. 预测型

   C. 敏捷型

   D. 迭代型

99. 项目经理正在管理一个小型项目，该项目共有 45 位活跃的干系人。这个项目有_____条沟通渠道。

100. 责任分配矩阵（RAM）或 RACI 矩阵属于下列哪项？

   A. 一种组织分解结构（OBS）

   B. 一种层次结构图表

   C. 一种资源分解结构（RBS）

   D. 一种基于矩阵的图表

101. 一位使用服务型领导方法管理团队的项目经理正在让新的团队成员加入项目。这位新的团队成员将填补当前团队中存在的技能水平差距。项目经理向团队新成员提供了项目章程的副本，并承诺发送另一个文档的副本，该文档涉及团队价值观、基本规则和团队之间的工作协议。项目经理将向团队成员发送哪个文档来展示这些内容？

    A. 项目章程

    B. 资源管理计划

    C. 发布待办事项

    D. 团队章程

102. 下列哪项最好地定义了显性知识？

    A. 团队从过去的项目经验中记录下来的技术知识

    B. 行业认可的组织定义和发布的标准化知识

    C. 可以用文字、图片和数字来捕捉和表达的知识

    D. 难以捕捉或者表达的知识，如信念、经验和诀窍

103. 下列哪些选项是正确的？（选择 3 项）

    A. 估算活动资源是制定进度的关键步骤，是属于项目进度管理知识领域的一个
    过程

    B. 规划资源管理、成本估算和控制采购都是项目管理过程

    C. 项目整合管理、项目范围管理和项目进度管理都是项目管理知识领域的内容

    D. 总共有 49 个项目管理过程

104. 在基于流程的敏捷中，团队在站会中可能会提出哪些问题？（选择 2 项）

    A. 作为一个团队，我们需要完成什么

    B. 上次站会之后，我完成了什么

    C. 从现在到下一次站会期间，我打算完成什么

    D. 有人在做任何不在任务板上的事情吗

105. 项目经理在考虑完成项目计划成果所需的技能和能力，包括材料、设备和供应品
    的类型和数量。项目经理在从事什么活动？

    A. 组建项目团队

    B. 制定进度时间表

C. 估算资源需求

D. 管理项目团队

106. 最近一位项目经理获准重新安排时间表。他开始与开发主管谈判，目的是使用他们最高级别的 Java 开发人员。项目经理正在执行什么项目管理活动？

A. 控制进度

B. 控制资源

C. 控制成本

D. 监控项目工作

107. 在原项目经理离开公司后，曼弗里特接手了一个项目。该项目正处于第五次迭代的中期。当曼弗里特参加团队会议时，他立即注意到，团队无法达成统一的结果。团队成员会礼貌地分享他们各自的想法，直到会议结束。曼弗里特决定重新审查团队章程。他可能在章程中发现什么漏洞？

A. 缺乏项目愿景

B. 缺乏团队责任

C. 缺乏团队价值观

D. 缺乏决策标准

108. 迈克是一位经验丰富的项目经理，他的任务是指导初级项目经理伯纳德。在一次指导会议上，迈克谈到了定期监控事业环境因素的重要性。伯纳德表示困惑，并要求迈克解释为什么他应该关心一些他无法控制的事情。迈克最可能回答的主要原因是什么？

A. 项目经理应该始终保持好奇心，并跟上业务发展的步伐

B. 项目经理可以利用新发布的资源来获益

C. 事业环境因素可能对项目产生积极或消极的影响

D. 事业环境因素可能导致项目的取消

109. 凯莉是一名风险经理。她与项目经理阿莉莎合作，她们都为一家顶级医疗保健公司工作。她们目前正在进行风险分析。为了确定最可能的项目完成日期，基于已

知的风险，她们使用了风险管理工具来运行数千个可能的场景。她们使用的是什么工具？

A. 蒙特卡罗分析

B. 决策树分析

C. 敏感性分析

D. 影响图

110. 你正在采用水晶方法管理一个项目。按照你所在组织的惯例，你可以利用一个允许团队聊天、上传和下载文档及举办虚拟会议的沟通平台。你可以在这个平台上上传一份文档，并通过电子邮件向团队发送一个链接，请求他们在两个工作日内评审该文档。你知道一些团队成员并不会主动下载关键的项目文档，因此你安排了时间与他们一起来评审这些信息。关于这种情况，下列哪项是正确的？

A. 你正在使用拉式沟通方法与团队沟通

B. 你的团队成员既积极主动又善于维护

C. 你使用了多种方法与团队沟通

D. 你正在使用一种互动式方法与团队沟通

111. 你是一家旅行公司的项目经理。你最近的项目是开发一款智能手机应用程序，它可以自动获取客户的 GPS 坐标，并提供定制化的资源和推荐。你花费时间思考了项目的复杂性，并决定绘制不确定性的程度。你使用了什么模型？

A. 发布模型

B. 斯泰西（Stacey）复杂性模型

C. 守破离（Shu-Ha-Ri）模型

D. 敏捷模型

112. 有一种动机理论认为，如果人们认为某种方式会有好的回报，他们就会按照这种方式行事。这是下列哪种理论？

A. 卫生理论

B. 需求层次理论

C. 期望理论

D. 成就理论

113. 你正在为一个涉及多个供应商的项目工作。其中一个供应商很难合作，它不是非常配合。你已经收到了这个供应商最新的服务费用清单，但你不认可它列出的上个月提交的关于变更请求的费用。当你致电给其公司的代表时，他们拒绝在费用上做出让步。你可能需要使用另一种替代争议解决方法（ADR）来弄清楚这件事的来龙去脉。这个问题描述了控制采购过程中的哪个工具与技术？

A. 支付系统

B. 索赔管理

C. 采购绩效审查

D. 合同变更控制系统

114. 为了加强对不明确的项目的交流，项目经理采用了敏捷方法，他有可能会做什么？

A. 每日沟通

B. 数字电话沟通

C. 频繁沟通

D. 基于计划的沟通

115. 项目经理正在召开会议，为即将到来的迭代进一步定义用户故事。参会的两位团队成员鲍勃和珍妮在会议开始时观点不统一，珍妮激动地指出团队应该将第二个用户故事放到下一个迭代中。项目经理接着讲下一个用户故事，暂时忽略鲍勃对这个话题提出的反对意见。鲍勃勉强接受了这个决定，并在会议的其余时间里保持沉默，接受了珍妮和团队其他成员做出的其他决定。在会议结束时，项目经理告诉鲍勃，她将要把第二个用户故事放在待办事项列表的顶部，在系统允许的情况下将其加入迭代。鲍勃在这个场景中使用了下列哪一种冲突解决技术？

A. 平滑

B. 妥协

C. 指导

D. 合作

116. 下列哪位组织管理理论家发展了 X 理论和 Y 理论？

A. 罗伯特·坦南鲍姆（Robert Tannenbaum）

B. 威廉·乌奇（William Ouchi）

C. 道格拉斯·麦格雷戈（Douglas McGregor）

D. 维克托·弗鲁姆（Victor Vroom）

117. 阿莉莎是负责管理一个基础设施项目的项目经理，该项目将把五个呼叫中心合并为一个呼叫中心。到目前为止，她已经完成并收到了签字的项目章程，且识别了她的干系人。目前，她正在定义和记录她将使用哪些流程和方法来管理项目。她正在执行什么过程？

A. 制定项目章程

B. 制订项目管理计划

C. 管理项目知识

D. 监控项目工作

118. 你是一家开发和制造医疗保健设备的公司的首席项目经理。最近，你的团队经历了重大的组织变革，项目团队内需要进行资源转移。你的一个项目有 50% 的团队成员发生了变化。一位留在项目中的团队成员琼向你表达了她对于一位新同事的担忧，她觉得这位新同事没有技术能力，无法完成这个迭代中团队分配给他的工作。你相信乔恩的判断。对于这位新团队成员，你应该怎么做？

A. 立即从团队中调离该成员

B. 什么都不做，因为分配任务已经完成

C. 将培训和指导纳入分配任务

D. 保留团队成员但重新分配工作

119. 你正在指导组织采用敏捷方法，并向项目经理传授服务型领导的知识。一位终身项目经理询问你，这种方法将如何改变他的角色及其管理团队的方法。你应该怎么回应?

A. 现在的重点将是通过采取少干涉的方式，让团队自我决定及自我设定目标

B. 现在的重点将是培养一个合作环境，并为执行工作的团队提供激励

C. 现在的重点将是通过在项目生命周期的早期收集需求，以降低变更的影响

D. 现在的重点将是指导团队成员，将责任分配给团队，培养合作环境

120. 你所在的 PMO 正处于向敏捷工作方式过渡的过程中。团队遇到了来自领导层的巨大阻力，领导层不习惯适应型的方法。PMO 的领导可以通过下列哪种方式来鼓励领导层采用呢?

A. 在使用新方法的时候，及时提供培训

B. 对项目经理进行各种适应型方法的培训，从而帮助宣传

C. 仍然使用预测型的方法，直到领导层的支持增加

D. 使用一种结合预测型和适应型方法的混合方法

121. 玛丽西尔在一家成熟的医疗保健公司担任首席项目经理。在过去的三个月里，她努力将新的概念和风格应用到新环境中。她按照目的、人员和过程的关注顺序来处理每一种情况。玛丽西尔遵循的是什么类型的领导风格?

A. 服务型领导

B. 互动型领导

C. 放任型领导

D. 魅力型领导

122. 你是一家开发和制造医疗保健设备公司的首席项目经理。最近，你的团队经历了重大的组织变革。你注意到你的新经理密切关注员工的上班和下班时间。你无意中听到她说，担心团队缺乏信心。你的新经理表现出了什么类型的管理风格?

A. X 理论

B. Y 理论

C. Z 理论

D. X—Y 理论

123. 你的项目发起人要求你监控项目结果是否符合标准。你将使用控制质量过程的工具与技术来帮助完成这一任务。你知道这些工具与技术可以与下列哪项一起使用，以帮助识别和解决与质量缺陷相关的问题？

    A. 专家判断

    B. 促进技术

    C. 计划—执行—检查—处理（PDCA）循环

    D. 替代方案生成

124. 你的项目是因社会需求而产生的。你正在计算绩效值，并且知道如下信息：BAC 为 2 400 美元，ETC 为 400 美元，PV 为 2 200 美元，EV 为 2 100 美元，AC 为 2 000 美元。CPI 和 SPI 分别是多少？

    A. CPI = 1.14，SPI = 0.87

    B. CPI = 1.05，SPI = 0.95

    C. CPI = 0.87，SPI = 1.14

    D. CPI = 0.95，SPI = 1.05

125. 你最近将一个项目的领导权移交给了另一个项目经理，并一直在指导他加快项目进度。在一个指导课上，他分享了对项目至关重要的高级工程师在会议上的扰乱行为及其公然违反团队基本规则的事情。你应该如何建议你的同事？

    A. 鼓励你的同事用他的直觉来决定正确的行动方针

    B. 因为出现了干扰行为，所以应立即反馈给工程师经理

    C. 由于资源的关键性，他们更应该依据规则灵活处理

    D. 直接与工程师解决其违反基本规则的问题

126. 有一种方法是两种敏捷方法的混合，即在冲刺中安排工作，并使用看板来显示冲刺的工作及监控正在进行的工作，这是下列哪种方法？

    A. 瀑布式 Scrum（Scrumfall）

    B. 极限编程（XP）

    C. 动态系统开发方法（DSDM）

D. Scrum 板（Scrumban）

127. 一家大型制造企业的项目经理正在研究一种新系统，该系统可以将螺栓的制造过程缩短 30 秒，每年可以为企业节省 2% 的运营成本。这个项目将涉及所有部门及其高层领导。项目经理知道干系人参与是项目成功的关键，所以她花了时间分析其预期参与的级别。她首先考虑的是后勤部门的负责人，该负责人没有对该项目发表任何评论或产生任何反应。这位负责人出席了最近的一次简报会，项目经理在会上审查了项目章程。项目经理将为这位干系人记录什么参与级别？

A. 抵制的

B. 不知晓的

C. 支持的

D. 中立的

128. 一位项目团队成员找到你，告诉你她因为个人问题必须提前下班。后来，你发现她的配偶患了严重疾病，由于相关的医疗开支，他们失去了住房，甚至连最基本的生活都难以得到保障。在获得这位团队成员的同意后，你召集团队举办了几次筹款活动。下列哪项描述了这种情况？

A. 根据马斯洛需求层次理论，该团队成员处于金字塔的自我实现的层次

B. 根据马斯洛需求层次理论，该团队成员处于金字塔的自我尊重的层次

C. 根据马斯洛需求层次理论，该团队成员处于金字塔的安全与保障需求的层次

D. 根据马斯洛需求层次理论，该团队成员处于金字塔的基本生理需要的层次

129. 你是非营利性组织"社区潮流"的项目经理。你的项目是因为社会需求而产生的。你正在计算绩效值，并且知道如下信息：BAC 为 900 美元，ETC 为 65 美元，PV 为 500 美元，EV 为 475 美元，AC 为 425 美元。下列哪项描述是正确的？

A. 这个项目比计划提前，成本比计划高

B. 这个项目比计划落后，成本比计划高

C. 这个项目比计划落后，成本比计划低

D. 这个项目比计划提前，成本比计划低

130. 下列哪些领域是识别人格特征的五因素模型的一部分？（选择 2 项）

    A. 神经质

    B. 尽责性

    C. 直觉

    D. 感觉

131. 下列哪项更好地描述了事业环境因素？

    A. 从组织内部影响企业级团队的因素

    B. 组织内部的因素，如内部政策和程序

    C. 影响企业级项目的法规

    D. 来自组织内部和外部可能影响项目的因素

132. 项目团队最近组织了一个工作会议，以确定与单个活动相关的成本。为了得到更准确的估算，他们将每个活动进一步细分为更小的部分。团队使用的是哪个估算技术？

    A. 类比估算

    B. 参数估算

    C. 自下而上估算

    D. 三点估算

133. 一家大型制造企业的项目经理正在研究一种新系统，该系统可以将螺栓的制造过程缩短 30 秒，每年可以为企业节省 2% 的运营成本。这个项目将涉及所有部门及其高层领导。项目经理知道干系人参与是项目成功的关键，因此她与发起人召开了头脑风暴会议，以创建干系人的初始列表。然后，她让这些人参与进来，进一步确认其他需要参与的干系人，并收集关于他们的任何可用信息，以便进行干系人分析。项目经理将从哪个文件里获取这些信息？

    A. 干系人登记册

    B. 干系人参与计划

    C. 假设日志

D. 团队章程

134. 干系人登记册中记录了下列哪些内容？（选择 3 项）

A. 干系人基本规则

B. 干系人识别信息

C. 干系人评估信息

D. 干系人分类

135. 项目经理在制订与资源管理相关的计划活动时应该考虑什么？

A. 项目生命周期的类型

B. 团队成员的多样性

C. 团队成员的物理位置

D. 团队成员的偏见

E. A、B、C

F. 以上都不是

136. 你是一家开发和制造医疗保健设备公司的首席项目经理。最近，你的团队经历了重大的组织变革，项目团队内部进行了资源转换。你的一个项目有 50% 的团队成员发生了变化。你能做什么来帮助该团队建立一个合作的工作环境？

A. 与其他领导谈判

B. 运用你的影响力

C. 重点关注表现最好的团队成员

D. 促进团队建设活动

137. 你正在通过一套已经确定了的最低要求和相关的卖方信息（包括过往的表现、合同合规性和质量评级）选择卖方建议书。这个过程分别对应了哪两种工具和技术？

A. 筛选系统和卖方评级系统

B. 筛选系统和互联网搜索

C. 卖方评级系统和筛选系统

D. 互联网搜索和筛选系统

138. 你是一个大型软件开发项目的项目经理。你的项目正在按合同执行，但项目刚刚被取消了。下列哪个过程应该记录项目的完成程度？

    A. 结束项目或阶段

    B. 控制质量

    C. 确认范围

    D. 实施整体变更控制

139. 敏捷团队的成功组建需要下列哪些潜在因素的建立？（选择 3 项）

    A. 基本的信任

    B. 敏捷的思维

    C. 专注的团队

    D. 安全的工作环境

140. 你是一家旅行公司的项目经理。你最近的项目是开发一款智能手机应用程序，它可以自动获取客户的 GPS 坐标，并提供定制化的资源和推荐。你刚到公司，正在考虑公司文化，以决定如何更好地管理这个项目。你可以通过什么来评估公司文化？

    A. 组织偏差

    B. 项目团队偏好

    C. 过去项目的历史记录

    D. 人们的行为方式

141. 曼弗里特和弗兰克是两名在职业生涯中互相支持的项目经理。在一次便餐中，弗兰克向曼弗里特寻求建议。他一直在努力让他的团队接受极限编程（XP）实践。他指出，经过几次培训之后，团队仍不理解术语，这些术语令人困惑。在这种情况下，曼弗里特应该为弗兰克提供什么建议？

    A. 推动集中式团队

    B. 体现公开透明

    C. 修改术语，让他们感觉更熟悉

    D. 提供教育和培训

142. 凯莉是一名风险经理。她与项目经理阿莉莎合作，她们都为一家医疗保健公司工作。她们目前正在进行风险分析。在确定的 20 个风险中，有 5 个风险被认为是低优先级。这些风险应该被记录在哪里？

    A. 观察清单

    B. 风险报告

    C. 项目管理计划

    D. 风险管理计划

143. 罗纳尔多刚刚加入公司，担任项目经理，并接管了一个项目。他正在制定进度时间表。前任项目经理在维护项目管理文件的更新方面做得很好。罗纳尔多可以参考下列哪一份项目管理文件，其中概述了团队用于执行进度网络分析的方法和工具？

    A. 成本管理计划

    B. 活动清单

    C. 进度管理计划

    D. 项目进度网络图

144. 项目经理正在召开会议，为即将到来的迭代进一步定义用户故事。参会的两位团队成员鲍勃和珍妮在会议开始时观点不统一，珍妮激动地指出应将第二个用户故事放到下一次迭代中。项目经理接着讲下一个用户故事，暂时忽略了鲍勃对这个话题提出的反对意见。鲍勃勉强接受了这个决定，并在会议的其余时间里保持沉默，接受了珍妮和团队其他成员做出的其他决定。在会议结束时，项目经理告诉鲍勃，她将把第二个用户故事放在待办事项列表的顶部，并在系统能力允许的情况下将其加入迭代。珍妮在这个场景中使用了下列哪一种冲突解决技术？

    A. 平滑

    B. 妥协

    C. 指导

    D. 合作

145. 根据下列信息：EV 为 95 美元，PV 为 85 美元，AC 为 100 美元，此项目成本是多于还是少于这一时期的计划?

A. 多于, 因为公式求差的结果是负的

B. 少于, 因为公式求差的结果是负的

C. 多于, 因为公式求差的结果是正的

D. 少于, 因为公式求差的结果是正的

146. 业务分析师刚刚参与了一次需求收集会议。接下来的一周, 项目经理开始获取和记录项目的可交付成果, 并创建 WBS。业务分析师和项目经理正在执行下列哪个知识领域的过程?

A. 项目进度管理

B. 项目整合管理

C. 项目需求管理

D. 项目范围管理

147. 关于项目治理框架, 下列哪些选项是正确的?(选择 3 项)

A. 项目治理详细说明了运营、法律和风险政策

B. 项目治理指导项目管理活动, 以达到预期目标

C. 项目治理为干系人提供了项目的结构、过程和决策模型

D. 项目治理阐明了如何处理在项目经理权限之外的项目变更

148. 公司总裁要求你领导一个大型项目, 该项目与公司的第一战略重点相关。因此, 你需要将你的一个项目移交给另一位项目经理。在交接会议中, 这位项目经理要求查看团队的社会契约, 以便他能够熟悉已建立的基本规则。这位项目经理想要的是什么文件?

A. 资源管理计划

B. 项目管理计划

C. 项目章程

D. 团队章程

149. 你的项目团队正在努力完成项目的最新功能, 这需要先进的面部识别技术知识。

在与同行交谈时，他们鼓励你考虑扩展团队，包括虚拟团队成员。这能带来什么好处？

A. 降低成本

B. 减少出差频率

C. 技术资源池扩大

D. 团队将更接近客户和供应商

150. 下列哪项是项目经理向相关干系人传递信息的有效输入？

A. 沟通技术

B. 工作绩效报告

C. 项目管理信息系统

D. 项目报告

151. 下列哪项制订进度计划过程的工具和技术可以与其他的工具和技术（包括关键路径法）相结合使用，采用预测型方法来制订项目进度计划。

A. 应用提前量和滞后量

B. 进度网络分析

C. 资源平衡

D. 进度计划编制工具

152. 由项目经理创建的项目工件由各种要素组成。请将要素与记录它的项目工件相匹配。

要素	项目工件
A. 角色和职责	（1）资源管理计划
B. 会议指南	（2）团队章程
C. 团队共识	
D. 必要的培训	
E. 如何建设团队	

153. 玛丽西尔是一家公司的项目经理。她正在管理一个采用瀑布式和 Scrum 混合方法的企业关系管理系统的实施。这是该团队迄今为止承担的最复杂的项目。因此，她非常重视风险管理活动。她最近了解到，由于团队错过了可以依据项目情况进行针对性反应的早期预警信号，导致一个风险已经演变成了一个问题。项目发起人要求玛丽西尔向他汇报情况并提供整个项目风险的总结。玛丽西尔将与项目发起人审查什么文件？

    A. 风险登记册

    B. 风险报告

    C. 风险管理计划

    D. 假设日志

154. 关于配置管理，下列哪项是不正确的？

    A. 配置管理系统是记录管理系统的一个子集

    B. 变更控制系统是配置管理系统的一个子集

    C. 配置控制通过配置管理系统进行管理且与可交付成果的规格变更有关

    D. 配置控制通过配置管理系统进行管理且与项目管理过程的变更有关

155. 项目经理召集团队召开最后一次会议，以庆祝项目功能的成功实现和所有交付的成功完成。会后，项目经理总结项目历程，包括它与计划的商业价值及其目标绩效的对比。这个摘要文档随后将移交给项目发起人，并与其余的项目工件一起存档以供将来参考。这个摘要文件又被称为什么？

    A. 绩效审查

    B. 项目章程

    C. 经验教训登记册

    D. 最终报告

156. 敏捷项目中不一定有项目经理的角色，在敏捷团队中什么角色有类似项目经理的职责？

    A. 团队促进者

B. Scrum 主管

C. 团队教练

D. 项目团队领导

E. A、B、C、D

157. 在使用敏捷思维开发实施策略时，团队应该询问哪些问题？（选择 2 项）

A. 项目团队如何以敏捷的方式行动

B. 团队如何避免变更，以保持与计划一致的进展

C. 团队如何尽早完成明确的需求

D. 为了专注于高优先级的任务，哪些工作可以避免

158. 下列哪些选项代表仆人式领导的特征？（选择 3 项）

A. 提高自我意识

B. 更喜欢指导而不是控制

C. 保持强烈的信念

D. 帮助他人成长

159. 控制图可以测量过程随着时间变化的结果，并描述出现偏差的常见原因。下列选项中，哪个不是出现偏差的常见原因？

A. 随机偏差

B. 可量化的偏差

C. 可预测的偏差

D. 始终存在的偏差

160. 你是一家公司的项目经理，负责的项目是安装新的邮件分类设备和软件。在项目实施过程中，你遇到了一些问题并经历了一些偏差。你期望这些偏差在项目的整个生命周期中继续存在，并期望它们与你目前看到的偏差类似。你知道以下信息：PV 为 900 美元，BAC 为 1 400 美元，EV 为 925 美元，AC 为 925 美元。在这种情况下，下列哪项是正确的完工尚需估算（ETC）？

A. 490 美元

　　B. 1 400 美元

　　C. 475 美元

　　D. 500 美元

161. 项目经理可以使用下列哪些人际关系和团队技能来管理项目团队。（选择 3 项）

　　A. 冲突管理

　　B. 项目管理信息系统

　　C. 情商

　　D. 影响力

162. 下列哪项最能描述燃尽图？

　　A. 表示产品发布过程中已完成的工作的图表

　　B. 跟踪待完成的剩余工作与时间盒中剩余时间的图表

　　C. 表示进度信息的条形图，其中活动被列在纵轴上，日期被列在横轴上

　　D. 确定主要可交付成果和关键外部接口的计划开始或完成的图表

163. 一位在敏捷 PMO 工作的项目经理正在通过新批准的承包商来快速跟踪基于云的解决方案的项目实施。作为监督项目采购活动的一部分，项目经理对承包商执行的工作进行了结构化审查。这个问题描述了下列哪种工具和技术？

　　A. 支付系统

　　B. 索赔管理系统

　　C. 合同变更控制系统

　　D. 检查

164. 下列哪项不是管理项目知识过程的输出？

　　A. 可交付成果

　　B. 经验教训登记册

　　C. 项目管理计划的更新

　　D. 组织过程资产的更新

165. 曼弗里特和弗兰克是两名在职业生涯中相互支持的项目经理。最近，弗兰克就他的团队进行极限编程实践的事情向曼弗里特寻求建议。在一次谈话中，弗兰克询问曼弗里特如何让团队克服工作透明化所带来的恐惧感。此时，曼弗里特应该为弗兰克提供什么建议？

    A. 推动团队集中办公

    B. 体现公开透明

    C. 修改术语，使他们更熟悉

    D. 提供教育和培训

166. 下列哪项最能说明变更日志的用途？

    A. 用于记录项目期间所需的纠正措施

    B. 用于记录项目期间发生的变更

    C. 用于记录项目期间所需的预防措施

    D. 用于记录项目期间所需的缺陷修复

167. 你是一家开发和制造医疗设备公司的首席项目经理。最近，你的团队经历了重大的组织变革，团队内部进行了资源转换。你的一个项目中有 50% 的团队成员发生了变化，许多团队成员彼此不认识。你的项目团队目前处于团队发展模型的哪个阶段？

    A. 规范阶段

    B. 成熟阶段

    C. 形成阶段

    D. 震荡阶段

168. 你是一家旅行公司的项目经理。你的最新项目是要开发一款智能手机应用程序，它可以自动获取客户的 GPS 坐标，为他们提供定制化的资源和推荐。你选择了一种混合型方法，目标是更快地交付成果并最大限度地提高团队的工作速度。团队可以采用下列哪项技术实践来实现此目标？

    A. 持续整合

B. 全方位测试

C. 测试驱动开发

D. 探针（Spikes）

E. 上述所有选项

F. 上述各项均不适用

169. 玛丽西尔是一家公司的项目经理。她正在管理一个采用瀑布式和 Scrum 混合方法的企业关系管理系统的实施。这是该团队迄今为止承担的最复杂的项目。因此，她非常关注风险管理活动。她最近了解到，有一个风险已经演变为一个问题。鉴于问题的本质，玛丽西尔需要遵循上报流程并通知相关人员。她需要在哪个文件里查找上报流程？

A. 项目管理计划

B. 问题日志

C. 风险管理计划

D. 沟通管理计划

170. 在项目生命周期的哪个阶段，干系人的影响最大？

A. 启动阶段

B. 规划阶段

C. 执行阶段

D. 收尾阶段

171. 将权力类型与其描述相匹配。

权力类型	描述
A. 处罚	（1）当受影响的人认为管理者或施加影响的人了解该课题时
B. 专家	（2）当权力因影响者的地位而产生时
C. 合法	（3）当下属推断影响者有权力时
D. 参考	（4）当员工因未达到预期结果而受到威胁时

172. 最常用的绩效测量方法是什么？

    A. 偏差分析

    B. 趋势分析

    C. 预测

    D. 挣值管理

173. 在团队会议上，你协助为即将到来的迭代准备故事，目的是为团队提供足够的故事信息，以便其了解故事内容并确定规模。你参与的是什么活动？

    A. 为即将到来的冲刺进行规划

    B. 改进待办事项列表

    C. 创建待办事项列表

    D. 制定产品路线图

174. 下列哪些选项是团队章程包含的要素？（选择 2 项）

    A. 角色和责任

    B. 沟通指南

    C. 决策标准

    D. 获取团队成员的流程

175. 预测型生命周期的特点有哪些？（选择 2 项）

    A. 范围、时间和成本在生命周期的早期阶段被确定

    B. 尽量限制变更

    C. 范围在项目生命周期的早期被确定，但时间和成本是定期修正的

    D. 每次迭代后可交付成果中包含足够的被认为已完成的功能

176. 敏捷实践提倡专注。若非如此，团队成员必须同时处理多个任务，其生产率一定会降低。一般而言，生产率降低的范围是多少？

    A. 0% ~ 10%

    B. 15% ~ 30%

    C. 50% ~ 75%

D. 20% ~ 40%

177. 下列哪项最能说明项目活动在执行过程中采取纠正措施的目的？

A. 为确保项目工作的未来绩效与项目管理计划一致而进行的有目的的活动

B. 为修改不合格产品或产品组件而进行的有目的的活动

C. 为确保项目工作与项目管理计划一致而进行的无目的的活动

D. 为确保项目工作与项目管理计划一致而进行的有目的的活动

178. 项目经理召集团队参加最后一次会议，以庆祝项目功能的成功实现。在会议期间，项目经理获取了团队关于在整个项目生命周期中哪些进展顺利及哪些可以改进的反馈信息。项目经理还讨论了计划效益的实现情况。项目经理将在哪个项目工件中记录这些信息？

A. 绩效审查

B. 项目章程

C. 经验教训登记册

D. 最终报告

179. 你的项目团队正在努力完成项目的最新功能，这需要先进的面部识别技术知识。在考虑了各种选项后，你决定创建一个作战室。你希望完成什么？

A. 将团队成员结对，使其在编码方面进行协作

B. 使团队成员能够专注于其分配的可交付成果

C. 为整个项目将团队成员集中在一起

D. 在项目期间，让团队成员虚拟参与

180. 你在参加了最近一次的面对面会议后，解决了一个问题，提交了变更请求，更新了问题日志、项目管理计划和项目文档。针对这个过程，下列哪项是不正确的？

A. 这描述了管理沟通过程

B. 在这个过程中，问题日志的作用类似于行动日志

C. 当面对问题时应该进行排序和优先处理

D. 应为每个问题指定责任方和到期日

181. 你是一家开发和制造医疗设备公司的首席项目经理。最近，你的团队经历了重大的组织变革，项目团队内部进行了资源转换。你的一个项目有 50% 的团队成员发生了变化。虽然最初的人员变动带来了挑战，但团队最终稳定下来并且专注于项目。你的项目团队目前处于团队发展模型的哪个阶段?

    A. 规范阶段

    B. 成熟阶段

    C. 形成阶段

    D. 震荡阶段

182. 玛丽西尔是一家公司的项目经理。她正在管理一个采用瀑布式和 Scrum 混合方法的企业关系管理系统的实施。为了准备与项目发起人的会议，玛丽西尔计划审查团队的工作量并确认他们是否会按时完成工作。下列哪些选项是玛丽西尔可能使用的有效的时间点衡量指标? （选择 3 项）

    A. 发布待办事项

    B. 燃起图

    C. 燃尽图

    D. 交付周期

183. 你正在与一个集中办公的团队管理一个软件开发项目。该项目通过一组迭代进行管理，迭代从创建故事卡开始。每一次迭代的重点都是交付商业价值，程序员结对作为一个组一起工作。关于这个问题，下列哪些选项是正确的? （选择 2 项）

    A. 你正在使用一种叫作结对编程的技术

    B. 你正在遵循功能驱动开发的方法

    C. 你正在使用极限编程的方法来管理项目

    D. 你使用的方法以人为本

184. 将激励理论与创建该理论的理论家相匹配。

激励理论	理论家
A. X 和 Y 理论	（1）大卫·麦克利兰（David McClelland）

（续表）

激励理论	理论家
B. 清洁理论	（2）维克托·弗鲁姆（Victor Vroom）
C. 成就需要理论	（3）道格拉斯·麦格雷戈（Douglas McGregor）
D. 期望理论	（4）弗雷德里克·赫茨伯格（Frederick Herzberg）
E. 马斯洛需求层次理论	（5）亚伯拉罕·马斯洛（Abraham Maslow）

185. 玛丽西尔是火杯公司的项目经理。她正在管理一个采用瀑布式和 Scrum 混合方法的企业关系管理系统的实施。这是该团队迄今为止承担的最复杂的项目。因此，她非常重视风险管理活动。她最近了解到，由于团队错过了可以依据项目情况进行针对性反应的早期预警信号，导致一个风险已经演变成了一个问题。她决定回顾已获取的相关风险的信息，以确定其是否正确记录了风险触发因素，并进一步总结了经验教训。为了找到风险触发因素，玛丽西尔将审查哪一个文件？

A. 风险登记册

B. 风险报告

C. 风险管理计划

D. 假设日志

186. 适应型生命周期也被称为什么？

A. 混合型生命周期

B. 预测型生命周期

C. 变化驱动型生命周期

D. 计划驱动型生命周期

187. 你正在采用水晶红（Crystal Red）方法来管理你的项目。在项目开始时你与领导层协商，项目期间让一个大型团队的成员集中办公。你的目的是建立一个让团队成员可以无意识地进行信息共享并在需要时参与对话的环境。这种交流方式叫什么？

A. 互动沟通

B. 推式沟通

C. 拉式沟通

D. 渗透式沟通

188. 你为一家名为"作家部落"的机构工作，这是一家为有抱负的作家提供稿件审查和评论的服务机构。你被指派为记录、跟踪和保存作家投稿及编辑批注的新计算机系统的项目经理。你雇用了一位供应商并与他合作。这位供应商从零开始按照你的要求编写了系统。你正在审阅项目绩效报告，报告中的一个度量值计算了完工预算（BAC）和完工估算（EAC）之间的差异。这描述了下列哪项内容？

A. 完工尚需绩效指数（TCPI）

B. 完工偏差（VAC）

C. 完工尚需估算（ETC）

D. 完工估算（EAC）

189. 项目经理想要提高团队成员的情商，他应该关注什么？

A. 内在能力

B. 技术能力

C. 沟通管理能力

D. 外在能力

E. A、D

190. 你是一家为狗开发智能蓝牙可穿戴设备技术公司的项目经理。该产品目前正在开发的功能是当狗离开的距离超出主人智能手机指定的范围时，狗绳会轻轻地振动。你正在采用增量方法开发控制狗绳的应用程序，并决定创建一个原型，以获得前五位客户的反馈。这个原型将只包含部分功能。团队正在使用什么技术？

A. 检查

B. 最小可行产品

C. 领域对象建模

D. 增量式开发

191. 关于增量型生命周期，下列哪些选项是正确的？（选择 3 项）

    A. 针对交付速度进行了优化

    B. 通过迭代收集对返工交付成果的见解

    C. 生成并构建整体解决方案的子集

    D. 使用原型，以支持早期反馈

192. 将构成五因素模型领域与其相应特征相匹配。

五因素模型领域	特征
A. 经验开放性	（1）开放而不保守
B. 尽责性	（2）高效而不粗心
C. 外倾性	（3）创新而不安逸
D. 宜人性	（4）敏感而不自信
E. 神经质	（5）充满同情心而不超然

193. 玛丽西尔最近在一家知名医疗保健公司接受了一个首席项目经理的新岗位。在过去的三个月里，她努力将新的概念和领导风格引入公司，但遇到了瑞秋和罗恩两位喜欢不同领导风格的同事的抵触。罗恩是一位精力充沛且热情的领导，他更喜欢通过激励和坚定的信念来领导团队。罗恩遵循的是什么样的领导风格？

    A. 仆人式领导

    B. 交互型领导

    C. 放任型领导

    D. 魅力型领导

194. 下列哪项最能描述敏捷团队中团队促进者的角色？

    A. 指导和引导团队的个人，有时被称为 Scrum 主管、项目经理或团队教练

    B. 负责指导产品方向的个人

    C. 具备生产产品所需技能的个人

    D. 具有给团队成员分配工作并授予决策权的个人

195. 罗恩是一名智能手机应用程序的开发人员。他和他的团队正在使用 Scrum 方法执行这项工作。罗恩刚刚完成了当前冲刺任务中的用户故事。他审查了相关标准，确保其完整并可供客户使用。这些标准被称为什么？

    A. 验收标准

    B. 完成的定义

    C. 价值流图

    D. 计划—执行—检查—处理

196. 你是一家为狗开发智能蓝牙可穿戴设备技术公司的项目经理。该产品目前正在开发的功能是当狗离开的距离超出主人的智能手机指定的范围时，狗绳会轻轻地振动。你正在采用增量方法开发控制狗绳的应用程序，并决定创建一个原型以获得前五位客户的反馈。这个原型将只包含部分功能。团队希望通过采用这种方法获得什么益处？

    A. 在产品的整个生命周期内分摊成本

    B. 让顶级客户介入并优先考虑他们的需求

    C. 提高交付速度并尽早获得产品反馈

    D. 快速失败，以降低开发成本

197. 关于敏捷工作环境中的沟通，下列哪一个选项是不正确的？

    A. 应每周进行利益干系人审查，以鼓励团队参与

    B. 当项目环境模糊时，沟通应频繁且迅速

    C. 项目工件应该以透明的方式发布

    D. 应定期进行利益干系人审查，以促进利益干系人之间的沟通

198. 你正在执行与变更控制相关的活动。你参与的活动之一是记录和存储配置管理信息，以便团队有效管理并变更相关的产品信息和数据。这描述了下列哪项内容？

    A. 配置标识

    B. 配置核实与审计

    C. 配置核实与记录

D. 配置状态统计

199. 在敏捷实践中,"T 型人才"指的是什么?

A. 能够承担待办事项列表中任何工作的多面手,无论需要什么技能

B. 处于职业生涯早期,并且需要在接受任务的同时接受辅导的个人

C. 在某一领域拥有深厚的专业知识,且很少在该领域之外做出贡献的个人

D. 可以用其他领域相对落后的技能补充其在某一领域专业知识的个人

200. 下列哪种技术可以在预测型生命周期的项目中控制项目范围?

A. 需求跟踪矩阵

B. 数据分析

C. 配置管理系统

D. 项目管理软件

第六章

全真模拟试题 3

注：　　　　本章对项目管理过程组中的过程名称、输入、工具和技术、输出，以及相关资料和图表的介绍均基于新版《PMBOK® 指南》的内容。

1. 根据以下三点估算值：乐观估算为 25 天，悲观估算为 50 天，最可能估算为 35 天，
   利用贝塔分布公式计算的期望值是多少天？

   A. 25 天

   B. 36 天

   C. 35 天

   D. 37 天

2. 汤姆在一家有名的考试机构担任项目经理。在他最近负责的一个项目中，他通过
   某种方法告知客户已完成的部分工作，以及时获取客户反馈，从而团队可以根据
   客户反馈进行修改。汤姆使用的是哪一种类型的项目生命周期？

   A. 增量型

   B. 预测型

   C. 敏捷型

   D. 迭代型

3. 期望理论中做了什么假设？

   A. 行为基于有意识的选择

   B. 行为基于无意识的选择

   C. 行为基于认知偏见

   D. 两组因素相互独立运作

4. 你是一名项目经理。你的一位客户使用预测型生命周期方法进入了项目活动定义
   阶段。你将带领团队完成分解活动，将工作包分解为活动。在结束这个阶段之前，
   你和你的团队可能获得什么？

   A. 活动清单

   B. 里程碑清单

   C. 网络图

   D. 紧前和紧后活动清单

5. 项目经理想要加强跨团队协作，创造一个更加协同的工作环境，他可能会做什么？

A. 提供培训机会

B. 使用拉式工作分配系统

C. 开展团队建设活动

D. 支持自我管理

6. 你已经得出了成本估算，并将其分配到了项目的活动中。你知道这些估算将用于衡量项目剩余生命周期内的成本偏差和绩效。成本基准已经确定，并成了项目的预期成本。为了得出成本基准，你执行了哪个过程？

A. 估算成本

B. 控制成本

C. 制定预算

D. 制定成本

7. 上午的计划会议结束后，项目经理和开发负责人立即就他们正在进行的项目进度计划进行即兴讨论。他们在讨论中一致认为一组可交付成果将不会按时完成。鉴于这一新发现，他们同意更新进度计划，并与团队其他成员共享信息。在处理这类复杂问题时，最好的沟通方式是什么？

A. 非正式的书面沟通

B. 正式的书面沟通

C. 非正式的口头沟通

D. 正式的口头沟通

8. 一名负责多阶段建造项目的项目经理开始执行风险管理过程。考虑到项目的复杂性和投资金额，项目发起人强调了风险管理的关键性。项目经理认真对待了这个建议，并组建了一个风险管理团队。项目经理与风险管理团队共同致力于制订风险管理计划。下列哪项不包含在风险管理计划中？

A. 实施风险管理活动的时间和频率

B. 整个项目过程中与干系人沟通的时间和频率

C. 为风险管理活动预留的资金金额

D. 用于实施风险管理的方法

9. 会计师事务所的项目经理最近有一个高科技项目，其团队成员分散在世界各地。该项目将使用尚未普及的尖端技术。在这种情况下，拥有虚拟团队的主要优势是什么？

 A. 扩大了潜在的资源库

 B. 降低了差旅费用

 C. 允许多种文化进行协作

 D. 可以 24 小时不停地工作

10. 在基于迭代的敏捷中，团队在每日站会中会提出哪些问题？（选择 3 项）

 A. 上次站会以来我都完成了什么

 B. 从现在到下一次站会，我计划完成什么

 C. 作为一个团队，我们需要完成什么工作

 D. 我的工作障碍是什么

11. 下列哪位质量管理专家认为质量标准应该是零缺陷？

 A. 爱德华·休哈特

 B. W. 爱德华兹·戴明

 C. 菲利普·克罗斯比

 D. 约瑟夫·朱兰

12. 知识可以被分为哪两类？（选择 2 项）

 A. 显性知识

 B. 已知知识

 C. 隐性知识

 D. 未知知识

13. 你正在使用混合型生命周期方法来管理你的项目，并正在创建成本管理计划。你已经与项目发起人和首席财务官进行了交谈。你将记录四舍五入到千位的计算原则，并以周为单位估算资源。这分别描述了计划的哪两个要素？

A. 控制临界值和计量单位

B. 计量单位和控制临界值

C. 绩效测量规则和准确度

D. 准确度和计量单位

14. 你是一个项目的项目经理，该项目是制作一个手机应用程序，当紫外线处于危险时，应用程序会发送警报，提醒用户待在室内。你正在根据进度基准衡量进度绩效。在预测型生命周期内，这些活动与哪个过程组相关？

A. 启动过程组

B. 规划过程组

C. 执行过程组

D. 监控过程组

15. 在评估是否采用预测方法、敏捷方法或混合方法时，组织可以根据哪种类别评估这些方法的适合度？（选择 3 项）

A. 行业

B. 文化

C. 团队

D. 项目

16. 作为 PMO 的总监，为了促进对新项目提案的审查，你定期与高管会面。在一次会议上，选择委员会需要审议三项提案。你将提供三项提案的摘要，并按初始投资、回收期和净现值进行细分。根据下表提供的信息，选择委员会应选择三个项目中的哪一个？

项目名称	初始投资	回收期	内部收益率（IRR）
日出（Sunrise）项目	1 200 000 美元	18 个月	0.5%
X 项目	50 000 美元	24 个月	3%
革新（Revolution）项目	550 000 美元	9 个月	3%

A. 日出项目

B. X 项目

C. 革新项目

D. 以上都不选

17. 一名项目经理喜欢每周与其团队成员开会。这些会议类似于头脑风暴会议，团队成员就现有风险和项目问题提出新的想法。项目经理从未拒绝任何想法，而是试图营造一个鼓励创意、创新和分享想法的环境。该项目经理采用的是哪一种领导力风格？

A. 交易型

B. 交互型

C. 变革型

D. 放任型

18. 在预测型生命周期内，下列哪项可作为估算成本的基础？

A. 范围管理计划

B. 工作分解结构（WBS）

C. 资源管理计划

D. 成本基准

19. 下列哪些反映了敏捷团队的特征？（选择2项）

A. 团队的规模为 3~9 人

B. 团队成员来自技术领域

C. 每位团队成员都是某个学科的专家

D. 所有团队成员都是专职人员

20. 下列哪项描述了大五人格评估中尽责性领域的特征？

A. 敏感而不自信

B. 高效而不粗心

C. 创新而不安逸

D. 外向而不内向

21. 小不点（Nubs and Bits）是一家总部位于西雅图的公司，它为不同体形的狗生产健康零食。它的最新项目是为大型犬制作一种零食，这种零食一个小时才能被吃完。项目经理在过去五年中管理了这家公司的多个项目，他决定构建一个原型。这个原型提供了什么价值？

　　A. 征求客户对需求的早期反馈

　　B. 为客户提供产品预览

　　C. 允许营销团队展示产品

　　D. 没有任何价值。项目经理做了一个糟糕的选择

22. 你正在与项目团队召开工作会议，以便将项目可交付成果分解成更小的工作模块。你正在执行什么过程？

　　A. 规划范围管理

　　B. 收集需求

　　C. 定义范围

　　D. 创建工作分解结构（WBS）

23. 团队围着一块包含以下卡片分类的面板：要完成的工作、进行中的工作和已完成的工作。当团队成员有完成工作的能力时，他们从“要完成的工作”类别中获取一张卡片并开始工作。团队专注于完成工作而不是开始新的工作。团队使用的是哪种敏捷方法？

　　A. 极限编程（XP）

　　B. 看板

　　C. 精益

　　D. 敏捷统一过程

24. 活动 A 的风险概率为 10%，风险影响数值为 4 000 美元。活动 A 的预期货币价值是多少美元？

　　A. 4 000 美元

B. 4 400 美元

C. 400 美元

D. 3 600 美元

25. 将敏捷方法与其描述相匹配。

敏捷方法	描述
A. 看板	（1）一种基于拉式的概念，只有在资源可用时，工作才能进行到下一步
B. Scrum	（2）专注于在客户需要时交付准备就绪的软件
C. 功能驱动开发	（3）专注于及时、持续地交付可用、可运行的软件
D. 极限编程（XP）	（4）为适应项目需要而设计的一种方法论家族
E. 水晶方法	（5）一种用于管理产品开发的单个团队过程框架

26. 你正处于项目的规划阶段，刚刚启动了与制定预算过程相关的活动。除了成本基准之外，这项活动的输出还可能是什么？

A. 成本估算

B. 项目资金需求

C. 估算依据

D. 成本管理计划

27. 下列哪些选项呈现了与工作分解结构类似的层级式项目信息？（选择 3 项）

A. 组织分解结构

B. 材料清单

C. 责任分配矩阵

D. 风险分解结构

28. 你的组织正经历最高管理层的重组。你的项目团队担心他们的项目可能会因为高层的变动而被取消。值得庆幸的是，新的管理团队决定继续运行这个项目。在重组发生之前，你是监控过程组的成员，当时你的下一步工作是检查工作结果是否正确，以确保它们符合质量管理计划中规定的标准。你检查过的一个时速测量结果为每小时 70 英里[1]。质量管理计划规定的时速标准为每小时 65~75 英里。这描述了下列哪项？

A. 统计抽样

B. 公差

C. 检查

D. 不合规

29. 干系人向项目经理反映团队必须调整进度计划，使其比原计划提前一周完成项目。如果采用预测方法来管理项目，项目经理会首选什么方法来实现此目标？

A. 赶工

B. 快速跟进

C. 增加工期裕量

D. 资源平衡

30. 阿莉莎是一名项目经理，负责管理一个基础设施项目，该项目将把五个数据中心合并为一个数据中心。她采用瀑布式方法来初步规划活动，并采用基于敏捷的方法执行这项工作。最近，项目发起人要求阿莉莎提供项目的预测完成日期。到目前为止，团队已成功完成了每一次平均有 60 个故事点的迭代，现还有 420 个用户故事点需要完成。完成该项目工作还需要多少次迭代？

A. 6 次

B. 7 次

C. 4 次

D. 无法确定

31. 仆人式领导正在应用敏捷实践的角色模型。仆人式领导如何对待他们的工作？（选择 3 项）

A. 他们专注于目的，与团队一起定义"为什么"

---

[1] 1 英里 ≈ 1 609 米。

B. 他们通过与团队合作来创造一个人人都能成功的环境

C. 他们通过寻找结果来专注于过程

D. 他们注重结果，根据计划的结果衡量进度

32. 在预测型生命周期内，该术语用于描述成本和进度，以确定在执行和监控过程中将衡量的内容。

A. 偏差

B. 期望值

C. 基准

D. 估算

33. 产品负责人正在为即将发布的版本执行风险管理活动。她与团队一起进行风险评估，并使用概率和影响矩阵。关于概率和影响矩阵，下列哪些选项是正确的？（选择 3 项）

A. 它根据风险对项目目标的影响程度对风险进行优先级排序

B. 它在风险管理计划中被定义，是规划风险管理过程的输出

C. 在实施定性风险分析过程中，它被用作工具与技术

D. 它被用作实施定量风险分析过程的输入

34. 在质量方面，检查和预防有何区别？

A. 检查侧重于发现错误的原因，而预防侧重于解决错误

B. 预防侧重于发现错误的原因，而检查侧重于解决错误

C. 检查可防止错误落到客户手中，而预防可防止错误发生

D. 预防可防止错误落到客户手中，而检查可防止错误发生

35. 阿莉莎是一名项目经理，负责管理一个基础设施项目，即把五个数据中心合并为一个数据中心。她采用瀑布式方法初步规划活动，并采用基于敏捷的方法执行这项工作。她向团队展示了当前迭代仍有多少工作需要完成，以及基于现有速度对剩余迭代中要完成工作量的预测。阿莉莎向团队展示了什么？

A. 进度计划

B. 燃起图

C. 里程碑图

D. 燃尽图

36. 在敏捷方法中，需求是在哪里被记录的？

   A. 在需求日志中

   B. 在待办事项列表中

   C. 在团队章程中

   D. 在进度计划中

37. 你正在制定成本基准和项目预算。关于这两部分内容，下列哪个选项是不正确的？

   A. 项目预算包括管理储备

   B. 工作包成本估算和应急储备包含在成本基准和项目预算中

   C. 成本基准包括项目预算

   D. 活动成本估算和应急储备包含在成本基准和项目预算中

38. 使用下表中的值，确定关键路径。

活动名称	紧后活动	持续时间（天）
A	B、C	5
B	D	2
C	D、E	4
D	F	4
E	F	6
F	无	6

   A. A—B—D—F

   B. A—C—D—F

   C. A—C—E—F

   D. A—B—E—F

39. 使用下表中的值，计算活动 D 的最早结束日期。

活动名称	紧后活动	持续时间（天）
A	B、C	5
B	D	2
C	D、E	4
D	F	4
E	F	6
F	无	6

A. 第 10 天

B. 第 12 天

C. 第 13 天

D. 第 15 天

40. 使用下表中的值，计算活动 C 的最晚开始日期。

活动名称	紧后活动	持续时间（天）
A	B、C	5
B	D	2
C	D、E	4
D	F	4
E	F	6
F	无	6

A. 第 6 天

B. 第 9 天

C. 第 4 天

D. 第 8 天

41. 使用下表中的值，计算活动 E 的总浮动时间。

活动名称	紧后活动	持续时间（天）
A	B、C	5
B	D	2
C	D、E	4
D	F	4
E	F	6
F	无	6

A. 0 天

B. 2 天

C. 6 天

D. 1 天

42. 敏捷 PMO 有哪三个特征？（选择 3 项）

A. 价值驱动

B. 面向创新

C. 解决方案驱动

D. 多学科

43. 星际银行以使用尖端技术为客户提供卓越的在线服务而闻名。最新的项目包括让客户以电子方式签署贷款的功能开发。目前，该项目已进入执行项目工作的第三周，项目经理注意到一个关键资源被过度分配。项目经理可能会使用哪个技术来解决这个问题？

A. 资源平衡

B. 蒙特卡洛技术

C. 提前量和滞后量的调整

D. 关键链法

44. 仆人式领导的作用是什么？

A. 确保团队交付项目的计划成果

B. 组建团队并监督协议的遵守情况

C. 促进敏捷活动，包括每日站会

D. 促进团队发现和定义敏捷

45. 阿莉莎是一名项目经理，负责管理一个基础设施项目，即把五个数据中心合并为一个数据中心。她采用瀑布式方法初步规划活动，并采用基于敏捷的方法执行这项工作。目前，她正在推动估算过程，以计算项目活动的持续时间。当她进行到"铺设电缆"活动时，一位团队成员告诉她，在过去的一个类似的项目中，他们在13小时内铺设了类似的电缆长度；另一位团队成员告诉她，他们每小时可以铺设110米的电缆。团队共需要运行1 320米的电缆。使用类比估算技术，团队铺设此电缆需要多少小时？

A. 9 小时

B. 13 小时

C. 10 小时

D. 12 小时

46. 你被某公司聘为承包工程的项目经理。你正在实施与采购计划相关的活动。公司希望你领导一个项目，设计一个新的游客中心、品酒室和礼品店。他们还希望将发酵罐的数量增加一倍，并扩大仓库（这需要适当的温度和环境控制）。公司想让品酒室的酒吧用世界上只有两个地方供应的特制大理石建造。管理层估计这个项目需要三年时间。你担心特制大理石的可用性，并知道下列这些情况属实。（选择3项）

A. 项目进度计划可能会影响此过程

B. 制定预算过程可能受此过程的影响

C. 自制或外购分析可能受此过程的影响

D. 组织的业务周期可能会对此过程产生影响

47. 玛丽西尔是一家公司的项目经理。到目前为止，她已经识别了风险，分析了风险，并为她的项目制定了风险应对策略。她下一步可能进行什么活动？

A. 制定风险管理战略

B. 分析发现的风险

C. 实施风险应对

D. 制定初始风险登记册

48. 你是厨房加公司（Kitchens Plus Inc.）的项目经理。最新项目是开发具有独特行业特色的自动分拆器。该项目使用预测型生命周期，你正在分析进度绩效。根据进度计划团队提供的信息，当前的进度绩效指数（SPI）为 1.1，而成本绩效指数（CPI）为 0.8。在进度计划和预算之间平衡绩效有什么好策略？

A. 通过向关键活动补充额外资源来赶工

B. 快速跟进关键路径上最长的活动

C. 平衡资源使用，以进一步分散成本

D. 什么也不做，因为项目正在按计划进行

49. 下列哪些是 Scrum 团队进行的活动？（选择 3 项）

A. 冲刺计划

B. 每周站会

C. 冲刺评审

D. 冲刺回顾

50. 阿莉莎是一名项目经理，负责管理一个基础设施项目，即把五个数据中心合并为一个数据中心。她采用瀑布式方法初步规划活动，并采用基于敏捷的方法执行这项工作。目前，她正在推动估算过程，以计算项目活动的持续时间。当她进行到"铺设电缆"活动时，一位团队成员告诉她，在过去的一个类似的项目中，他们在 13 小时内铺设了相似的电缆长度；另一位团队成员告诉她，他们每小时可以铺设 110 米的电缆。团队共需要运行 1 320 米的电缆。使用参数估算技术，团队铺设此电缆需要多少小时？

A. 9 小时

B. 13 小时

C. 10 小时

D. 12 小时

51. 下列哪项的挣值管理计算是项目剩余工作为满足完工预算（BAC）或完工估算（EAC）而必须达到的预期成本绩效？

A. 挣值（EV）

B. 预测（Forecast）

C. 完工尚需绩效指数（TCPI）

D. 完工偏差（VAC）

52. 伊戈尔是一家大型 IT 咨询公司的软件开发人员。团队领导玛丽刚刚通知他，项目经理已经把时间计划表压缩了两周，因此，她要求团队周末完成发布。团队非常尊重项目经理，很乐意遵从她的指令。下列哪种权力类型是建立在个人尊重或钦佩上的？

A. 合法权力

B. 奖励权力

C. 参考权力

D. 专家权力

53. 下列哪些选项是正确的？（选择 3 项）

A. 前导图法（PDM）使用虚拟的活动

B. 前导图法显示节点上的活动

C. 箭线图法只使用一种逻辑关系

D. 前导图法（ADM）和箭线图法都使用"结束—开始"的依赖关系

54. 下列哪些是项目生命周期的类型？（选择 2 项）

A. 预测型

B. Scrum

C. 看板

D. 适应型

55. 项目章程刚刚获得批准。下一步应该做什么?

A. 制订项目管理计划

B. 制定项目范围说明书

C. 制定项目待办事项列表

D. 执行干系人分析

56. 一个成本绩效指数(CPI)为 1.12,进度绩效指数(SPI)为 0.9 的项目的执行情况是怎样的?

A. 低于预算,提前完成

B. 超出预算,落后于进度

C. 低于预算,落后于进度

D. 超出预算,提前完成

57. 公司的质量研究小组被指派审查项目材料。这个小组不属于开发材料的小组。这是哪种审查类型的实例?

A. 实验设计

B. 独立同行审查

C. 质量审计

D. 缺陷修复审查

58. 汤姆是一名项目经理,在一家知名的考试机构工作。他和他的团队采用敏捷方法来管理项目。由于公司的发展,公司聘请了三名新的项目经理,汤姆也开始指导新员工。一名新的项目经理正在努力推进她的项目,并向汤姆寻求帮助。她指出她的团队难以高效地合作,团队成员经常缺席团队会议,在达成共识上也存在困难。汤姆可以提出什么建议来扭转该团队局面?

A. 创建团队章程

B. 切换为瀑布式方法

C. 约束团队

D. 促进团队建设活动

59. 你是一个项目的项目经理，该项目将开发一个手机应用程序，当紫外线处于危险水平时，该应用程序发送警报，提醒用户待在室内。你的团队最近采用了敏捷方法，你也已经建立了一种仆人式领导风格。你可能会遵循下列哪个特点？

A. 倾听

B. 指导

C. 控制

D. 提高自我意识

E. A、C、D

F. A、B、D

60. 该质量管理控制工具由二维图表（如 L 型、T 型、X 型）和三维图表（如 C 型）组成。该工具是下列工具与技术中的哪一个？

A. 优先级矩阵

B. 树形图

C. 矩阵图

D. 过程决策程序图（PDPC）

61. 乔恩是一位高级研究技术员，已经在公司工作一年了，他被认为是其所在团队中表现最好的。由于他的出色表现，公司决定提升他为部门的项目经理。这是下列哪项的示例？

A. 附加福利

B. 额外收入

C. 光环效应

D. 绩效奖金

62. 根据人力资源管理计划的规定，项目管理团队正在获取完成项目活动所需的必要资源。考虑到客户合同中承诺的资源，他们发现有一个关键资源没有包含在初始协议中，并且此资源已经被分配给了其他两个项目。为了在最好的情况下工作，团队可以使用什么技术？

　　A. 虚拟团队

　　B. 预分派

　　C. 收购

　　D. 谈判

63.　为了防止问题再次发生，项目经理已经指示质量团队关注导致已识别缺陷的前 20% 的原因。这是下列哪种实例？

　　A. 规格界限

　　B. 80/20 法则

　　C. 非机遇原因

　　D. 趋势分析

64.　下列哪项更好地描述了增量型生命周期？

　　A. 提供客户可以立即使用的已完成的可交付成果

　　B. 减少不确定性和复杂性，以便团队可以按顺序完成工作

　　C. 允许对部分完成或未完成的工作进行早期反馈

　　D. 获得早期反馈并对产品进行迭代，以创建已完成的可交付成果

65.　一家制药公司的项目经理给他的一位项目团队成员发送了一封电子邮件，为他们最近的对话突然结束而道歉。项目经理采用的是什么类型的沟通方式？

　　A. 正式的书面形式

　　B. 非正式的书面形式

　　C. 书面形式

　　D. 非正式的电子形式

66.　下列哪些选项的描述是正确的？（选择 3 项）

　　A. 风险管理是项目管理中一种主动运行的技术

　　B. 当进行定性风险分析时，风险会被进行优先级排序

　　C. 观察清单中包含必须仔细监控的近期风险

D. 当评估风险是否为近期风险时，应考虑风险征兆

67. 云神（Cloud Divine）是一家使用云计算提供软件即服务（Software as a Service，SaaS）的初创公司。公司启动的第一个重要项目因其高度不确定性和经验问题，以及项目可交付成果的大量变更，项目几乎失败。公司内的所有项目都采用预测型生命周期方法进行管理。导致项目出现严重问题的原因可能是什么？（选择 2 项）

A. 项目经理没有得到 PMI 认证

B. 糟糕的项目范围

C. 非正式的变更控制程序

D. 缺少配置管理系统

E. 选择了错误的项目生命周期方法

68. 一家网络公司的项目经理正在为她当前的项目分配资源。当天工作结束后，她接到了工程总监打来的电话，工程总监对于自己的高级系统管理员未经他的同意就被分配到这个项目而感到很生气。在这个阶段，项目经理应该做什么来留住这个资源？

A. 与资源经理协商

B. 电话里同意，但留住资源

C. 让项目发起人参与进来

D. 给 CEO 打电话，因为他是你的朋友

69. 在一个生物技术项目的执行阶段，一个新的问题浮出水面。项目经理首先应该做什么？

A. 联系干系人，报告这个问题

B. 在问题日志中记录问题

C. 在下次状态会议中，通知团队这个问题

D. 尝试立即解决这个问题

70. 敏捷团队应该在什么时候进行回顾？

    A. 在项目的启动阶段

    B. 当团队感觉陷入困境时

    C. 当到达一个主要的里程碑时

    D. 当一个迭代或增量结束时

    E. B、C、D

    F. A、C、D

71. 下午 2 点 37 分，快乐假期游轮公司（Happy Holiday Cruise Ships Inc.）的项目经理布鲁斯·贝瑟开始在办公室里四处走动，与团队的每位成员进行交流。他的大多数团队成员都喜欢这种非正式的互动，因为这让他们有机会提出可能在早会上忘记提的问题，或者是那些最近在白天发现的问题。布鲁斯使用以下哪种技术与他的项目团队成员保持联系？

    A. 360 度反馈

    B. 观察与对话

    C. 问题日志

    D. 团队建设活动

72. 项目经理正在使用决策树做决策。方案 A 的失败影响数值为 –5 000 美元，其概率为 25%，如果成功则没有影响；方案 B 的失败影响数值为 –3 500 美元，其概率为 65%，如果成功则没有影响。项目经理应该选择哪种方案？

    A. 方案 A

    B. 方案 B

    C. 两种方案都不选

    D. 题干中提供的信息不充分

73. 你是一个项目的项目经理，该项目将开发一个手机应用程序，当紫外线处于危险水平时，该应用程序会发送警报，提醒用户待在室内。在团队会议中，你强调记录显性知识和隐性知识的重要性。隐性知识指的是什么？

A. 团队从过去的项目经验中记录下来的技术知识

B. 行业认可的组织定义和发布的标准化知识

C. 可以用文字、图片和数字来捕捉和表达的知识

D. 难以捕捉或者表达的知识，如信念、经验和诀窍

74. 项目经理沿着 X 轴和 Y 轴绘制项目的确定性和复杂性，以确定哪种类型的项目管理方法最适合该项目。结果表明，由于一定程度上不确定的需求和高度不确定的技术挑战，该项目落入"复杂"象限。基于这些信息，项目经理应该采用什么类型的方法来管理项目？

A. 预测型

B. 线性型

C. 混合型

D. 适应型

75. 尼古拉斯是一个项目的发起人，该项目将替换所有已经超过使用寿命的设备。他决定将这个项目分配给表现最出色的项目经理卡丽娜。卡丽娜的首要任务是编写项目章程。谁负责签署项目章程文件以批准项目？

A. 卡丽娜

B. 尼古拉斯

C. 项目管理团队

D. 卡丽娜和尼古拉斯

76. 对产品或流程进行小的、渐进的改进被称为什么？

A. 光环效应

B. 改善（Kaizen）

C. 看板

D. 工作分析，即观察不增加客户价值的动作

77. 你是一家生产航空工业部件制造厂的高级项目经理。你正在采用一种预测型生命周期的方法，并且正在执行已批准的更改。成功完成相关活动需要哪个关键

信息？

  A. 经验教训登记册

  B. 变更请求

  C. 已批准的变更请求

  D. 项目计划

78. 阿莉莎是负责管理一个基础设施项目的项目经理，具体负责将五个数据中心合并为一个数据中心。她已经采用瀑布方法执行了最初的计划活动，现在正在采用基于敏捷的方法来执行工作。这种混合方法对她和团队来说都是全新的。在完成他们的第二次迭代后，阿莉莎召集团队一起讨论如何继续改进流程。一位有过采用敏捷方法经验的团队成员建议团队在每次迭代结束时聚在一起讨论哪些进展顺利、哪些需要改进，以及他们将在下一次迭代中需要做出哪些改变。团队成员的建议是什么？

  A. 总结经验教训

  B. 进行回顾

  C. 制订迭代计划

  D. 改进待办事项

79. 项目经理可以使用下列哪一个技巧 / 方法与干系人建立信任并克服变更阻力？

  A. 冲突管理技巧

  B. 沟通方法

  C. 综合管理技巧

  D. 人际关系技巧

80. 团队章程的另一个名字是什么？

  A. 项目章程

  B. 团队协议

  C. 基本规则

  D. 社会契约

81. 你的一个子项目的管理者是一位在管理项目方面经验有限的应届毕业生，他准备了一份采购工作说明书（SOW）。当你研究独立成本估算时，你发现供应商的报价与你的预期相差甚远。你检查SOW，发现它不够详细，供应商无法给出准确的预估。这个问题与《PMI道德规范和职业行为准则》中的哪个领域有关？独立成本估算工具与技术属于哪个过程？

    A. 对项目管理知识库做出贡献，规划采购管理

    B. 确保个人诚信和专业精神，控制采购

    C. 促进团队成员和其他利益干系人之间的互动，规划采购管理

    D. 真实报告，控制采购

82. 项目经理会见一批她的项目团队中的关键专家。他们对最近创建的成本估算表示担忧，坚持认为项目团队没有充分考虑替代方案。现在项目仍然处于项目生命周期的早期。下列哪种工具或技术可以帮助项目经理解决团队关注的问题？

    A. 类比估算

    B. 专家判断

    C. 决策

    D. 数据分析

83. 如果挣值（EV）为1 700美元，计划价值（PV）为2 000美元，实际成本（AC）为1 950美元，那么成本绩效指数（CPI）是多少？

    A. 0.87

    B. 1.15

    C. 0.85

    D. 1.18

84. 某高端家具连锁店正在开发一个新版文艺复兴风格的产品，将在六个月后发布。领导新版本开发的项目经理目前正在与风险管理团队一起实施风险应对策略。为了应对其中一种威胁，他们购买了保险，以弥补风险出现时可能造成的任何损失。团队使用了什么类型的应对策略？

A. 减轻

B. 规避

C. 转移

D. 利用

85. 在定量风险分析期间，项目经理与关键干系人召开了计划会议，分享最新的分析结果。项目经理用假设场景来呈现几个重要的风险，并将其在龙卷风图中展示。这是下列哪项的示例？

A. 预期货币价值分析

B. 决策树分析

C. 敏感性分析

D. 数据验证分析

86. 将冲突解决方法与其描述进行匹配。

方法	描述
A. 回避	（1）以牺牲他人为代价来推行自己的观点。这被认为是一个"赢—输"的局面。
B. 调解	（2）寻求让各方都满意的临时解决办法。这被认为是一个双输的局面。
C. 命令	（3）融合多种观点，达成共识和承诺。这被认为是一个双赢的局面。
D. 解决问题	（4）同意并让步，以保持和谐的关系。这被认为是一个"赢—输"的局面。
E. 包容	（5）从冲突局势中撤退。这被认为是一个双输的局面。

87. 基肖尔在家远程办公。布莱恩住得偏远，因此也在家远程办公。他们的项目经理和其他四位团队成员住在同一个园区的不同的楼里。每天早上9点，四位团队成员在项目经理的办公室开会，基肖尔和布莱恩通过电话连线，参加同一个晨会。所有团队成员一起讨论一个共同的目标：成功完成项目。一群有共同目标的个体，

他们扮演各自的角色，很少或没有时间面对面开会。这种情况描述的是下列哪一项？

A. 集中办公

B. 干系人

C. 虚拟团队

D. 项目团队

88. 玛莎刚刚被告知，她将被指派为新办公室扩建项目的项目经理。在项目章程被创建和批准之后，她开始执行干系人分析的过程。她决定将干系人按他们的权力级别和对项目的关注级别分组。她使用了哪一个分类模型？

A. 权力 / 影响方格

B. 权力 / 利益方格

C. 影响 / 冲突方格

D. 凸显模型

89. 凯莉是一家健身公司的高级项目经理，该公司正在开发一种新的特许经营模式。她刚刚监督完几项计划中的风险应对策略的实施。她下一步可能做什么？

A. 风险审计

B. 趋势分析

C. 技术绩效分析

D. 敏感性分析

90. 两位项目团队成员卷入了一场争议，该争议已经升级到需要项目经理参与解决的程度。团队成员之间最主要的争议来源是什么？

A. 稀缺资源

B. 使用的技术

C. 预算

D. 计划优先级

91. 当下列哪种情况发生时，一个项目被认为已经完成？

A. 总结的经验已经存档

B. 项目团队已经解散

C. 项目的所有款项已经收到

D. 客户已经收到正式的书面验收文件

92.《敏捷宣言》由 4 个价值观和 12 条原则组成。下列哪个选项是敏捷价值观？

A. 个体和互动高于流程和工具

B. 可工作的软件高于详尽的文档

C. 客户合作高于合同谈判

D. 遵循计划高于返工和变更

E. A、B、C

F. A、B、C、D

93. 下列哪些选项包含在资源管理计划中？（选择 3 项）

A. 合格的卖家

B. 认可和奖励

C. 遵守

D. 安全

94. 市场副总裁因进度里程碑更新报告的问题联系了会计软件升级项目的项目经理。副总裁对此表示关注，是因为该报告没有按计划每周发送。项目经理知道这个报告计划每两周发布一次。项目经理可以查阅什么文件或者咨询什么人来明确报告发送的频率？

A. 负责分发报告的项目组成员

B. 沟通管理计划

C. 风险管理计划

D. 项目管理计划

95. 项目经理正在与全球各地的调度人员进行一对一的会议。由于断断续续的静电干扰，会议很难进行下去。对于这种静电，最合适的描述是哪一项？

A. 噪声

B. 介质

C. 障碍

D. 干扰

96. 阿尔弗雷德刚刚被指派为某项目的项目经理，该项目刚刚进入第二阶段。作为加快项目进度的一部分，阿尔弗雷德查看了执行项目这一阶段所需的采购活动。他发现有一种关键的可交付产品被标记为需要外部资源，于是他立即开始工作以获取这些资源。阿尔弗雷德可以从哪里查看公司现有的采购政策、程序和指导方针？

A. 事业环境因素

B. 组织过程资产

C. 采购文件

D. 合同文件

97. 项目经理最有可能使用下列哪个概率分布来显示数据？

A. 均匀分布

B. 正态分布

C. 贝塔分布

D. 对数正态分布

98. 下列哪种合同会对买方构成最大的风险？

A. 固定总价类

B. 一次性类

C. 成本类

D. 工料类

99. 使用模板对项目经理有什么好处？

A. 它使项目经理有更多的时间可以花在项目团队上

B. 它减少了拖延的影响

C. 它消除了使用项目团队来创建活动清单的需求

D. 它产生了更高的效率和结果的一致性

100. 项目经理沿着 X 轴和 Y 轴绘制项目的确定性和复杂性，以确定哪种类型的项目管理方法最适合该项目。结果表明，由于一定程度不确定的需求和高度不确定的技术挑战，该项目落入"复杂"象限。项目经理使用的是什么模型？

A. 龙卷风图

B. 概率和影响矩阵

C. 斯泰西复杂性模型

D. 混乱模型

101. 基肖尔在拉斯维加斯远程居家办公。布莱恩住得偏远，因此也居家工作。项目经理卡罗琳与其他四位团队成员住在同一个园区的不同的楼里。为了帮助团队建立联系，卡罗琳在每个工作日的上午 8 点打开视频会议链接，并在下午 5 点关闭。每位团队成员都加入视频会议，这让他们感觉好像在一个虚拟的开放工作区中工作。这是下列哪个选项的示例？

A. 远程配对

B. 网络会议

C. 虚拟桌面

D. 鱼缸窗口

102. 一位项目团队成员打电话告知项目经理，她完成活动所需的资源似乎有些混乱。开会迟到的项目经理告诉团队成员不要担心，祝她有美好的一天，他会在接下来的几周内联系总部，然后结束了通话。项目团队成员不知道项目经理是否了解情况的严重性，因为如果没有资源，她的活动将无法进行，并且她会错过截止期限。在这种情况下，项目经理的沟通角色是什么？

A. 发送方

B. 编码器

C. 接收方

D. 解码器

103. 萨莉是一名项目管理团队的成员。她走进一个房间，看到两位项目团队成员在争论时间表。一位团队成员认为团队需要额外的资源来满足即将到来的最后期限，而另一位团队成员认为风险没有那么高，不应该考虑进度表。萨莉花了一点时间查看了进度表，然后指示团队成员忽视它。萨莉使用了什么类型的问题解决技术？

   A. 合作

   B. 平滑

   C. 撤回

   D. 强迫

104. 下列哪项最能描述 RACI 矩阵？

   A. 按公司部门、单位或团队排列的图表

   B. 按资源类型显示类别的图表

   C. 类似于职位描述的图表

   D. 代表执行、负责、咨询和知情的责任分配矩阵类型

105. 某技术公司成功签下了为军方生产 100 万个夜间视力护目镜的合同。但是，合同要求他们必须确保产品标准在六西格玛以内。这给该公司制造了障碍，因为它不习惯在六西格玛标准内交付产品，因此，实现该标准的质量成本将使它们的利润率降低 67%。在这种情况下，质量成本作为此场景的因素，最好被定义成什么？

   A. 防止返工

   B. 符合要求的成本

   C. 对客户服务的投资

   D. 为客户提供额外服务

106. 下列哪项描述了作为合同的一部分或在项目章程内已被承诺给客户的资源？

   A. 承诺

   B. 预分配

C. 协商

D. 资产

107. 里卡多在周一早上的项目会议上迟到了，他不得不通过拨通电话加入会议。不幸的是，他迟到了 20 分钟，他感兴趣的大部分话题都已经讨论过了。因为他没有参加完整的会议，他向会议主席发送了一封电子邮件，询问会议记录是通过电子邮件分发还是放在团队百科站点上。用于共享信息的会议、电子邮件、网络发布和电话都是下列哪项的示例？

A. 通信工具

B. 经验教训

C. 信息收集和检索系统

D. 信息管理系统

108. 虽然项目的模糊性、复杂性和规模各不相同，但大多数项目一般都包含以下哪个阶段。

A. 组织和准备

B. 启动项目

C. 结束项目

D. 执行工作

E. A、B

F. A、B、C、D

109. 项目之前进展顺利，但最近你发现，由于政治集会越来越暴力，境外的开发团队刚刚进行了紧急撤离。这让当地的项目团队感到震惊。团队应该如何避免这种情况？

A. 了解项目环境

B. 不与境外团队合作

C. 制定政策，要求员工在政治集会期间继续工作

D. 这种情况是无法避免的

110. 为客户提供额外的服务，例如，增加项目范围内未包含的功能或提高性能，这被

称为什么？

A. 客户之声

B. 光环效应

C. 客户服务

D. 镀金

111. 在每个项目阶段末期进行的经验教训会议后，项目经理负责收集团队的反馈并制订过程改进计划。过程改进计划不包含下列哪项内容？

A. 流程边界

B. 流程配置

C. 失败率

D. 绩效改进目标

112. 100% 规则意味着什么？

A. 100% 的可交付成果包含在工作分解结构中

B. 100% 的范围基准代表项目范围说明书

C. 活动清单中包含 100% 的活动

D. 100% 的项目范围在工作分解结构中得到体现

113. 下列哪项更好地描述了风险缓解？

A. 将风险转移给第三方

B. 消除风险发生的可能性

C. 增加风险的可能性和 / 或影响

D. 降低风险的可能性和 / 或影响

114. 从商业活动中获得的可量化的净收益用什么来描述？

A. 净现值

B. 商业案例

C. 效益管理

D. 商业价值

115. 罗斯克公司目前正在开展一个大型商业围栏项目，该项目将围绕 1 000 平方米的地产建造定制围栏。为了在承诺的日期前交付，公司需要聘请分包商来生产定制枫木柱端盖。到目前为止，采购工作说明及端盖的交付日期已经明确。根据提供的信息，罗斯克公司可能会使用哪种类型的分包合同？

    A. 固定价格

    B. 可报销的费用

    C. 成本加成

    D. 时间和材料

116. 项目团队被要求主动确定问题的所有可能的原因。下列哪个工具是项目团队的最佳选择？

    A. 直方图

    B. 散点图

    C. 因果图

    D. 控制图

117. 在处理风险时，项目经理理查德与信息系统部门经理罗布相处得不愉快。罗布尽一切可能避免风险，即使这意味着对项目产生负面影响。罗布的风险态度是什么？

    A. 风险厌恶

    B. 风险接受

    C. 风险中立

    D. 寻求风险

118. 作为项目经理，简对研究活动的进度有疑问，她很想知道为什么该活动落后了。根据提供的 RACI 矩阵（见下表），_____将执行此活动的工作。

活动	托德	阿尔弗雷德	安妮	亨利
定义	A	R	C	I
研究	I	R	A	I
编写	A	I	R	I

119. 在每个季度末，某软件开发公司的项目管理办公室会进行一次审查，重点是衡量项目团队的效率。这种类型的活动最好被描述为什么？

    A. 集中办公

    B. 团队建设活动

    C. 团队绩效评估

    D. 项目绩效评估

120. 汤姆是一名项目经理，在一家知名的考试机构工作。他和他的团队采用敏捷方法来管理项目。作为启动新项目的一部分，汤姆起草了一份团队章程。他将在这份文件中记录什么？

    A. 基本规则

    B. 团队价值观

    C. 工作协议

    D. 团队规范

    E. A、C、D

    F. A、B、C、D

121. 托尼是一家公司的首席执行官。为了让公司上市，他兴奋不已地发起了一个项目，该项目有可能使公司的收入增加 496%。格兰特是该项目的项目经理，他使用权力/影响方格对迄今为止已确定的利益干系人进行分析。他认为托尼具有很高的权力和影响力。在整个项目中，格兰特可能会选择哪种策略来应对托尼的期望？

    A. 监督

    B. 随时告知

    C. 密切管理

    D. 令其满意

122. 一家公司目前正准备推出一款时间管理软件，该软件将以五种不同的语言版本面向全球销售。该产品将在三个月内完成开发、发布和销售。这最好被描述为什么？

    A. 项目

B. 项目组合

C. 项目集

D. 待办事项

123. 下列哪项被认为是质量成本？

A. 质量人员

B. 花在质量活动上的时间

C. 返工

D. 质量工具

E. A、B、C

F. A、B、D

124. 你是一名项目经理，在一家创业公司担任顾问。本周你的职责之一是创建组织结构图。你可以采用哪些方式来展示组织结构图？（选择 3 项）

A. 分层型

B. 矩阵型

C. 运行图

D. 文本型

125. 哈尔被指派为研究团队的一员，参与一个需要使用最新实验室软件的项目。你已经注意到哈尔的工作时间比研究团队的其他成员更长。当你向他提出这个问题时，他说他还没有完全掌握如何使用新程序，并且已经为此苦苦挣扎了一段时间。作为项目经理，你应该怎么做？

A. 为哈尔提供一个咨询师，以便他可以在沟通中缓解沮丧的情绪

B. 考虑为哈尔和研究团队中的其他人提供培训

C. 更换哈尔，因为他显然不适合这个角色

D. 赞扬哈尔为学习该程序而付出的努力及他的奉献精神

126. 在每个星期五，某互联网公司的开发团队都会享受免费的按摩和午餐。作为留住公司优秀员工的一种手段，首席执行官批准了这项额外的活动，并允许人力资源

部门通过额外的福利吸引新员工。为工作出色的员工提供的福利被称为什么？

A. 附加福利

B. 特殊津贴

C. 光环效应

D. 绩效奖金

127. 如果活动 A 的持续时间为 10 天，活动 B 的持续时间为 7 天并且有 2 天的滞后，那么这两项活动的总持续时间是几天？（假设两者之间存在"开始—开始"的依赖关系，并且都是会尽快开始的活动。）

A. 9 天

B. 10 天

C. 17 天

D. 7 天

128. 项目经理收到两起投诉，称三位项目团队成员对于前一天进行的进度分析的结果争论不休。项目经理一直在看他们是否能自行解决这个问题，但又有另两个人抱怨说这种情况影响了其他人的工作。在这种情况下，项目经理应该怎么做？

A. 给有争议的团队成员更多的时间，让他们自己解决问题

B. 向团队成员发布对他人工作产生负面影响的纠正措施

C. 将预测型生命周期调整为适应型生命周期方法

D. 合作解决争议

129. 将领导风格类型与其描述相匹配。

领导风格类型	描述
A. 仆人式领导	（1）注重例外管理，基于目标、反馈和成就的奖励
B. 交易型领导	（2）综合了交易型、变革型和魅力型
C. 魅力型领导	（3）热情、精力充沛、能够激励他人
D. 交互型领导	（4）允许团队自己做决定并建立自己的目标
E. 放任型领导	（5）以人为本，承诺服务

130. 你目前被分配从事一个涉及新药品发布的项目。迄今为止，尚未参与该项目的战略合作伙伴的副总裁要求查看工作绩效数据。下列哪个原因会引发危险信号？

    A. 战略伙伴关系的副总裁不是项目的一部分，因此不应访问该报告

    B. 副总裁可能听说了现有的性能问题并正在调查

    C. 迄今为止，尚未确定项目的所有利益干系人

    D. 这个项目没有发出危险信号，项目经理没有什么可担心的

131. 下列哪项不是项目的特征？

    A. 暂时的努力

    B. 为了维持业务

    C. 由人执行

    D. 被计划、执行和控制

132. 使用增量型生命周期的项目团队可能会选择将什么交付给客户？

    A. 最小可行产品

    B. 原型

    C. 可交付成果

    D. 特性

133. 项目经理目前正在从事一个制药项目，在详细规划第一阶段可交付成果的活动。在通过测试结果了解到其他产品的详细信息之前，所有其他工作都将在较高层次上进行规划。这种策略被称为什么？

    A. 滚动式规划

    B. 渐进明细

    C. 范围蔓延

    D. 发起

134. 吃完午饭回来后，你发现团队将要进行质量审计。由于临近截止日期，一些团队成员感到不安，因此他们要求将审计推迟到第二天。作为项目经理，你应该怎

么做？

A. 要求重新安排审计

B. 允许进行审计

C. 与团队一起表达你的不满，只有在你的经理要求时才允许审计

D. 允许进行审计，但不提供帮助，因为你和你的团队太忙了

135. 下列哪项是目标收益最合适的定义？

A. 通过实施产品、服务或成果所获得的量化的商业价值

B. 通过实施产品、服务或成果所获得的无形的商业价值

C. 通过实施产品、服务或成果所获得的有形的商业价值

D. 通过实施产品、服务或成果所获得的有形和无形的商业价值

136. 项目经理与项目发起人一起审查进度。项目发起人要求查看实现收益的短期和长期时间表。项目经理可以参考包含此信息的哪一个文档？

A. 项目进度表

B. 产品待办事项列表

C. 项目管理计划

D. 收益管理计划

137. 汤姆是一名项目经理，在一家知名的考试机构工作。他和他的团队采用敏捷方法来管理项目。由于公司的发展，团队新聘用了三名项目经理，汤姆负责加紧指导新员工。在指导会议期间，汤姆建议团队利用开放的工作环境进行渗透式沟通。什么是渗透式沟通？

A. 计划的静止期

B. 特设小组会议

C. 三方对话

D. 一种礼貌的无意识的信息共享形式

138. 一个游戏项目的项目经理给她在国外的一位虚拟项目团队成员打电话，询问由该团队成员负责的即将进行的日程活动安排。项目经理通知团队成员，由于计划外

的风险，需要在进度表中加入原型构建，因此按计划完成活动变得非常重要。项目经理注意到通话过程中，团队成员并没有多说什么，项目经理希望团队成员能够理解她的意思。项目经理忘记做什么了？

A. 要求团队成员对状态报告做出回应

B. 更加适应通话中的噪声

C. 要求团队成员写下请求并通过使用书面媒介确认状态

D. 要求团队成员重复该消息，以确保信息被理解

139. 苏珊是一家软件咨询公司的工程总监。她需要为一个将在下个月启动的项目招聘 7 个人，她刚刚填写了职位的角色和职责并将其提供给了人力资源部门。在制定角色和职责时，她应该考虑下列哪项？

A. 技术

B. 政治

C. 人际关系

D. 背景

E. A、B、C

F. A、B、C、D

140. 下列哪项更好地描述了采购审计？

A. 项目经理对公司采购政策的遵守情况的结构化审查

B. 对卖方的可交付成果的结构化审查

C. 对采购管理流程进行的结构化审查

D. 对采购交割程序进行的结构化审查

141. 下列哪项不是领导风格？

A. 放任型

B. 交易型

C. 强迫型

D. 魅力型

142. 珍妮特是一家技术公司的项目经理。她的部门通常要求所有可交付成果的标准都在六西格玛之内。今天，她收到了她的第一份合同，要求交付标准在一西格玛之内。一西格玛的标准概率是多少？

    A. 68.27%

    B. 95.46%

    C. 99.73%

    D. 99.99%

143. 你正在为一家高尔夫球设备制造商工作。你的组织正在安装一些新的制造设备。你正在管理该项目。你的项目发起人询问完工估算（EAC），并告诉你他希望你思考在当前成本绩效指数（CPI）下执行的完工尚需估算（ETC）。如果挣值（EV）是 145 美元，计划价值（PV）是 162 美元，实际成本（AC）是 138 美元，完工预算（BAC）是 200 美元，那么完工估算（EAC）是多少美元？

    A. 190 美元

    B. 61 美元

    C. 58 美元

    D. 196 美元

144. 阿尔弗雷德正在与项目团队成员举行会议，以帮助确定和生成需求。这是下列哪项的示例？

    A. 头脑风暴

    B. 专家判断

    C. 产品分析

    D. 选择性分析

145. 项目经理以一种非规范的方式运行了他的敏捷项目，以减少对团队的影响。他和他的团队专注于通过连续的流程来向客户交付价值，而不是使用迭代方法。这种方法与下列哪一种敏捷方法有关？

    A. Scrum

B. 功能驱动开发

C. 水晶方法

D. 看板

146. 苏珊和大卫都是某互联网公司的项目经理，但他们在公司的不同部门工作，他们都为组织领导过许多成功的项目。他们联合起来为新项目的问题寻找创新的解决方案，包括协调利益干系人以实现项目目标。苏珊和大卫需要使用哪个技能来促进项目目标的达成，并影响利益干系人，使其支持项目及协议的协商？

A. 冲突管理技术

B. 沟通方式

C. 基本管理技能

D. 人际交往能力

147. 汤姆是一名项目经理，在一家知名的考试机构工作。他和他的团队采用敏捷方法来管理项目。由于公司的发展，团队新聘用了三名项目经理，汤姆负责加紧指导新员工。鉴于新员工在敏捷方面的经验有限，他决定引导他们了解敏捷的4个价值观和12条原则，以帮助他们应用敏捷思维。汤姆正在与新的项目经理回顾什么内容？

A. 敏捷章程

B. 敏捷原则

C. 敏捷指南

D.《敏捷宣言》

148. 下列哪项最能定义内部收益率？

A. 以今天的美元来计算的未来美元的价值

B. 一个项目未来现金流与今天美元的对比

C. 公司收回投资项目初始成本所需的时间

D. 资金流入现值等于初始投资时的折现率

149. 随着第一个重要里程碑的到来，项目经理决定将所有活跃的项目团队成员转移到作战室。这个例子代表什么？

A. 虚拟团队

B. 基本规则

C. 集中办公

D. 团队建设

150. 下列哪项更好地描述了虚拟团队？

A. 位于项目所在的主要物理办公室之外的团队成员

B. 让团队成员集中办公，以提高项目整体效率

C. 团队成员在组织的另一个分支内办公

D. 通过网络或其他技术工具召开会议的专业资源

151. 某五金零售连锁店的项目经理正在制定项目进度表。项目经理下达项目任务后，一位团队成员告诉他，他计划的两周的假期正好处于一项关键活动期间。项目经理事先没有做什么？

A. 提前打电话给团队成员，看看他们是否可以重新安排假期

B. 检查受影响的活动的资源需求

C. 提前取消团队成员的假期申请

D. 检查资源日历，看团队成员是否存在日程冲突

152. 阿尔和维罗妮卡已经一致同意通过在卡丁车赛道上各展风采来结束他们对于项目的争吵。事实上，他们让团队成员休息半天，举行了一场团队建设活动，他们也因此可以参加比赛。团队建设活动可以实现下列哪个目标？

A. 澄清什么是被认为可接受的行为

B. 为孤立的团队成员提供更好的社交生活

C. 张扬个性

D. 建立信任

153. 关键利益干系人向项目经理索要项目中可用于衡量项目进度的重要事件列表。项目经理将向该干系人提供什么文件？

A. 进度管理计划

B. 进度基准

C. 项目时间表

D. 里程碑清单

154. 蒂姆在一家项目管理咨询公司工作，刚刚协助完客户实施新流程改进计划。该公司的高管对项目的结果感到满意，但对团队能够保持这种生产力水平缺乏自信。蒂姆建议他们使用基于持续改善理论的改善方式。持续改善理论也被称为什么？

A. 看板

B. 持续改进

C. 预防

D. 零缺陷

155. 一个好的项目经理明白什么？

A. 变更是不可避免的

B. 一个精心构建的进度表不需要任何变更

C. 基线是固定的

D. 每个项目都是独一无二的

156. 苏是宠物设施扩建项目的项目经理，她计划参加即将举行的宠物博览会，和其他宠物设施从业者交流经验，并了解该行业最新的工具和技术。这是下列哪项的示例？

A. 预分配

B. 研究

C. 假期

D. 构建人际网络

157. 一个小型项目团队正在对海上数据中心的潜在扩建进行可行性研究。几位团队成员对该项目很感兴趣，因为该研究的早期迹象表明，这可能是一种成本效益的解决方案，它可以为组织节省数百万美元的年度开支。但是，运营团队对持续推进项目后，团队士气将受到的影响表示强烈担忧。根据干系人的需求和对项目的反馈，项目经理将在哪里记录与利益干系人互动的各种策略？

A. 利益干系人登记册

B. 利益干系人参与计划

C. 利益干系人管理战略

D. 项目管理计划

158. 水晶方法是一系列方法论，旨在支持一系列项目，具体取决于项目规模及其重要性。请根据涉及的利益干系人的数量，与相应的水晶方法进行匹配。

水晶方法	利益干系人的数量
A. 透明水晶	（1）20～40人
B. 黄色水晶	（2）5～100人
C. 橙色水晶	（3）6～20人
D. 红色水晶	（4）1～4人

159. 阿尔是首席测试经理，维罗妮卡是开发经理，他们都在一家股票交易公司工作。他们要求与项目经理会面，因为为项目设定的每个里程碑似乎都存在冲突。存在冲突的三大原因是什么？

A. 技术理念、资源、计划的优先级

B. 个性、计划的优先级、成本的优先级

C. 个性、不同的优先级、资源

D. 计划的优先级、稀缺的资源、个性化的工作方式

160. 下列哪一种合同类型对买方的风险更高？

A. 固定价格合同

B. 成本补偿合同

C. 工料合同

D. 成本加固定费用合同

161. 为了加快计划进程，项目经理修改了现有的用于过往项目的进度管理计划，以用于当前项目。在这种情况下，进度管理计划代表什么？

    A. 懒惰的项目经理

    B. 最佳实践

    C. 事业环境因素

    D. 组织过程资产

162. 工作分解结构的最低级别是什么？

    A. 工作包

    B. 活动清单列表

    C. 计划包

    D. 控制账户

163. 阿尔弗雷德正在与项目团队的几位成员举行进度会议，以促进团队之间的参与并针对各种计划活动的进展情况交换信息。当会议结束时，阿尔弗雷德向与会者分发会议纪要，并将文档存档到项目的中央存储库。这个用于录制、存储和分发信息给利益干系人的中央存储库叫什么？

    A. 项目管理软件

    B. 门户站点网站

    C. 档案管理系统

    D. 信息管理系统

164. 项目中利益干系人在哪个阶段的影响最大？

    A. 初始阶段

    B. 中间阶段

    C. 最后阶段

    D. 所有阶段

165. 罗恩与指定的项目经理鲍勃会面，询问其他项目团队成员何时会被分配到他即将参与的项目中。由于团队分配尚未发布，罗恩怎么知道他将被分配到该项目中？

A. 鲍勃是罗恩的朋友，很早就提到了这项任务

B. 罗恩一定是在不经意间听说了这个任务

C. 罗恩被预分配且被列在了项目章程中

D. 罗恩一定看过鲍勃的档案，他应该被举报

166. 一个项目中有 24 位利益干系人，共有多少条沟通路径？

A. 276 条

B. 288 条

C. 552 条

D. 24 条

167. 一个不确定的事件或条件一旦发生，就会对项目目标产生积极或消极的影响，它们被称为什么？

A. 权变措施

B. 问题

C. 风险

D. 触发器

168. 一位高级项目经理正在开展一个项目，该项目将允许两台位于不同国家的服务器基于网络技术相互通信。该项目中的部分工作需要使用特定的技术，因此团队需要具有特定专业知识的供应商。由于供应商非常抢手，因此供应商在授予的合同中加入了一项要求，即买方提供的零件必须在供应商开始工作之前是可用的。这是哪一种依赖类型的示例？

A. 外部依赖

B. 选择性依赖

C. 强制性依赖

D. 优先选择依赖

169. 根据马斯洛需求层次理论，一个人可以达到的最高需求层级是什么？

A. 归属

B. 自我实现

C. 安全

D. 尊重

170. 里程碑的持续时间是多少?

A. 工期等于项目长度的一半

B. 工期等于项目长度

C. 零

D. 通常是一

171. 鲍勃被指派为项目经理。他的公司属于健身和保健行业。他需要负责一个将在下个季度发布的新项目。为了准备该项目,鲍勃决定参加即将举行的健身博览会,届时将有许多业内同行参加。这是下列哪个选项的示例?

A. 侦查竞争对手

B. 研究

C. 休闲活动

D. 构建人际网络

172. 你的一位同事在管理他的项目时遇到了麻烦,该项目已经表现出绩效不佳的趋势。他觉得这个项目太复杂,因此向你征求意见。你应该怎样指导他?

A. 主动提出帮助他管理项目,即使你当前处于最大负荷的工作状态

B. 引导他向他的职能经理寻求帮助,因为为他提供培训是他的经理的工作

C. 引导他向项目管理办公室寻求帮助

D. 告诉他他必须对自己的项目负责,因为你正在处理自己的项目问题

173. 作为项目经理,你注意到几位项目团队成员表现得紧张且性格内向。目前尚不清楚这是否是因为最近项目内部出现了问题。你怎样才能更好地了解项目团队成员对项目的态度?

A. 通过观察和交流

B. 进行项目绩效评估

C. 制定基本规则

D. 执行冲突管理

174. 你将与其他 10 位团队成员一起参加每周一次的项目团队状态会议。会议将通过电话会议的形式进行，只有两位参与者在同一间办公室。这是＿＿＿＿＿＿＿的示例。

175. 一家软件公司的风险经理正在进行定量风险分析。在对风险进行数值分析时，她决定使用外部主题专家。风险经理可以通过这种技术获得什么？

A. 评估已识别的所有风险发生的可能性

B. 获得对评估风险的公正反馈

C. 更好地评估建模和模拟技术的结果

D. 验证执行过程中使用的数据和技术

176. 快乐假期邮轮公司的项目经理布鲁斯通常会在办公室巡视之后，将他与团队交谈时记录的笔记汇编成一份绩效报告，然后在他们的团队维基网站上分享。绩效报告是什么类型的沟通示例？

A. 非正式书面

B. 正式书面

C. 非正式口头

D. 正式口头

177. 由于招聘软件开发人员的高竞争性，某软件开发公司的人力资源助理发现很难吸引新员工。对此，她已向她的经理建议，公司应提高标准福利待遇。提供给所有员工的标准福利被称为什么？

A. 附加福利

B. 特权

C. 光环效应

D. 绩效奖金

178. 谁制定了质量管理的 14 个步骤?

    A. 爱德华·休哈特

    B. W. 爱德华兹·戴明

    C. 菲利普·克罗斯比

    D. 约瑟夫·朱兰

179. 将下表中的项目生命周期的类型与其相应的目标相匹配。

项目生命周期的类型	目标
A. 预测型	（1）解决方案的正确性
B. 迭代型	（2）通过频繁的交付和反馈来提升客户价值
C. 增量型	（3）速度
D. 敏捷型	（4）管理成本

180. 丽塔是负责公司智能数字音乐系列设备的产品负责人。在战略会议期间，她与部门总经理针对新产品创意进行了交谈。根据最近的分析及客户反馈的信息，他们决定继续开发最小可行产品。下列哪项能更好地定义最小可行产品?

    A. 向早期客户发布的包含功能子集的产品，作为获取未来产品开发反馈的一种方式

    B. 向早期客户发布的包含部分功能的产品，作为获取未来产品开发反馈的一种方式

    C. 向早期客户发布的包含一组强大功能的产品，作为获取未来产品开发反馈的一种方式

    D. 向客户发布的包含部分功能的产品，作为获取增强功能反馈的一种方式

181. 乔伊是一家公司软件测试部门的技术负责人。在她提出问题并引起了公司首席执行官的关注后，首席执行官指示乔伊告诉项目经理，将测试阶段延长两周以保证公司即将发布的版本没有缺陷。下列哪一种权力是基于他人对个人的尊重?

    A. 专家权力

    B. 参考权力

    C. 正式权力

D. 强制权力

182. 阿尔是首席测试经理，维罗妮卡是开发经理，他们在一家股票交易公司的同一个团队中工作。他们要求与项目经理见面，因为为项目设定的每个里程碑似乎都有矛盾的地方，这是由两位特定团队成员之间的冲突引起的。谁应该负责解决这两位项目团队成员之间的冲突？

   A. 项目经理

   B. 项目发起人

   C. 两位项目团队成员

   D. 职能经理

183. 360 度反馈是下列哪一个选项的示例？

   A. 团队绩效评估

   B. 观察与对话

   C. 项目绩效考核

   D. 冲突管理

184. 托马斯是一家软件咨询公司的项目经理。由于制度合规的障碍，他正在参与的项目大量超支。政府通过的新法案甚至可能使其交付成果无法分销。他向首席执行官建议出于公司的最佳利益考虑，他们应该结束该项目并忽视他们迄今为止产生的成本。已经花费的钱指的是下列哪一种成本类型？

   A. 沉没成本

   B. 机会成本

   C. 直接成本

   D. 固定成本

185. 项目管理团队花了几天时间与一名职能经理及一名项目经理进行谈判，目的是将公司的高级开发人员吸纳为他们项目的团队成员。这是满足项目资源需求所需的最终资源。项目管理团队正在从事什么活动？

   A. 获得工作所需的项目团队

B. 预估工作所需的资源

C. 预估工作需要多长时间

D. 确定资源需求

186. 弗兰克的团队正在为一位长期客户开发游戏软件产品。弗兰克的团队一致认为该产品需要增强功能，即在屏幕上添加记分牌。为了提高产品质量，团队添加了记分牌。弗兰克的团队做了什么？

A. 防止返工

B. 质量提升

C. 镀金

D. 遵循"合用性"理念

187. 约瑟夫·朱兰因下列哪个理论而闻名？

A. 零缺陷

B. 合用性

C. 全面质量管理的 14 个步骤

D. "计划—执行—检查—处理"循环

188. 一家建筑公司的项目经理发现了一种风险，如果发生这种风险，项目时间可能会缩短两个月，这意味着公司可以节省 75 000 美元。所有利益干系人都同意采取一切合理的措施来确保这种风险的发生。项目经理最有可能使用什么风险应对策略？

A. 利用

B. 分享

C. 增强

D. 接受

189. 关于质量指标，下列哪个说法是更正确的？

A. 确定在项目中测量什么及哪些测量被认为是可接受的

B. 确保执行与质量相关的步骤的工具

C. 确保项目开始时选择的概念、设计和测试是正确的

D. 确定流程中的浪费及非增值活动的详细步骤

190. 下列哪项不代表组织结构？

A. 项目导向

B. 职能型矩阵

C. 强矩阵

D. 平衡矩阵

191. 同理心、影响力和创造力都是下列哪个选项的表现？

A. 沟通技巧

B. 管理技能

C. 领导技能

D. 人际交往能力

192. 在最近的一次团队会议上，尼克因没有机会表达他对日程安排的担忧而感到不满。当他谈起这个话题时，约翰反复打断他，约翰觉得这次会议的重点应该是最近崩溃的服务器。什么地方出现了问题？

A. 尼克没有选出正确的优先级，因为服务器崩溃是当前最紧迫的问题

B. 项目经理没有制定明确的基本规则

C. 约翰应该因反复打断尼克而受到纪律处分，因为这不是团队凝聚力的表现

D. 应该建议尼克通过书面方式提交他的问题

193. 对于不符合项目标准的产品，项目团队不得不重新设计。除了返工成本外，还使计划延迟一周。这是下列哪项的示例？

A. 培训不足

B. 缺乏规范

C. 质量差

D. 范围结构不合理

194. 珍妮特是计算机编程语言（Java）架构咨询部门的项目经理。她刚刚被告知，她上周为潜在客户提供的提案已获得公司管理委员会的批准，其项目章程也已获得批准。接下来，珍妮特更可能开展什么活动？

    A. 促进迭代规划

    B. 创建待办事项列表

    C. 确定利益干系人

    D. 制定项目章程

195. 标杆对照法指的是什么？

    A. 通过状态会议确定项目团队的定位

    B. 为防止不符合要求而进行的投资

    C. 将实际或计划的项目实践与其他项目进行比较，作为获得改进意见的一种方式

    D. 识别可能影响正在开发的产品或过程的变量因素

196. 一位项目团队成员打电话告知项目经理，她完成活动所需的资源似乎有些混乱。开会迟到的项目经理告诉她不要担心，他会在接下来的几周内联系总部，并祝她有美好的一天，然后结束了通话。她不知道项目经理是否了解情况的严重性，因为如果没有资源，她的活动将无法进行，并且她会错过截止期限。该项目团队成员在谈话中没有做什么？

    A. 询问项目经理当下是否是谈话的好时机

    B. 确认项目经理是否正确理解了信息

    C. 安排后续对话

    D. 提高她的音调，让项目经理了解到情况的严重性

197. 项目经理收到团队成员的反馈，称某位团队成员的项目技术不熟练，影响了工作进度。项目经理随后意识到自己的错误，因为该团队成员是在最初的项目培训结束后才加入的。项目经理可以在哪个文件中查看团队的培训需求和培训计划？

    A. 项目进度表

    B. 进度管理计划

C. 项目管理计划

D. 资源管理计划

198. 埃里克是一个项目的项目经理。他知道为了保持团队的良好运作，他必须与团队成员共度时光。下列哪项可用于与项目团队成员在工作态度上保持联系？

A. 360 度反馈

B. 观察与对话

C. 问题日志

D. 团队建设活动

199. 你是一个软件组织的项目经理，领导一个新预订系统开发的项目。一个新的进度风险被识别并且此风险对项目至关重要。因此，你需要与项目利益干系人会面，讨论具体情况。与利益干系人打交道的最佳方式是什么？

A. 分别致电每一位利益干系人，以获取反馈

B. 安排与所有利益干系人召开一对一会议

C. 安排与所有利益干系人召开电话会议

D. 安排与所有利益干系人召开面对面会议

200. 下列哪一种技术使用加权平均？

A. 储备分析

B. 假设情景分析

C. 参数估计

D. 计划评审技术（PERT）分析

答案及解析

第一章　人员（领域 1.0）

1. B

卡丽娜正在识别干系人并分析他们的影响。尽管项目已经开始三个月了，但按照项目管理惯例，这项活动要反复进行，尤其是在项目早期。

2. D

根据《敏捷实践指南》，仆人式领导是一种领导力的实践，通过服务团队，专注于培养团队成员，理解和解决他们的需求，以建立高绩效团队。

3. D

问题解决包括通过提问把问题的原因与症状分开。决策过程包括考虑问题的替代解决方案，以及从备选方案中进行选择。决策的时机也同样重要，因为如果过早或过晚做出决策，好的决策也会变成坏的决策。

4. A

PMI 人才三角包括以下三类技能：技术项目管理、领导力及战略与商务管理。由于项目超出预算，且进度落后，南希很可能缺乏正规的项目管理培训和知识体系。

5. C

谈判是为了与其他各方达成协议。仲裁和调解是谈判的两种形式。

6. A、C、D

当项目存在高度不确定性、易变性和复杂性时，项目团队可能会面对许多问题。敏捷方法通过执行诸如创建清晰的团队章程（即愿景、使命）等活动，直接解决这些问题。这些问题包括目标不明确、需求不清晰、技术债务和严重缺陷。

7. B

题干描述了人际关系和团队技能的使用，这是在获取资源时常用的技能，通常包括与其他项目经理或职能经理进行谈判。

8.　A

当你持有 PMP® 认证时，职责之一是举报违反 PMP® 行为规范的行为。但在某些情况下，我们做出的错误判断是可以被纠正的。为了保持职业操守，持有 PMP® 认证的个人都必须遵守行为规范，让我们所有人为彼此负责。

9.　D

迭代型生命周期使用连续的原型设计或方案评审来改善产品或结果。活动循环进行，从而产生新的信息和团队共识。

10.　B

知识可以分为显性知识和隐性知识。隐性知识是指难以表达的知识，如见解、经验、信念和诀窍。

11.　D

这个问题描述了冲突解决中合作 / 解决的策略。这种策略允许多视角讨论和对问题的全方面评审。

12.　A

当一方离开或拒绝讨论冲突时，即使用了撤退 / 回避策略。这种策略通常会导致"双输"局面，不能真正解决冲突。

13.　C、D

团队章程用于组建团队、明确期望并建立团队规范。它通常强调团队价值观、协议及团队在整个项目生命周期中如何协同工作。它还可以定义团队的基本规则和其他预期行为。

14.　C

该问题描述了与监督干系人参与程度有关的活动。执行这些活动的工具和技术包括数据分析、决策、会议、数据表现、沟通技能、人际关系和团队技能。基本规则被用于管理干系人的参与。

15.　C

尊重包括以专业的方式做事。虽然项目经理不对他人的行为负责，但他对自己的行为和反应负责。专业行为包括在有问题的情况下控制自己的反应，就像大卫在这个场景中所做的那样。

16.　C

你知道你的朋友报告了不真实的情况，你有义务确保任何时候的报告都是真实的。你可以给你的朋友一个改正自身行为的机会；如果这个人不诚实，你有责任提供准确的信息。

17.　A

合法的或正式的权力来自产生影响的人的地位。

18.　B

通用管理技能会影响项目成果。估算成本是规划过程组的一部分，控制成本是监控过程组的一部分。PMI要求你具备一定水平或年限的项目管理经验，并满足其他要求，才能参加考试。

19.　B

在高度适应型生命周期中，变更是受欢迎的，因为其代表团队可以不断从干系人处获得反馈。

20.　C

角色和职责、培训需求、认可和奖励计划都被记录在资源管理计划中。计划中包含的其他要素包括识别资源、获取资源、项目组织图、项目团队资源管理、团队建设和资源控制的方法。

21.　D

在国外工作可能会产生文化冲击。当你花了数年时间以某种方式做事，并希望日常事件遵循特定的流程进展时，如果事情没有如你所期望的那样发展，你就可能失去方向。在这种情况下，项目经理正尝试避免文化冲击。

22. A

命令也被称为强制，是一种解决冲突的策略。这种策略以牺牲一方为代价，推行另一方的观点。这是一个典型的"赢—输"局面的解决方案。

23. D

冲突会影响项目进展，多元化培训是确保团队成员意识到文化差异，并合理处理文化差异的最佳方式。虽然团队建设也可以减少冲突，但这道题是专门针对文化差异的，所以最好通过多元化培训处理。

24. D

团队处于塔克曼阶梯理论的震荡阶段。在这个阶段，团队成员开始着手处理项目工作，但尚未开展协作或坦诚地对待彼此。

25. B

Z 理论是由威廉·乌奇博士提出的。该理论与提高员工的忠诚度有关。该理论强调员工在工作之中和工作之外的福利，鼓励稳定就业，认为这样会提高员工的满意度和士气，从而提高生产力。

26. A、B

影响力意味着人们有能力利用权力或政治能力完成工作。权力是让人们做他们一般不会做的事情的能力，这种能力能够改变人们的想法并影响结果。政治能力包括让利益不同的群体进行有创意的合作，即使存在冲突和混乱也无妨。

27. A—（4），B—（3），C—（1），D—（5），E—（2）

领导风格有多种类型。《PMBOK® 指南》重点介绍了以下六种：放任型领导、交易型领导、服务型领导、变革型领导、魅力型领导和交互型领导。交互型领导结合了交易型、变革型和魅力型领导的特点，题干中未列出此风格。

28. A、D

服务型领导通过提供支持使团队能够自组织和自管理，从而使团队取得成功。服务型领导有赋予团队权力的职责，包括赋予团队更大的责任，以及通过辅导和鼓励支持团队。

29. C

随着项目的推进，你应该使用不同的管理技能来执行这些过程，包括运用不同技术去激励、领导和指导团队。这些技术的选择取决于项目所处的阶段及团队和干系人。项目资源管理知识领域的过程涉及人力和物力资源，包括规划资源管理、估算活动资源、获取资源、建设团队、管理团队和控制资源。

30. B

根据题干中提供的信息，你可以通过安特文的头衔得出结论，他是项目发起人。项目发起人通常是组织中有权分配资源或做出有关项目决策的执行者。作为营销助理的刘易斯不可能成为项目发起人，但他有可能在项目中扮演重要角色。

31. A

集中办公也被称为紧密矩阵，是指把大多数或全部项目的团队成员安排在同一个地点工作，以提升团队的工作能力。

32. D

你必须考虑备选的项目团队成员的特征，无论他们来自组织内部还是来自组织外部。这个题目描述了在获取资源时应考虑的事业环境因素。

33. B

项目经理可以使用多种工具和技术来建设团队，包括集中办公、虚拟团队、通信技术、人际关系与团队技能（如冲突管理、影响力、激励、谈判、团队建设）、认可和奖励、培训、个人和团队评估及会议。情商更多地被用于管理团队。

34. A

成就理论是由戴维·麦克利兰提出的，即人会受到对权力、成就和归属感需求的激励。维克托·弗鲁姆提出了期望理论；弗雷德里克·赫茨伯格提出了双因素激励理论；道斯拉斯·麦格雷戈提出了 X-Y 理论。

35. A

根据《敏捷实践指南》，仆人式领导方式具有以下特征：促进自我意识，倾听，为团队成员服务，帮助成员成长，指导而不控制，促进安全、尊重和信任，提升他人的活力和智慧。

36. B

权变理论提出，人们可以通过被激励而达到相应的水平，并且即使在达到该水平之后也会继续受到激励。这个题目所指的角色定位研究领域是对项目管理知识库的贡献。

37. A

题干描述的是管理者，而不是领导者。责任价值观包含信息安全的概念。

38. D

资源日历是获取资源过程的输出，其中包括资源的可用性、技能和能力。

39. C

在成熟阶段，团队就像一个组织有序的集体，团队成员之间相互依靠，平稳、高效地解决问题。其他选项分别描述了形成阶段、震荡阶段和规范阶段。

40. B

在项目环境中，冲突是不可避免的，关键是人们如何处理和管理冲突。

41. C

作为坚守职责价值和确保诚信的一部分，项目经理需要遵守适用于该行业、组织或项目的所有法律和法规。绕过海关是违反法律的行为。

42. D

这个题目描述了获取资源过程中输入的事业环境因素，并涉及《PMI道德规范和职业行为准则》的责任部分。责任强调项目经理做出的决策应该对组织有利。

43. A、B、C

好领导要善用参照性权力，这可以从他们下属的表现推断出来。好领导是有远见的人，并且关心全局、战略方向和计划。项目经理的主要目标是满足干系人的需求。

44. A

你处于执行过程，因此你正在执行管理干系人参与的过程。该问题描述了这个过程中的工具/技术：人际关系和团队技能。

45. B、C、D

在建设团队时，要经常使用认可与奖励。奖励应与业绩成正比，并与绩效挂钩。如果反复地奖励团队的某位成员，可能会影响其他团队成员的士气。

46. C

期望理论提出，对积极成果的期望会产生驱动力。驱动力既可能驱动消极行为，也可能驱动积极行为。责任价值观包括以下几个要素：保证诚信、接受分配、遵守法律和法规及保守秘密。接受分配包括对你的资质保持诚实，伪造个人经历是不诚实的行为。

47. C

有时你可能会与来自不同国家或文化的团队一起工作。有些团队成员来自同一个国家，另外一些团队成员则来自另一个国家。确保文化或道德差异不会妨碍项目的最佳方法是为所有团队成员提供培训。

48. B、C、D

虚拟团队可能不在同一地点工作，但是他们都共同承担项目的目标并为此发挥自身的作用。

49. C

该问题描述了与团队建设相关的活动，这对团队发展阶段至关重要。

50. B

根据《敏捷实践指南》，敏捷项目中有三种常见角色：跨职能团队成员、产品负责人和团队促进者。许多敏捷框架和方法没有设置项目经理的角色。

51. B

该问题描述了获取资源的过程，因为它提到了你将在全球范围内招聘虚拟团队成员。虚拟团队是这个过程的工具/技术。由于团队的多样性，要特别注意文化差异，也可能需要为团队成员提供多元化培训。

52. A、D

奖励和认可制度是对期望行为进行鼓励的正式方法。

53. D

衡量客户满意度只是项目管理结束期间发生的众多活动之一。虽然某些项目在项目生命周期中的关键时刻也会进行客户满意度评估，但这个活动在项目收尾阶段是必不可少的。

54. D

作为项目经理，与干系人建立联系对你而言很重要。项目干系人管理，关注的是识别项目中的所有干系人，并对他们的需求、期望和项目参与度进行评估。

55. B、C、D

结构化访谈、能力测试和态度调查是评估个人和团队的工具，它们可以让项目经理了解团队成员的优势和劣势，并根据团队成员的能力组织团队。培训不是评估的工具。

56. A—（2）、B—（4）、C—（3）、D—（1）

妥协也被称为调解，是指通过安抚所有干系人解决冲突（"输—输"）；合作是解决冲突的双赢技术，旨在通过公开对话和沟通不同观点解决问题；强制也被称为命令，是一种解决冲突的策略（"输—赢"），以牺牲一方为代价，推行另一方的观点；回避也被称为撤退，是一种解决冲突的策略，参与者从冲突中退出，并希望其他人能够解决冲突。

57. B

服务型领导者鼓励在团队中分解责任。他们通过指导团队、消除障碍、帮助个人
发展和促进协作等方式为团队提供支持。

58. A

通过干系人评估矩阵可以比较计划参与水平与实际参与水平。干系人评估矩阵可
以与多标准决策分析结合使用，用经过加权和优先排序的预定义准则来评估参
与度。

59. D

莱蒂西娅正在执行与监督干系人参与过程的相关活动。具体来说，她正在使用多
标准决策分析工具。该工具是该过程决策工具的子集。

60. A

知识可分为显性知识和隐性知识。显性知识是指可以用图片、数字或文字记录的
知识。

61. A

团队绩效评估是建设项目团队的结果。这个活动通常包括确定和记录团队的效率。

62. A

随着项目的推进，项目所需支出开始逐渐减少。该项目目前处于收尾阶段，这时
预算超支的风险应该很小。

63. A、C、D

你在进行与管理团队相关的活动。以下信息可以帮助你洞察有关团队成员的绩效：
资源管理计划、问题日志、经验教训登记册、团队派工单、团队章程、团队绩效
评估、工作绩效报告、事业环境因素和组织过程资产。项目管理信息系统是用于
绩效评估而非信息评估的工具。

64. A

蕾安娜正在管理团队流程，其中包括冲突管理。这个过程涉及跟进团队成员的绩效、提供反馈、问题解决及管理团队变更，以优化项目绩效。

65. A、C

根据《PMBOK® 指南》，可以将虚拟团队定义为具有共同目标的一群人，他们很少或根本没有机会进行面对面沟通。通常，这种团队的成员分散在不同的地方。

66. C

当与他人互动时，你应该始终保持尊重和专业的行为。你无法控制他人的行为，但可以控制自己的行为。此问题涉及实施采购过程，谈判是此过程的工具和技术。

67. A

合作也被称为解决，是项目经理最常用的冲突解决策略。

68. D

作为项目收尾的一部分，项目经理要将正在进行的活动（如支持和维护）移交给适合的团队。如果不进行移交，这些活动中的项目资源就不可以被完全释放。

69. C

冲突解决策略包括撤退/回避、缓和/包容、妥协/调解、强制/命令、合作/解决。

70. A

缓和也被称为包容，它强调一致性而非差异性。

71. D

这个问题的最佳答案是 Y 理论。认可 Y 理论的管理者认为，只要有正确的动机和适当的期望，人们就会表现出最佳状态。认可 Y 理论的管理者支持自己的团队，关心团队成员，并且善于倾听。

72. A

管理团队过程有两种工具 / 技术：人际关系和团队技能、项目管理信息系统。

73. A—（2），B—（1），C—（3）

《PMBOK® 指南》重点介绍了三种决策技术：投票、独裁型决策制定和多标准决策分析。

74. D

认可 Y 理论的管理者认为，只要员工知道管理者对他们的期望，且他们有适当的动机，他们就会竭尽所能地开展工作。

75. A

可以将采购经理的行为视为违背组织利益。违背组织利益是指将个人利益置于项目利益之上，或者利用自己的影响力使他人做出有利于自己的决定而不考虑项目结果的行为。换句话说，个人利益优先于专业义务，并且做出的决定可以使个人受益，而不管项目的最终结果如何。

76. C

绝对式终止是项目结束的最佳类型，这意味着该项目结束是因为它已经被完成并得到了干系人的认可。

77. B

凯莉和阿莉莎使用了合作策略。合作策略也被称为解决策略，是指从不同角度获得多种观点，并在人们进行公开沟通后达成共识和承诺。合作策略被认为是解决冲突的双赢策略。

78. B

最佳选项是交互型和合法权力。该领导者专注于合作和影响力，她倾听员工的回答，然后提出自己的建议。情境领导也是一个正确答案，但这不在选项之内。根据她的职位，她使用的是合法权力。

79. C

尽管所有选项都是合理的答案，但谎称持证是违反道德规范的一个典型情况。作为 PMP® 认证持有人，你有责任举报违反 PMP® 行为规范的行为。

80. A

特鲁迪和罗伊正在使用干系人参与度评估矩阵工具，该工具是规划干系人参与过程的一种数据表现工具。该矩阵将干系人分为五类：不了解型、抵制型、中立型、支持型和领导型。

81. B

资源平衡在资源被过度分配，即仅在某些时间可用或一次被分配给多个活动时会被人们使用，它是资源优化技术的一种，也是制订进度计划过程的工具。

82. B

诚实不仅针对与个人有关的背景和经验信息，而且涉及项目情况信息，包括诚实对待已知的项目状态和信息。

83. B

项目经理需要了解干系人的诉求，并规避潜在的个人利益冲突。

84. D

该问题描述了每日站会。每日站会也被称为每日 Scrum 会议。这个会议每天在同一时间和地点举行，并且时间通常不超过 15 分钟。其目的是保持团队信息通畅，同时提醒敏捷教练团队关注可能会影响项目的相关障碍。

85. A

干系人经常有不同的利益诉求，这会引起冲突。了解这些冲突并设法解决它们是项目经理的责任。

86. A、B、C

服务型领导者通过帮助团队合作并更快地交付价值来促进团队成功。他们通过倾听、提升自我意识、尊重和信任来做到这一点。他们用服务的心态来帮助团队。

87.　A

新版《PMBOK® 指南》将干系人定义为：能影响项目的决策、活动、结果或者被其影响的个人、团队或组织。

88.　B

对于抵制变化的团队，采用渐进过渡的应对方式会更好。在过渡过程中，可同时使用预测型和适应型的模式元素，这被称为混合方法。

89.　C

乔是正确的。项目经理负责管理和执行与项目整合管理活动相关的工作。

90.　B

公平包括避免偏袒某方、不歧视他人、避免利益冲突、正确汇报利益冲突及在决策过程中保持公正。

91.　C

在国外工作可能引发文化冲击。当你花了几年时间以某种方式做事，并且期望日常活动都遵循原先的行动方针时，如果事情进展不顺利，你可能就会迷失方向。

92.　B

塔克曼阶梯理论也被称为团队发展阶段理论，它指明了团队可能经历的五个阶段：形成阶段、震荡阶段、规范阶段、成熟阶段和解散阶段。在解散阶段，团队完成工作并释放相关资源。

93.　C

在迭代型和增量型项目生命周期中，反馈有助于更好地计划项目的下一次迭代。在敏捷项目中，增量交付可以暴露隐藏或存在误解的需求。

94.　C

制片人是项目的发起人，因为题干中明确了他是项目所有问题的最终决策者。他还创建了预算，这意味着他有权管理项目的财务。

95. B

苏指的是领导力。领导力是构成 PMI 人才三角的技能之一。新版《PMBOK®指南》将领导力描述为指导、激励和指挥团队，以帮助组织实现业务目标所需的知识、技能和行为。

96. B、D

敏捷团队专注于衡量价值及团队交付的内容，而不是团队预期交付的内容。绩效测量一般是基于经验和价值的。

97. D

在管理项目团队时，资源可用性或个人工作习惯的不同会引起许多冲突，从而产生进度问题。

98. D

马斯洛需求层次理论指出，人有五类需求，它们按照以下层次顺序排列：基本生理需求、安全需求、社会需求、尊严需求和自我实现。该理论认为，人只有在某个层次的需求得到满足后，才会产生更高一个层次的需求。

99. A

角色定位研究被描述成工作分析是最恰当的。PMI 每五至七年对每门认证学科进行一次角色定位研究。角色定位研究通过召集志愿者讨论与每个认证相关的特定角色，以识别这些角色被期望履行的任务和职责。

100. B

你刚刚完成了组建项目团队的相关活动，与团队建设相关的活动会随之而来。

101. A、B、D

团队章程也被称为团队契约，通常包括团队如何进行合作和互动等内容。《敏捷实践指南》提供的示例包括团队价值观、工作协议、基本规则和团队规范。团队任务分配通常不包含在这个契约中。

102. C

作为项目管理从业人员职责的一部分，我们应向有关人员或管理层举报不道德或非法行为。确保人们遵守信息安全要求、法规和法律要求是坚持责任价值观的一部分。

103. C

项目经理正在利用战略和商务管理技能，这是构成PMI人才三角的技能之一，另外两个技能是技术项目管理和领导力。

104. C

产品负责人代表业务部门、客户或最终用户发言，因此被认为是客户的声音。产品负责人代表干系人，并且是干系人、敏捷教练和开发团队之间的联络员。

105. D

谢丽尔和项目经理致力于吸取与该特定供应商相关的经验教训，并参与管理供应商绩效评估的相关活动，其中包括讨论有哪些做得很好的部分，以及哪些可以做得更好的措施。这会对项目有所帮助。

106. B

双因素理论指出，保健因素和激励因素是促进人们产生动力的两个因素。保健因素对应工作环境问题，激励因素对应工作本身的实质性问题和对工作的满意度。

107. D

虽然项目发起人通常对项目也是有责任的，但项目经理对项目的整体成功负责。

108. A

会议是用于制订项目管理计划的四种工具和技术之一。其他工具和技术包括专家判断、数据收集技术（如头脑风暴、核对单、焦点小组、访谈）及人际关系和团队管理技巧（如冲突管理、引导、会议管理）。

109. A—（4），B—（2），C—（1），D—（3）

敏捷团队需要明确项目的愿景和目标，这些要通过项目章程提供。敏捷项目章程讨论了项目立项的原因、团队规范及团队成员之间如何进行合作。

110. A

构成 PMI 人才三角的技能分为三类：战略和商务管理技能、技术项目管理和领导力。战略和商务管理技能包含项目经理能够描述项目的业务需求及如何使它们与组织的目标保持一致。

111. D

责任包括接受你有资格承担的任务。你应该始终诚实地向招聘方、客户、PMI 及其他人报告你的资格、经验和过去的服务表现。

112. D

坚守保密协议是责任价值观的一部分。保守已委托给你的专有或机密信息是项目经理的职责之一。

113. C

公平包括避免偏袒某方、不歧视他人、避免利益冲突、正确汇报利益冲突及在决策过程中保持公正。在这种情况下，范围蔓延应引起项目团队的注意，并被视为未经批准的变更。项目经理需要执行正式的变更控制流程。

114. B、C、D

组建有效的敏捷团队的成功因素是建立信任基础、营造安全的工作环境及拥有敏捷思维。

115. C

权变理论是 Y 理论和双因素理论的结合。权变理论指出，人会在胜任工作前被激励，而且这个激励在达到胜任条件后依然有效。

116. A

构成 PMI 人才三角的技能包括三类：战略和商务管理技能、技术项目管理和领导力。

117. D

责任是指做出对组织有利而不是对自己有利的决定，承认我们的错误并对我们做出的决定（或我们未做出的决定）及其后果负责的行为。它代表了项目管理从业人员应该坚持的四个价值观之一。

118. B

凸显模型在分析干系人时使用了三个要素：权力、紧迫性和合法性。这是识别干系人过程的数据表现技术。

119. A、C

根据《敏捷实践指南》，地理上分散的团队可以通过多种方式构建虚拟工作空间并组合在一起。提供的两个示例包括长链接方式和远程面对面方式。

120. D

团队建设、激励、表彰和奖励之类的活动是改善团队合作、激励员工、减少人员流失和改善总体项目绩效的一种手段。

121. D

你可以举行团队庆祝活动，感谢团队成员的贡献，并指导他们完成项目收尾过程。

122. A

该选项描述了团队发展的解散阶段。

123. D

获得反馈可以防止团队产生方向上的错误。早期和连续的反馈能让我们对工作进行少量修正，从而确保团队能够满足干系人的反馈要求并实现有价值的增量交付。

124. A

罗恩是一位敏捷教练。在敏捷项目管理中，敏捷教练负责协调冲刺的工作，并在团队遇到影响他们工作的阻碍时进行干预。敏捷教练还为产品负责人维护产品的待办事项，确定工作的优先级并定义期望完成时间提供支持。

125. D

该问题描述了技术项目管理，这是构成PMI人才三角的三类技能之一。新版《PMBOK® 指南》将技术项目管理定义为与项目、项目集和项目组合管理的特定领域相关的知识、技能和行为。

126. C、D

横向思维是替代分析的一种形式，通常用于确定项目范围。它是由爱德华·德·博诺提出的，是一种推理和思考问题的方式，与用证据做推理的归纳法有所不同。

127. C

定义需求并获得对需求的签字确认有助于确保客户满意度。当干系人同意需求时，他们会明确地知道哪些属于项目交付的内容及哪些不属于项目交付的内容。

128. B

PMP® 认证证书持有者必须诚实且真实地报告项目状态。在这种情况下，你应该告知客户有关问题的所有信息，并努力寻找可能的解决方案。

129. D

沟通渠道的计算公式为：$C_n^2 = \dfrac{n(n-1)}{2}$，其中 n 表示利益干系人总数（假设你已经包含在 n 中）。代入数值，$C_{35}^2 = \dfrac{35 \times (35-1)}{2} = 595$（条）。

130. B

项目团队正在使用产品分析技术来定义项目范围。

131. B、C

《敏捷宣言》强调个人及互动。因此，敏捷方法强调优化流程以实现持续的价值交付。其主要优点包括：人们会更多地协作；团队会更快地完成有价值的工作，且可以减少时间的浪费。

132. C

尊重涉及多个领域，包括我们的行为方式、对待他人的方式、倾听他人的观点及以专业的方式做事。根据《PMI 道德规范和职业行为准则》，互相尊重的环境会让人产生信任和信心，并促进团队成员相互合作。

133. B

当人们在陌生的环境中工作时，可能发生文化冲击。研究你要去的国家的信息并开展相关培训有助于解决这个问题。

134. C

燃尽图显示冲刺的剩余工作量，其横轴显示冲刺的时间，其纵轴显示未完成项。

135. B

特鲁迪和罗伊在进行规划干系人参与的相关活动，其中包括根据干系人的利益、对项目的影响、需求和期望的信息来制定吸引干系人参与的方法。

136. C

当某人在某方面拥有海量知识或具有特殊能力时，专家权力就会产生。

137. A

通过团队建设活动，项目经理可以提高团队的能力、增加团队成员的互动，以及营造良好的团队环境，从而提高项目绩效。

138. C

项目经理正在进行与管理干系人参与过程有关的活动。人际关系和团队技能、文化意识都是这个过程会用到的工具和技术。

139. A

题干中的两位团队成员正在寻找各自在团队中的位置及和你相处的方式。这描述了团队发展的震荡阶段。

140. C

这个场景描述的是交易型领导风格。交易型领导具有独裁、关注活动、独立的特点。他们经常使用条件奖励制度、例外管理的方法。

141. C

虽然列出的所有选项都可以缓解这种情况,但人际关系和团队技能是这位有问题的团队成员最缺乏的能力。

142. D

最适当的处理方式是告诉客户剩余任务,并与客户一起修改进度表或修改与付款日期有关的协议。

143. B

利益冲突是指将个人利益凌驾于项目利益之上,或者利用自己的影响力使他人做出有利于自己的决定而不考虑项目的结果。通过违反采购政策来改善预算状况是不恰当的措施。

144. A

在组建团队时,考虑诸如组织的招聘、采购程序及流程之类的事情是十分重要的。你当场雇用朋友,这可能会缺少流程中的重要步骤。预分配是指在项目开始之前分配资源。

145. A

沟通渠道的计算公式为：$C_n^2 = \dfrac{n(n-1)}{2}$，其中 n 代表干系人总数（假设你已经包含在 n 中）。将数值代入,得到以下结果：$C_{12}^2 = \dfrac{12 \times (12-1)}{2} = 66$（条）。

146. B

专家权力是在被影响的人相信影响产生者时发生的，通常是因为影响产生者对相关方面有研究或具备成为专家的特殊能力。

147. C

团队发展阶段如下：形成阶段、震荡阶段、规范阶段、成熟阶段和解散阶段。该模型由塔克曼和詹森提出，每增加一位新成员，团队就会退回到形成阶段。

148. A

该团队成员正处在马斯洛需求层次理论的自我实现层次。

149. B

鉴于项目经理是在合同约束的情况下为该手册提供服务，并且他只是众多撰稿人之一，因此他的行为会被视为违反了该组织的知识产权政策。这可以通过查看项目经理的合同协议来加以验证。

150. B

寻求敏捷思维方式的团队可能会探索团队如何用更加敏捷或透明的方式行动，而不会探索团队如何采用可预测的方式行动。

第二章 过程（领域 2.0）

1. B

丽塔正在细化产品待办事项列表，以便为下一个冲刺做准备。让团队参与可以让每位团队成员加深对故事的理解。

2. C

项目经理通常负责撰写最终报告。项目的最终报告包含项目概述，也可能包含有关范围、成本、进度、风险和质量结果的信息。

3. B

风险战略、方法论及与风险相关的角色和职责都是风险管理计划的元素。该计划涵盖的其他领域包括风险相关资金、时间安排、风险类别、干系人风险偏好、风险概率和影响的定义、风险概率和影响矩阵、报告格式和跟踪。

4. C

《敏捷宣言》确定了描述敏捷方法的 12 条原则。它来自一群软件开发人员，他们在 2001 年聚集在一起，将敏捷方法正式化。

5. C

根据 PMI 的观点，一名优秀的项目经理需要花费高达 90% 的时间进行沟通。沟通技能对优秀的项目经理来说至关重要。

6. A

变更驱动型生命周期也被称为敏捷型或适应型生命周期。

7. B

项目沟通管理涉及项目团队的每位成员和所有干系人。参与项目的每个人都将发送或接收项目信息，或两者兼有。选项 C 的项目资源管理涉及将项目所有的人力和物力资源分配到项目工作中。尽管项目的所有人员都参与其中，但这个知识领域内的流程只有项目经理和部分其他人员参与执行。

8. A、C、D

高度预测（瀑布）型生命周期通常具有详细的规范，而高度适应（敏捷）型生命周期具有逐渐明确的需求。其他所有陈述均正确。

9. A—（5），B—（1），C—（4），D—（2），E—（3）

项目管理共有 10 个知识领域。使用关键词能够将其名称与描述更好地匹配。

10. A，C

根据《PMI 道德规范和职业行为准则》，你应始终如实报告项目状态。这个问题涉及与管理沟通过程相关的活动。

11.   B

通过采用敏捷方法，项目团队可以评估结果并调整过程，以满足新的或修改后的需求。

12.   B

增量型生命周期侧重于交付速度。在这种类型的生命周期中，项目会频繁地产出较小的可交付成果，以避免在解决方案出现之前团队成员一直等待。换句话说，这可以先让整个解决方案中的一个子集尽快可用。

13.   B

由于该场景中团队已经完成项目的最终可交付成果，这意味着团队将进行收尾活动。作为结束项目或阶段过程的一部分，行政收尾包括确保满足退出标准并关闭合同协议，测量干系人的满意度及确保运营或维护活动转移到运营部门。

14.   B

在 Scrum 中，迭代也被称为冲刺。迭代或冲刺总是有时间限制的，可以是团队定义和商定的任何短周期时间段。

15.   D

里程碑清单包含完成项目里程碑的最后日期。它被看作是结束项目或阶段过程的输入，结束项目或阶段过程的输出为最终报告。

16.   C

项目沟通记录作为项目文件的一部分，是结束项目或阶段过程的输入。它包括在整个项目中产生的所有沟通记录。

17.   B

项目团队正在进行与结束项目或阶段过程有关的行政收尾活动。虽然获取的信息将被添加到经验教训登记册中，但行政收尾是一个更全面的选项，它还包括题干中提到的其他活动，如将信息归档和创建最终报告。

18.　B

根据《敏捷实践指南》，所有项目生命周期都包含规划元素。预测型、迭代型、增量型和敏捷型生命周期的不同之处在于其完成规划的程度和时间不同。

19.　B、C

请记住，考试中的所有答案都参考新版《PMBOK®指南》中使用的特定术语。尽管其他选项看起来也是正确的，但新版《PMBOK®指南》将这个过程称为阶段门、阶段审查、阶段关口、阶段出口或关键决策点。

20.　C

监控过程组对项目绩效进行测量和分析，以确定项目是否能按照计划进行。

21.　D

敏捷项目管理是一种通过工作迭代来管理项目的方法论；它允许团队快速适应新的需求，并允许其对产品、服务或成果的目标、可交付成果及其功能进行持续评估。

22.　D

在敏捷方法论中，冲刺或迭代是指一个短期的、有时限的工作，它总是从冲刺计划会议开始。

23.　D

当项目实现其目标并满足了干系人的需求和期望时，该项目被认为是成功的。

24.　A

项目章程中包含的信息具有高度概括性。虽然项目章程可能包含一份具有高度概括性的风险清单，但不太可能在项目的早期阶段包含一份详细的清单。

25.　A

项目在执行阶段被成功完成的可能性由中到高。由于该项目已接近执行的尾声，并且目前处于正轨，因此成功的可能性较高。

26. A

未主动选择风险应对的策略是风险接受。风险接受有两种情况：被动接受和主动接受。被动接受意味着项目成员除了定期监控风险之外不会采取任何行动。

27. C

项目经理正在制订成本管理计划，这是在规划成本管理过程中进行的一项活动。成本管理计划记录绩效测量规则、精确度和准确度、测量单位、组织程序链接、控制临界值、报告格式、过程描述，以及制定、管理和控制成本所需的其他与成本相关的细节。

28. B

评估成本与质量成本相关，是用于检查产品或过程，确保其能满足客户需求时产生的成本。评估成本的示例包括检查和测试。

29. B

最佳答案是沟通管理计划，它是项目管理计划的一个子计划。虽然项目管理计划也是一个正确的答案，但沟通管理计划是一个更具体的文件，因此它是一个更准确的答案。干系人的沟通需求、上报流程及接收 / 获取信息的方法都是沟通管理计划中的元素。

30. B、C、D

产品范围描述是项目章程和项目范围说明书的一个组成部分，但它不是这个过程的输入。

31. A、B、D

这个陈述确实描述了项目的一些目标，但描述得不够充分。目标是用于测量项目取得成功的可量化标准，应包括进度、成本和质量指标，而本段陈述中没有提及进度、成本或质量的衡量标准。项目需求描述了目标的规格，通常不会混入项目目标的陈述中，项目目标应该清晰且简洁。

32. C

对风险登记册进行更新是实施定量风险分析过程的一部分。更新包括对整体项目风险敞口的评估和项目的详细概率分析。

33. B

为了确定项目的总工期，你需要将每项活动的期望值相加。请注意，你仅为浮动时间为零的活动计算期望值。

34. A

菲利普·克罗斯比是提出"零缺陷"实践的质量专家，他提出了"第一次就做对"的观点。

35. B

卡丽娜正在进行识别风险的过程。该过程的目的是识别单个项目风险及整体项目风险的来源，并记录其特征。

36. A

低优先级风险被添加到风险登记册内的观察清单中，在那里它们可能发生的变化将随时被监测。

37. A

答案是有 10 条沟通渠道，在使用沟通需求分析工具和规划沟通管理过程的技术时要考虑沟通渠道。计算公式为：$C_5^2 = \dfrac{5 \times (5-1)}{2} = 10$（条）。

38. B

大多数项目的最大开支是资源，包括人力、材料和物料。

39. C

参数估算是一种基于参数的估算方法，它用工作量乘以费率，或结合历史数据使用算法来确定成本、预算或工期估算。当信息可靠时，其会产生高准确度的估算结果。

40. C

根据《PMBOK® 指南》，有两种级别的风险：单个项目风险和整体项目风险。整体项目风险是指不确定性对项目整体的影响，它源于所有的不确定性。

41. B

资金需求来自成本基准。管理储备在整个项目中以增量方式释放，资金需求是制定预算过程的输出。

42. D

自制或外购分析是规划采购管理过程的一种工具和技术。

43. D

每日站会的目的是让团队达成共识，相互承诺，并立即解决任何障碍。Scrum 主管负责支持团队并确保他们了解自己的角色和 Scrum 流程。

44. D

根据《PMBOK® 指南》，规划干系人参与是根据干系人的需求、期望、利益和对项目的潜在影响，制定项目干系人参与项目的方法的过程。这是项目干系人管理知识领域的第二个过程。

45. B

指导和管理项目工作、管理质量及实施采购是构成执行过程组 10 个过程中的 3 个。

46. D

在收尾阶段，项目被成功完成的可能性最高。

47. D

由于完工估算（EAC）是根据迄今为止的实际成本（AC）计算的，并且假设完工尚需估算（ETC）工作将按预算完成，EAC 的计算公式为：EAC=AC+［完工预算（BAC）－挣值（EV）］。经计算，EAC＝425＋（900－475）＝850（美元）。

48. B

项目管理计划包含资源管理计划，该计划说明了如何获取、管理和释放资源。

49. C

敏捷型生命周期由迭代和增量方法混合组成，重点是改进工作以更频繁地交付成果。敏捷型生命周期具有关注客户价值的动态需求。

50. C

当项目的资源被分配到组织中的其他区域或分配给其他项目时，项目就会发生整合式终止。根据题干描述，该职能经理将要把资源重新分配给另一个项目。

51. C

瀑布是一种遵循预测型生命周期的方法。敏捷和精益框架有许多，《敏捷实践指南》中介绍了 Scrum、极限编程、看板方法、水晶方法、Scrumban、特性驱动开发、动态系统开发方法和敏捷统一过程。

52. B

储备分析是一种用于控制成本和监督风险过程的工具与技术。该技术包括分析迄今为止消耗了多少储备，以及是否仍有足够的储备来应对当前和未来的风险。

53. C

数据分析是多个项目管理过程的工具和技术，包括控制进度过程，例如，使用挣值分析、迭代燃尽图、绩效审查、趋势分析、偏差分析和假设情景分析。

54. B

计划价值是分配给预定工作的授权预算。换句话说，它是指计划完成的工作的价值。

55. C

状态审查会议被认为是项目经理在整个项目期间举行的最重要的会议类型之一。这类会议采用互动式沟通，干系人之间可以进行实时沟通。

56. B

在执行与控制资源相关的活动时，数据分析可用于评估哪些替代资源能完成活动，如备选方案分析。数据分析还包括执行成本效益分析、绩效审查和趋势分析。

57. C

迭代燃尽图是控制进度过程的数据分析工具和技术。此图表用于跟踪待办事项列表中未完成的工作。

58. B

如果关键路径的任务有差异，你的日程安排就会有风险。这时你可以采取纠正措施（而非预防措施）使项目重回正轨，如调整缓冲量。非关键路径任务的显著延迟会造成关键路径的延迟。

59. A

根据《PMBOK® 指南》，范围蔓延是指在不调整进度、成本和资源的情况下，产品或项目范围不受控制地扩大。换句话说，蔓延的范围是尚未经批准的范围。

60. A

要根据预算确定绩效，你必须先计算完工偏差（VAC）。VAC = BAC − EAC = 550 000 − 525 000 = 25 000（美元）。若 VAC 为正，则意味着使用的项目预算低于计划成本。

61. A、B、D

范围变更可能会影响进度、成本、质量和其他过程，并应与所有监控过程进行整合。范围变更可能会减少项目需求，从而减少完成项目所需的时间，进而导致项目预算的减少。

62. B

工作绩效信息是项目经理根据项目管理计划评估绩效所需要的关键输入之一（另

一个关键输入是项目管理计划本身）。工作绩效数据代表用于执行工作的原始数据；当它通过监控过程组的其他过程按照基准分析时，它就变成了工作绩效信息。剩下的两个选项是此过程的工具和技术，而不是输入。

63. A—（1），B—（4），C—（3），D—（2）

通常存在三种类型的开发方法：预测型、适应型和混合型。另一个需要考虑的角度是项目生命周期，它一般有四种类型：预测型、迭代型、增量型和敏捷型。

64. B

在预测型生命周期中，项目的范围、进度和成本是在项目的早期阶段被确定的，这意味着大部分计划都是人们预先制订的，相关人员按照变更控制流程对变更进行密切管理。

65. B

状态审查会贯穿项目的监控阶段。这些会议的目的是以正式的方式向干系人提供有关项目进展的最新信息。参加者可能包括一些预先确定的干系人，如项目发起人、项目团队成员、用户或客户。

66. B

识别干系人属于项目干系人知识领域。项目整合管理知识领域包括制定项目章程、制订项目管理计划、指导和管理项目工作、管理项目知识、监控项目工作、执行整体变更控制程序及结束项目或阶段。

67. D

面对面的会议是有效的，但关于状态审查会议的描述是不正确的。

68. A

当你需要一套以固定价格明确交付的产品时，总价加激励费用合同是最佳选择。该合同包括提前完成项目或超出预期完成项目的激励或奖励。

69. B

完成质量审计可能会得到提出变更请求的结论，但你必须提交变更请求和 / 或采取纠正措施，以便实施质量改进。

70. C

质量管理有时被称为质量保证。管理质量是项目质量管理知识领域内的一个过程。根据《PMBOK® 指南》，管理质量比质量保证的含义更广泛，因为它还包括了非项目工作。

71. C

项目经理正在使用高度适应（敏捷）型生命周期，该生命周期的收尾活动首先要解决业务价值最高的项目。

72. B

风险登记册既包括已识别风险的清单和所有记录在案的信息，也包括风险应对计划。当风险发生时，项目团队需要参考风险登记册来获取有关风险应对计划的信息。

73. A

只有当你从组织外获取商品和服务时，才使用此过程。

74. C

质量保证可由组织外部的第三方、内部质量保证部门或项目团队提供。没有规则表明它通常由外部第三方提供。根据《PMBOK® 指南》，项目经理在这个过程中对质量的影响最大。

75. B

项目范围管理涉及产品范围和项目范围。产品范围与项目的产品或服务的特性有关，人们可以根据项目需求对其进行测量。项目范围与项目的工作有关，人们可以根据项目计划对其进行测量。

76. B

2001 年，几名软件开发人员聚集在一起，将敏捷方法正式化。他们发布了《敏捷软件开发宣言》，并确定了对任何敏捷方法都适用的 12 条原则。

77. B

《PMBOK® 指南》涉及四种项目生命周期：预测型、迭代型、增量型和敏捷型。

78. B

该问题描述了与风险管理相关的活动。凯莉和阿莉莎正在确定如何用最好的方式解决已确定的积极风险（机会）。

79. B

在敏捷型生命周期中，规划活动是指基于干系人的持续反馈使范围逐步细化。

80. C

快速跟进是压缩进度的一种方法。根据题干信息，你正在尝试压缩这个阶段的进度。

81. B

该问题描述了一次冲刺回顾会议，这有助于团队计划下一个冲刺并确定整体进度。

82. A

亚丝明正在采用瀑布方法。瀑布方法是指在项目生命周期的早期阶段进行更高级别的预先规划。在这种方法中，需求变更往往遵循变更控制过程。

83. B

网络图中有三条路径：A—B—E、A—C—E 和 A—D—E。图 2-1 是根据题干信息整理出来的网络图。计算路径数量不需要考虑活动持续时间。

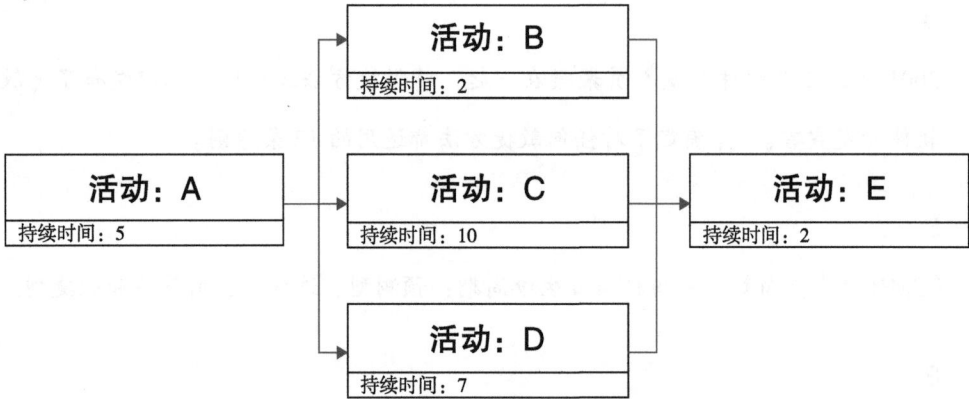

图 2-1　网络图：网络路径数量计算

84. B

要计算关键路径（网络图中最长的路径），必须添加每个网络路径内活动的持续时间。持续时间最长的路径就是关键路径。图 2-2 是根据题干中相关信息整理出来的网络图。每个网络路径的持续时间如下。

A—B—E：9

A—C—E：17

A—D—E：14

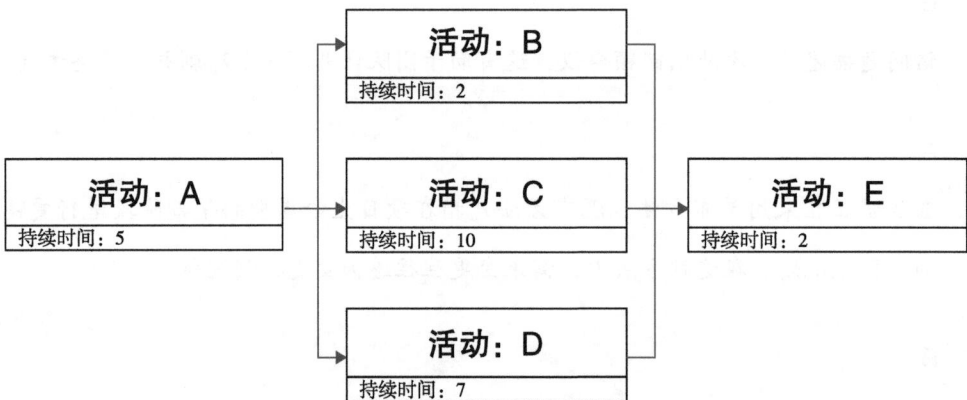

图 2-2　网络图：关键路径计算

85. C

要计算次关键路径（网络图的第二长的路径），必须添加每个网络路径内活动的持续时间。持续时间第二长的路径是次关键路径。图 2-3 是根据题干中相关信息整理出来的网络图。每个网络路径的持续时间如下。

A—B—E：9

A—C—E：17

A—D—E：14

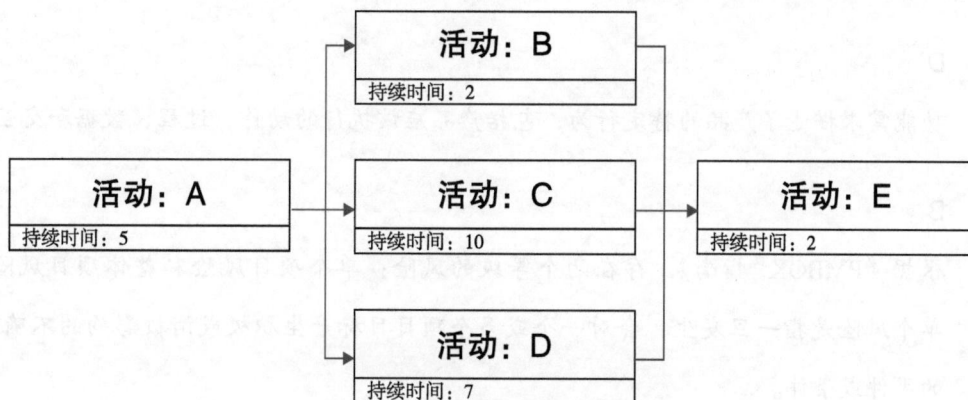

图 2-3　网络图：次关键路径计算

86.　D

购买保险是风险转移的一个示例。风险转移是将威胁的所有权和威胁发生时的责任转移给第三方，以管理风险。

87.　C

项目目标应包括可以用于测量项目所取得的成果的量化标准，如与进度、成本和质量相关的测量标准。

88.　C

实施定性风险分析的目的是通过评估单个项目风险的发生概率、影响及其他特征，来确定各个项目风险的优先级，以便进一步分析风险或采取行动。

89.　A—（4），B—（1），C—（2），D—（3）

菲利普·克罗斯比是提出零缺陷实践的质量专家，他提出了"第一次就做对"的观点；约瑟夫·朱兰普及了帕累托原则，这个原则也被称为 80/20 原则；W. 爱德华兹·戴明推广了休哈特循环，他将这一循环演变为计划—执行—检查—处理

（PDCA）循环；沃尔特·休哈特被认为是全面质量管理（TQM）之父，他开发了统计工具，用来检查何时必须对过程采取纠正措施。

90. B

电子邮件是推式沟通的一种形式，是指将信息单向地发送给预期的接收者。

91. D

功能需求描述了产品的特定行为，包括产品应该执行的动作、过程、数据和交互。

92. B

根据《PMBOK® 指南》，存在两个等级的风险：单个项目风险和整体项目风险。单个风险是指一旦发生，会对一个或多个项目目标产生积极或消极影响的不确定的事件或条件。

93. B

三点估算是当你想提高估算准确度，同时要考虑风险和估算不确定性时使用的技术。

94. D

当计算成本偏差（CV）时，要用挣值（EV）减去实际成本（AC），即 $CV = EV - AC$，代入数值，即 $CV = 500 - 450 = 50$（美元）。若 CV 为正，则意味着节约了项目成本。

95. D

敏捷方法的好处之一是能够使团队成员在整个项目中持续获得反馈，这使团队能够尽早地整合反馈。

96. D

你应该为程序安装和设置过程中可能出现的风险制订风险应对计划，从而减少这种风险发生的概率和/或其影响。选项 A 不正确，因为共享应对策略是针对积极风险的，而题干中的描述对项目来说是一个消极风险。

97. C

跟踪是确定如何记录风险活动，以及如何审计风险的管理过程。风险管理计划的跟踪这一部分有助于我们汲取经验教训。

98. A、D

采购工作说明书可由买方或卖方准备，但它在整个采购过程中会被逐步细化，并且可能会在授予合同之前发生变化。

99. A

项目团队正在进行自下而上的估算，这将产生成本估算。这个活动属于估算成本过程。估算依据也是本过程的输出，然而，更关键的输出是成本估算。

100. B

混合型生命周期将不同生命周期的元素结合起来以实现某个目标。混合方法可能包含迭代型、预测型、增量型和敏捷型方法的组合。

101. A

项目发起人要求获得项目的挣值（EV）。挣值用批准的预算表示已完成的工作。换句话说，挣值是已完成工作的计划价值的总和。

102. C

储备分析是监控风险过程的数据分析技术。储备分析通过比较剩余的应急储备金金额来评估剩余的风险。应急储备金（用于应对已知风险）是成本基准的一部分，而管理储备金（用于应对未知风险）则不是。

103. B

要计算"工作将以计划的速度完成"的完工估算（EAC），请使用以下公式：实际成本（AC）＋完工预算（BAC）－挣值（EV）。代入题干中提供的数值，得出以下结果：EAC ＝ 15 000 ＋ 20 000 － 18 000 ＝ 17 000（美元）。

104. C

沟通的元素包括发送者、接收者和信息。沟通模型是管理沟通过程的工具，包括编码、传递信息、解码、确认信息和反馈 / 响应信息。沟通的形式包含口头沟通和书面沟通。

105. D

该情景指出，有两项关键活动已经被推迟，这意味着我们已经确定了一个问题并且必须解决它。虽然这可能会导致计划被更新，但这一般是采取纠正措施的结果。

106. A

根据《PMBOK® 指南》，质量保证的关键是有效地使用项目过程，包括向干系人保证项目的最终结果将满足他们的要求和期望。

107. A、C、D

确定供方的评估方法是对供方进行选择分析的过程，属于规划采购管理过程；申请阶段是准备采购文件（而不是对它们的答复）的过程，属于规划采购管理过程。规划采购管理过程的两个输出是采购文件和供方选择标准。

108. D

项目团队成员、项目经理和干系人对项目的质量保证负有同等责任。

109. C

评估卖家最重要的标准之一是确定他们是否清楚地了解你要求他们做的事情。虽然过去的表现、财务记录和预先确定的标准等信息也很重要，但前提是你确定他们清楚地了解了你要求他们做的事情。

110. A

在迭代 / 冲刺结束时举行冲刺回顾会，以确定团队从上一次冲刺中学到了什么。冲刺回顾会包括回顾哪些工作进展顺利、哪些工作进展不顺利，其目的是持续改进整个过程，使团队作为一个整体变得更加高效。

111. B

在管理项目知识过程中创建的经验教训登记册记录了项目相关信息，这些信息包括挑战、问题、已识别的风险和机会，以及可供将来参考的其他信息。虽然"项目文件"这个选项也正确，但"经验教训登记册"这个选项更具体。

112. D

管理沟通是确保项目信息及时且恰当地被收集、生成、发布、存储、检索、管理、监督和最终处置的过程。

113. B

分解的五个步骤：确定主要的可交付成果、确定工作分解结构（WBS）编排方法、将工作分解结构组件分解为较低级别的组件、分配标识代码和核实工作分解结构的分解程度是否恰当。题干中没有提到分配识别码或核实分解程度的问题，因此你没有执行所有步骤。设计可交付成果的分解过程的前三个步骤已经被执行。

114. A

项目范围说明书包含产品范围描述、项目可交付成果、验收标准和项目除外责任。

115. B

该问题描述了一个迭代评审会议，它还可以使用其他名称，如冲刺演示。会议的目的是评审产品，从而尽早直接地从产品负责人和其他主要干系人那里获得反馈，以便对过程进行改进。在基于迭代的敏捷中，评审会议在冲刺/迭代结束时举行，而基于工作流的敏捷则鼓励团队至少每两周进行一次评审。

116. B

玛丽西尔需要在活动之间添加一个滞后量。当两个活动之间必须有时间间隔时，就会出现滞后量，这时滞后量会被添加到紧后活动中。另外，提前量会加速紧后活动。

117. C

产品范围定义了描述产品、服务或成果的特征和功能。

118. B

根据《PMBOK® 指南》，确定性估算的范围是 -5% ~ +10%。

119. D

嘉莉使用了类比估算技术，这是专家判断的一种形式。它是估算活动持续时间的工具和技术。类比估算基于之前相似的活动，并且要求估算的人具有相关活动的专业知识。选项 D，类比估算技术是在信息量有限的条件下对项目持续时间的估算。

120. C

进度压缩在不改变项目范围的情况下缩短项目进度。赶工并不总会产生可行的替代方案，且通常会增加项目成本。快速跟进通常会增加风险，从而导致返工。

121. D

里程碑的持续时间为零，同时标志着一个重要的时间点——通常是主要可交付成果的开始或完成。因此，"完成图形用户界面"并不是一个里程碑。

122. A

弹回计划也被称为应急计划，是一种风险应对策略，人们可以在初始应对策略不完全有效时使用它。

123. C

当仅用购买价格作为选择标准时，应该有不止一位供应商可以提供你正在采购的商品或服务。但是，这并不意味着你不能使用其他标准选择供方。你应该把诸如交付和安装之类的成本作为购买价格标准的一部分。

124. A—（1），B—（4），C—（2），D—（3）

这些术语的定义来自《敏捷实践指南》。

125. C

题干分别描述了管理沟通和管理干系人参与的过程，没有信息分发这个过程。

126. D

由于问题尚未发生，项目经理可能会采取预防措施。实施预防措施需要提交变更请求，该请求由变更控制委员会评估和处置。

127. A

索赔管理是控制采购过程的一种工具和技术。索赔管理是指解决买卖双方之间有争议的变更，然后将其转化为索赔。

128. D

群集是指一种由团队或多个团队成员合作、重点消除特定障碍的技术。

129. B

每周状态更新是工作绩效报告的一个示例，是在监控项目工作过程中产生的。

130. B

项目整合管理知识领域是唯一一个跨越五个过程组流程的知识领域。它包含将其余知识领域的结果汇集在一起的过程，能够统一和协调所有项目管理活动。

131. D

朱莉正在查看产品待办事项列表，其中包含以用户为中心的需求优先级列表，该列表是她和团队为维护智能水瓶产品而创建的。

132. B

成本管理计划包含规划、管理和控制预算的方法。它还涵盖了其他关键细节，如绩效测量规则、控制临界值、计量单位和精度等。

133. C

进度压缩采用快速跟进或赶工的方法使延迟的活动重新符合计划。赶工是为关键活动分配额外的资源；快速跟进是指并行开展两项活动，以便更快地完成工作。

134. C

在这个场景中，项目经理正在执行确认范围过程，其中一个关键的输出是验收可交付成果。为了验收可交付成果，委员会需要确认可交付成果已经被质量控制活动核实了。核实过的可交付成果是这个过程的输入。

135. A

待办事项列表细化也被称为待办事项列表整理，是指产品负责人与团队通过合作确保用户故事已经准备就绪，并且已经为下一个迭代做好准备。故事应该足够清晰、大小适当，让团队成员能够更好地理解故事内容。

136. A

管理储备金是为未知风险预留的资金，由管理层决定是否使用（因此得名）。管理储备金不被视为成本基准的一部分，而是作为整体项目预算的一部分。

137. C

粗略量级估算的区间为 –25% ~ +75%，而确定性估算的区间为 –5% ~ +10%。

138. B

敏捷团队的推荐规模是 3 ~ 9 位团队成员。在可能的情况下，敏捷团队成员应该在同一地点工作并专注于项目。

139. A

统计抽样是指在所有样本中抽取一定数量的样本并检查它们是否在可接受的偏差范围内。

140. C

贝塔分布计算中"最可能估算"占有较大的权重。贝塔分布期望值 =（最可能估算 ×4 + 乐观估算 + 悲观估算）÷6，经计算，贝塔分布期望值 =（72 ×4 + 55 + 85）÷ 6 = 71.3（天）。

141. A—（5），B—（1），C—（4），D—（2），E—（3）

敏捷方法非常多，包括一些混合的方法。题干中的描述源自《敏捷实践指南》，该指南提供了多种敏捷方法的描述和示例。

142. A—（3），B—（2），C—（1），D—（4）

预测型和迭代型生命周期的交付频率较低，而增量型和敏捷型生命周期的交付频率较高；预测型和增量型生命周期几乎没有变更，而迭代型和敏捷型生命周期会基于客户反馈发生非常频繁的变更。

143. A

每日站会是 Scrum 的三个关键会议类型之一，其目的不是规划。作为确保工作顺利进展的一种方式，团队可以通过每日站会发现工作中遇到的任何障碍。

144. C、D

Scrum 团队举行了一次冲刺回顾会议。在 Scrum 中，这个会议在每个冲刺结束时举行，团队总结在最近的冲刺过程中哪些地方做得好、哪些地方可以改进，他们承诺在即将到来的冲刺中至少改进一件事。这是一种结合了经验教训和过程改进的方法。

145. D

速率是指团队在每次冲刺中平均完成的总故事点数，团队可以预测他们完成项目工作的速度。速率表显示了所有冲刺中交付的工作估算的总和。

146. A

计划—执行—检查—处理（PDCA）循环由休哈特提出，后来由戴明改进。它反映了项目过程组之间的迭代性、结果导向性和交互性。

147. A

管理项目的基本框架中有三个系列的项目生命周期：连续、迭代和交叠。在一个连续的生命周期中，一个阶段必须在下一个阶段开始之前被完成。

148. B

阶段结束的特征是可交付成果的完成、审查和批准。

149. A

《PMBOK®指南》中有49个项目管理过程，它们可被分为以下五个过程组：启动、规划、执行、监控和收尾。

150. C

敏捷型项目管理是一种项目管理方法，人们可以在很短的时间内轻松分配、管理和完成小型或增量的工作。

第三章　商业环境（领域 3.0）

1.　B

商业论证是一项经济可行性研究，用于了解项目的业务需求，并确定投资是否值得。简而言之，它证明了项目的必要性，并包含诸如项目描述、高层级范围描述、问题分析、财务分析和成功因素等信息。

2.　B

项目管理被定义为运用知识、技能、工具和技术开展项目活动，以满足项目需求的过程。

3.　D

由于比利工作的营销公司是"莱夫的理由"的客户，因此他在组织中管理的项目是客户要求的结果。

4.　D

尊重而非公平有助于多元化培训和解决文化冲击。当礼物或情况符合公司规定的政策时，可以接受供应商的礼物。

5.　D

所有选项都是组织过程资产输出更新的一部分。干系人的反馈可以用于当前的项目，也可以用于未来的项目。

6.　D

该问题的最佳答案是 D。这是一个高风险的项目，并且结果是未知的，所以可行性研究应该作为一个单独进行的项目。

7.　A

不要接受可能被理解为利益冲突的礼物。如果你的组织没有关于收受供应商礼物的政策，你要根据实际情况、组织过去收受礼物的历史和项目的复杂性为自己设定限制。拒绝一份你不确定的礼物总比接受它后因为判断错误而失去你的信誉、声誉或 PMP® 认证要好。

8.　B

市场条件、财务管理和应付账款系统是企业环境因素，而不是组织过程资产的示例。当执行"关闭项目或阶段"过程时，项目或阶段结束指导方针或需求，连同配置管理知识库，将一起作为有价值的输入。配置管理知识库包含关于组织标准、策略、过程和项目文档在内的版本和基线。

9.　B

线性规划、多目标规划和非线性规划都是约束优化法的示例，而不是效益测量法。效益测量法包括效益成本比分析、评分模型和效益贡献法。

10.　D

项目选择方法包括效益测量法和数学模型（也被称为约束优化法）。效益测量法包括成本效益分析和现金流分析。

11.　A

项目协调员的头衔表明这是一个弱矩阵组织，你是在某个业务单元中工作，而不是在 PMO 内工作（即在强矩阵组织中工作）。题干中还说明项目的工作已经开始，所以你处于项目的执行阶段。

12. B

根据 PMI 的规定，商业价值被定义为从商业运作中获得的可量化的净效益。效益可以是有形的、无形的或两者兼有。

13. A、B、C

效益管理计划描述了交付项目效益的方式和时间节点，同时描述了团队应该采取什么机制来衡量这些效益。组成效益管理计划的关键元素包括目标效益、战略一致性、实现效益的时间框架、效益所有者、测量指标、假设和风险。业务需求是商业论证中的内容。

14. A

在弱矩阵组织中，项目协调员的权力较小，这可能被视为一种劣势。

15. A、C、D

根据《PMBOK® 指南》，PMO 的三种类型分别是指令型、支持型和控制型。

16. A

根据题干提供的数值，项目 A 得分最高。要计算每个项目的分数，需要将每个标准的分数与其权重相乘，然后再将所得分数相加。计算方法如下表所示。

标准	权重	项目 A 得分	项目 A 总分	项目 B 得分	项目 B 总分	项目 C 得分	项目 C 总分
潜在利润	5	5	25	2	10	1	5
可市场化	1	1	1	5	5	3	3
易用性	3	2	6	3	9	5	15
加权分数	—	—	32	—	24	—	23

17. B

在确定干系人的过程中，应该关注的企业环境因素包括公司文化、组织结构、政府或行业标准、全球趋势及资源和设施的地理位置。其他选项是组织过程资产的内容。

18. A

市场调研可以用来检查行业和卖方的能力。你可以通过会议、在线评论和市场上的其他渠道获得相关信息。

19. B

在弱矩阵组织中工作的团队往往在结束项目时承受的压力最小。这是因为，在弱矩阵组织中，职能经理负责分配所有任务（也包括与项目相关的任务），因此，当完成项目时，团队成员可以立即回归本职工作，且汇报结构没有变化。

20. B、C、D

在考虑采用敏捷方法时，组织的领导者应该评估这些方法的兼容性，确定组织是否已准备好并且是否能够支持这种变化。这包括执行管理层和更广泛的组织层级进行改变的意愿。领导者必须关注短期预算和指标，而不是长期目标。

21. C

苏正在描述组织项目管理（OPM）。《PMBOK® 指南》将 OPM 定义为将项目组合管理、项目集管理、项目管理与实现组织战略目标的促成因素相结合的框架。

22. B

企业环境因素是指会在组织内部和外部对项目产生影响的因素。市场条件、组织文化、结构和治理都是示例。企业环境因素是项目管理过程中的一个频繁的输入。

23. D

项目组合管理将项目、项目集、项目组合和其他在范围上相似的工作分组，并根据企业的战略目标衡量每个项目的价值。项目组合管理还监控项目，以确保它们符合这些目标，同时确保你能够最有效地利用资源。项目组合管理通常由具有多年项目和项目集管理经验的高级经理执行。

24. D

效益成本比也被称为成本效益分析。它是一种常见的效益测量法。它将生产产品、服务或项目结果的成本与组织在执行项目后将获得的效益进行比较。

25. D

项目是为创造独特的产品、服务或结果而做出的暂时性努力。与之相对，运营是持续的、重复的，且没有结束日期。

26. A

投资回收期被认为是最不精确的项目选择方法。

27. C

因为"莱夫的理由"正在尝试利用新的 GPS 技术，所以该项目是技术进步的结果。

28. D

这个项目是社会需求的结果。《PMBOK® 指南》指出，社会需求是引发项目需求的七个典型原因之一。

29. B

诚实可以包括很多内容：报告项目真实的状态，报告自己真实的经历，不欺骗他人，不做虚假陈述，等等。作为项目经理，你有责任在必要的时候如实向利益干系人、客户、项目发起人和公众报告你知道的所有信息。

30. A

责任是指做出对组织有益的决定，而不是对自己有益的决定，承认自己的错误，对自己做出的决定（或没有做出的决定）、由此产生的后果及其他行为负责。

31. B

项目集被定义为用协调的方式管理的相关项目、子项目集和项目集活动，以便人们获得在单独管理项目时无法获得的利益。其他选项分别为项目、渐进明细和产品生命周期的定义。

32. B

项目的存在是为了创造独特的产品、服务或结果。该场景中的主管描述的是通过改进现有应用的后端技术来使应用程序响应得更快。这被认为是持续和重复的操作，而不是新能力的创造。

33. A

经济模型是一种效益测量方法，不是约束优化法。

34. A

虽然经验教训登记册很像正确答案，并且是项目的产物，但正确答案是组织过程资产。组织过程资产是组织用于开展工作（包括项目工作）的政策、指导方针、过程、程序、计划、方法和标准。它们是项目管理过程的一个频繁输入。

35. C

诚实不仅包括真实地报告自己的背景和经历，而且包括真实地报告关于项目状况的信息。

36. C

答案 C 说反了，IRR 是 NPV 为零时的贴现率。

37. A

混合型组织是各种组织类型的组合，通常指在项目型组织中共存职能型组织的结构。

38. A

超大项目是指花费超过 10 亿美元、影响人口超过 100 万的持续多年的大型项目。

39. B

应该推荐 NPV 大于 0 的项目，选择项目 Fun 的关键决定因素是 NPV 为正。如果两个项目的 NPV 都为正，那么决定因素则是数值更大的 NPV。利用回收期来选择项目被认为是最不精确的选择方法，它通常不是唯一的决定因素。

40. A

NPV 为正意味着项目将至少获得等于或大于资本成本的回报。因为备选方案 A 的 NPV 为正，所以这个方案将获得至少 12% 的回报。

41. B

这是一个错误的陈述。采用自适应方法管理项目首先要基于商业价值对工作进行优先级排序，商业价值最高的项目优先。这会减少由于沉没成本而导致过早关闭项目的概率，因为项目在早期已经获得了效益。

42. C

需求跟踪矩阵将需求与业务、项目目标联系起来。这样可以确保需求增加商业价值。

43. B

作为项目经理，你有责任在必要时如实向利益干系人、客户、项目发起人和公众报告你知道的所有信息。对于项目的进展，你要始终保持坦诚。

44. C

组织结构是组织可以采取的形式及对项目的影响因素。它们描述了影响项目工作执行的风格、文化和沟通方式。

45. A

在项目型组织中，项目经理拥有高度的权威，并且项目会被优先对待。项目经理对所有资源都拥有使用权，因为团队成员通常专门效力于项目。

46. B

该问题描述了一种混合型组织，它很可能是弱矩阵和强矩阵的混合。一个线索是你的头衔是项目经理，这在纯职能型组织中不常见；另一个线索是职能经理管理项目预算，这在项目型或 PMO 的组织类型中并不典型。

47. A、B、D

根据《PMBOK® 指南》，项目是由企业领导人发起的，影响项目启动的因素有：合规性、法律要求或社会需求；干系人的需求和要求；组织的技术变更需求；过程、服务或产品改进。

48. B

计算现值的公式是 $PV = FV \div (1+i)^n$，代入数值，即 $PV = 8\,000 \div (1+0.07)^3 =$ 6 530（美元）。

49. A

该项目是出于业务需求而开展的。员工在信息转换上浪费了大量的时间，给公司造成了损失。员工花在信息转换上的时间本可以用来做更有成效的事情。

50. D

PMI 是业界公认的项目管理实践标准。尽管 PMI 总部设在美国，但它在全球范围内都很活跃并得到了广泛认可。

51. D

《PMI 道德规范和职业行为准则》由 PMI 发布，所有 PMP® 认证证书持有人都应遵守这一准则。

52. B

当资源从项目中被夺走，且项目在完成所有需求之前就处于饥饿状态，这通常会导致项目无法完成。在这种情况下，资源可以是金钱（如亚丝明遇到的情况）、人力资源、设备或供应品。这种类型的项目结束被称为饥饿。

53. C

组织分解结构（OBS）是组织结构图的一种形式，显示了组织中的部门、工作单元或团队及它们各自的工作包。

54. A

在弱矩阵组织中，职能经理比项目经理拥有更大的权力。仅根据题干中提供的信息来看，资源很可能被重新分配给另一个项目。

55. A、D

根据 PMI 发布的《组织变革管理实践指南》（*Managing Change in Organizations*：

A Practice Gudie），在全面应用组织变更管理时，需要考虑三个建议：（1）描述变更动态的模型；（2）实现变更的框架；（3）在项目、项目集和项目组合层面进行变更管理实践。

56. A

根据《PMBOK® 指南》，项目效益被定义为行动、行为、产品、服务的结果，或为发起组织和项目预期受益人提供价值的结果。

57. B

裁剪是指在管理和推进项目时决定使用哪些项目管理流程。

58. A

虽然 PMO 可以促进选择支持公司战略目标的项目，但他们通常不负责建立目标和选择项目。其他选项都描述了 PMO 在组织中通常提供的支持类型。

59. C

安特文正在进行项目组合管理活动。项目组合管理被定义为为了实现战略目标而对一个或多个项目组合的集中管理，包括指导组织的投资决策，以实现组织的战略目标。

60. C

逐步细化并不一定是计划的延迟。它是指随着更多细节的出现，逐步确定产品、服务或结果的特征。

61. D

在职能型组织中，项目经理的角色通常是不存在的。相反，它可能是一个兼职或类似的角色，如项目协调员。

62. B

变更控制委员会（CCB）负责审查所有变更请求，并负责批准或拒绝它们。它有时也被称为技术评估委员会、技术审查委员会或工程审查委员会。

63. B

在这种情况下，乔是正确的。一方面，当切断项目资源或不再提供项目资源时，在完成所有需求之前，项目就会处于饥饿状态；另一方面，整合是指将项目资源分配到组织中的其他区域或其他项目中。

64. C

弱矩阵组织结构在项目收尾过程中承受的压力最小。

65. A

商业案例是对项目目标和项目发起的原因进行的可行性研究。它确定了项目的关键成功因素、项目发起的原因，以及对相关情况的分析和建议。

66. C

产品负责人负责引导产品的愿景和方向。这包括拥有产品待办事项列表，并根据商业价值对待办事项进行优先级排序。

67. B

项目选择方法是在制定项目章程之前，用来选择组织应该承担哪些项目，或者选择执行项目的替代方法。根据《PMBOK® 指南》，项目经理不参与项目选择。

68. A

这部新的电视剧是独一无二的并且以前从来没有拍过，它有明确的结束日期——11 月的收视率调查周，开始日期则是创建项目的时间。在这部电视剧播出之后，项目本身就结束了，它变成了一项日常运营工作。

69. C

指令型 PMO 往往对项目有高度的控制，项目经理由 PMO 指派并直接向 PMO 汇报。PMO 通常直接控制和管理项目。

70. C

在这种情况下，最好的答案是在采取任何行动之前了解事实，如果仅仅怀疑存在违规行为，那么不应该举报。你可以告诉你的朋友，你对这种不适当的行为感到担忧，并询问她这些东西是否是供应商送给她的。它们可能来自所有参与投标的供应商的样品，以便她可以根据项目目标评估设备。或者，她可能把它们当作礼物收下了，这是不合适的。总之，不要急于下结论，在报告利益冲突的情况之前一定要问清楚事实。

71. A

扩张是指一个项目在结束时发展为持续的运营。在这种情况下，可能需要一个全职的工作人员去支持持续的运营、维护和监控项目的可交付成果。

72. B

《PMI道德规范和职业行为准则》阐述了项目管理从业人员应该也必须坚持的核心价值观。具体来说，它适用于所有PMI成员、PMI志愿者、通过PMI认证的人和那些准备参加PMI认证考试的人。

73. A

为下一个迭代准备用户故事涉及待办事项列表的细化或梳理，其目的是充分精炼用户故事，以便团队成员充分理解必须完成的工作。

74. A—（2），B—（3），C—（1）

根据《PMBOK®指南》，PMO有三种类型：支持型、控制型和指令型。支持型PMO控制程度低，控制型PMO控制程度中等，指令型PMO控制程度高。

75. D

阶段关口在整个项目生命周期中充当重要的检查点，允许项目团队将项目的绩效与计划进行比较，并决定项目是否应该进入下一个阶段。阶段关口的主要功能不是确保审计功能的合规性。

76. C

效益管理计划概述了项目的目标效益，并用于衡量有形效益和无形效益。作为项目整合管理活动的一部分，项目经理应该根据这个计划向项目干系人报告项目进展情况。

77. D

效益管理计划描述了项目效益的交付方式和时间。它包含目标效益、战略一致性、实现效益的时间框架、衡量效益的指标，以及与交付的商业价值相关的其他关键信息。

78. B

该项目是由法律要求驱动的。就像在这个场景中看到的那样，可能会因为新法律的出台而出现新项目。

79. C

变更控制委员会得到正式授权，有权批准或拒绝组织定义的和项目管理计划中概述的变更请求。其权限级别（包括异常或紧急过程）应在项目管理计划中被详细说明。

80. A

《PMI 道德规范和职业行为准则》有部分内容要求你配合调查违反道德的行为，并收集与违反道德行为相关的信息。

81. B

在项目型组织中，项目团队致力于项目。当完成项目时，项目团队成员要么被转换到另一个项目，要么被解散。

82. E

根据《敏捷实践指南》，干系人应该了解为什么及如何采用敏捷方法。这包括理解基于商业价值的待办事项优先级、增强授权团队的责任和生产力，以及质量改进。

83. D

大多数项目经理希望所有项目团队成员都对《PMI 道德规范和职业行为准则》中

确定的核心价值观负责，希望把它刻入项目管理从业者的脑海中。这包括以下人员：所有PMI成员、持有PMI认证证书的人、待通过PMI认证的人及PMI志愿者。

84. A

责任包括确保诚信、接受我们能胜任的任务、遵守法律法规及维护机密信息。

85. B

组织的文化在很大程度上会影响其项目团队采用的项目管理方法及敏捷方法。例如，在创业环境中，组织倾向于采用精益的方式运行项目，选择通过快速失败和迭代来更快地产生结果。

86. D

这个场景中的计划价值是指项目的收益。效益管理计划描述了项目效益的交付方式和时间。根据《PMBOK®指南》，效益是行动、行为、产品、服务的结果，或为发起组织和项目预期受益人提供价值的结果。

87. B

控制型PMO关注两个关键领域：为组织应用项目管理实践提供支持，要求组织遵守这些实践。

88. D

项目经理必须对发生在内部和外部业务领域的变化保持警惕，了解其对项目的影响。当某种情况发生时，例如，凯莉遇到的这种情况，项目经理应该评估这些变化对项目的影响，并将这些影响按照优先级排序，然后相应地调整待办事项。

89. D

根据《敏捷实践指南》，待办事项列表细化被定义为项目需求的渐进明细或团队协作评审、更新和编写需求以满足客户要求的持续活动。

90. A

根据《PMBOK®指南》，阶段审查也被称为阶段关口、阶段入口、阶段出口、阶段关卡和关键决策点。阶段审查通常作为阶段结束时的检查点。在这个时间点，有关人员根据项目章程或计划对项目绩效或进展进行评估。一旦完成阶段审查，项目就进入下一阶段。

91. B

裁剪包括决定在管理和执行项目时使用哪些项目管理过程。

92. A

使用迭代和增量方法管理项目生命周期的项目往往会经历较短的反馈循环，并且在迭代中需要重新确定待办事项的优先级。频繁的交付和反馈使团队能够快速地适应变化、进行调整，并适当地确定待办事项的优先级。

93. D

根据《PMBOK® 指南》，大多数项目符合导致其产生的七个需求或要求中的一个：市场需求、组织需求、客户要求、技术进步、法律要求、生态影响和社会需求。

94. C

诚实要求我们在沟通和工作中都要以真诚的方式行事。虽然该项目经理的意图似乎是积极的，但伪造调查反馈（即使他觉得它们代表了真实的反馈）并不是诚实的行为。

95. D

诚实可以包括很多主题：报告真实的项目状态，对自己的经历诚实，不欺骗他人，不做虚假陈述，等等。根据《PMI 道德规范和职业行为准则》，无论在沟通中还是在工作中，诚实是你的责任，你要了解真相，并以诚实的方式行事。

96. A—（1），B—（2）

组织过程资产是组织内部的因素，如内部策略、过程、模板和经验教训资料库；企业环境因素是组织外部的因素，如法律、法规、发布的标准和市场条件。

97. A

根据《PMBOK® 指南》，质量保证是指在项目管理过程中管理质量，它最关心的是有效地使用项目过程。这包括向干系人保证项目的最终结果将满足他们的需求和期望，并且产品将满足质量需求。

98. A

头脑风暴是数据收集的一种形式，也是制定项目章程的一种技术。其他数据收集的示例包括焦点小组和访谈。

99. C

组织的文化、结构和治理被认为是企业环境因素的一部分。企业环境因素是指不受项目团队直接控制，但会影响或约束项目的条件或能力。

100. C

当项目经理加入一个新的组织时，熟悉该组织的文化是很重要的，如了解组织是如何运作的，它的容忍度、风险偏好，以及其他必要的信息，这对于调整项目管理方法十分重要。

第四章　全真模拟试题 1

1. B

开发生命周期有四种类型：预测型、迭代型、增量型和混合型。迭代型生命周期在早期定义了项目可交付成果，并随着项目或生命周期的进展逐步细化它们。

2. D

根据《PMBOK® 指南》，将整个项目工作分解为工作包的过程被分为以下五个步骤：（1）识别和分析可交付成果；（2）构建和组织工作分解结构（WBS）；（3）将 WBS 分解为较低级别的组件；（4）制定和分配识别编码；（5）核实可交付成果的分解程度是否恰当。

3. A—（3），B—（4），C—（1），D—（2）

   项目经理的权限级别因不同的组织结构而有所差异。在职能型组织中最低，在项目型组织中最高，在矩阵型组织中位于中等。弱矩阵型组织最接近职能型组织，强矩阵型组织最接近项目型组织。

4. A

   该场景描述了项目的早期阶段，两名高管刚刚批准了项目并指派了项目经理，这些活动发生在项目管理的启动过程组中。

5. A

   PDCA 循环由休哈特提出，戴明对其进行了改进。它反映了项目过程组所具有的迭代性、以结果为导向和交互性的特点。

6. A

   需求是可交付成果的规格说明，告诉你如何知道可交付成果已经被成功完成。

7. A

   维克托·弗鲁姆（Victor Vroom）提出的期望理论指出，期望积极的结果会产生动力。换句话说，如果人们认为这样做会得到很好的回报，他们就会以这种方式行事。

8. A

   这道题目其实是要找到一个输入来帮助她解决干系人的参与问题，涉及监控干系人的参与过程。人际关系、团队技能和决策是工具和技术，所以不是正确选项。项目管理计划包含干系人管理，其中记录了干系人参与计划，所以是最佳选项。项目管理计划中的其他有用组成部分还包括沟通管理计划和资源管理计划。

9. D

   艾伯特正在尝试使用预测型方法管理项目，这种方法需要在项目生命周期的早期就确定大部分需求。但是如果一家初创科技公司去开发一个具有较多不确定性的项目，那么公司成员一般倾向于采用适应型方法管理项目。

10. C

产品经理正在使用增量方式执行项目。这种方式通过频繁的交付、频繁的反馈和对不断变化的需求的适应性来为客户创造增量价值。

11. B

项目经理目前正在执行指导和管理项目工作的过程。在提供的选项中，项目管理信息系统是唯一的工具或技术。变更日志、已批准的变更请求是这个过程的输入，而工作绩效数据是这个过程的输出。

12. D

项目经理或干系人可能会使用各种类型的权力来完成工作，如处罚、专家、合法和参照。

13. B

对可能影响当前或未来项目的外部业务环境的变化进行持续关注是非常重要的。这是企业环境因素的一个要素，也是许多项目管理活动的关键输入。

14. D

计算完工偏差（VAC），需要用完工预算（BAC）减去完工估算（EAC），代入数值，即 VAC = 550 000 − 525 000=25 000（美元）。

15. B

成本加固定费用合同（CPFF），为卖方报销履行合同工作中所发生的一切可列支成本，并向卖方支付一笔固定费用。

16. C

发送人和接收人都会因为他们的知识、文化影响、语言、情绪、态度和地理位置而影响信息的传递，或者接收和解读方式。发件人在准备写邮件时应记住这一点。发送人负责清晰、简洁地传递信息，接收人负责正确解读信息。

17. C

投资回收期是所有现金流计算中最不精确的，所以当净现值（NPV）为正且内部收益率（IRR）大于 0 时，就不需要考虑太多关于投资回收期的问题。由于项目 B 和项目 D 的 NPV 均为负，因此不是正确答案。项目 C 的 IRR 高于项目 A，即使其投资回收期比项目 A 长，但仍是最合适的选项。

18. D

敏捷团队往往更重视交付商业价值。因此，他们的重点放在频繁反馈、频繁交付和对不断变化的需求的适应性上。

19. B

大多数项目最大的成本支出是资源，包括人力、材料和物料。

20. D

类比估算也被称为自上而下估算。利用以前项目中完成的类似活动的实际持续时间来估算当前活动的持续时间。

21. C

项目章程的发布不仅代表项目被正式批准，还代表项目经理在项目活动中被授权使用组织资源的权力。

22. D

质量报告是质量管理过程的输出，通常包括上报的质量管理问题；也是过程、项目和产品的改善建议、纠正措施和建议，以及控制质量过程中发现的情况的概述。

23. D

项目经理正在执行识别干系人的过程。干系人登记册是这个过程主要的输出，记录了已识别的干系人的信息，如身份信息、评估信息和干系人分类。

24. D

干系人在项目生命周期的规划阶段影响力往往很大，在启动阶段影响力最大。在规划阶段，成本、人员配备水平和完成项目的成功概率往往很低。

25. A

内部收益率（IRR）是当现金流入的现值等于原始投资时的折现率。当项目 C 的原始投资等于现金流入的现值时，折现率为 7%。因此，项目 C 的 IRR 最高，应优先于其他两个项目。

26. A

根据《PMBOK® 指南》，项目经理可能会使用以下工具和技术管理干系人的参与：专家判断、沟通技能（如反馈）、人际关系和团队技能（如冲突管理、文化意识、谈判、观察/交谈、政治意识）、基本规则和会议。决策虽然很有价值，但它是一种用于监控干系人参与的工具和技术。

27. A、B、C、D

《敏捷软件开发宣言》于 2001 年由软件行业的思想领袖发布，他们提出了一种新的软件开发方法，它由 4 个核心价值观和 12 条原则组成。

28. B

工作绩效信息包括有关风险状态的信息（在监控风险过程的情况下）、变更请求的状态等。工作绩效数据和工作绩效报告都是这个过程的输入。

29. C、D

根据《敏捷实践指南》，项目管理的目标是产生商业价值，团队交付价值的方法应以产生最佳结果为目标，这通常是由项目的性质和项目所处的环境决定的。

30. B

数据分析是在执行整体变更控制过程中使用的一种工具和技术，变更请求由变更控制委员会评估。作为执行数据分析的一部分，项目经理会考虑替代方案，并执行成本效益分析，以确定提议的变更是否值得支付相关成本。

31. B

批准的变更请求是执行整体变更控制过程的输出，而不是监控风险过程的输出。

32. D

题干描述了指导和管理项目工作的过程。批准的变更请求是整体变更过程的输入之一。他做的白日梦涉及利益冲突的情况，还好这只是一场梦。

33. A

题干描述了马斯洛需求理论的两个不同层次：社交需求和尊重需求。

34. A

项目经理执行了定义活动、排序活动和估计活动资源的过程。接下来，她可能会执行"估计活动持续时间"过程，以确定每项活动将花费多长时间。

35. B

招标阶段是供应商对建议邀请书（RFP）做出回应的阶段。

36. A、B、C

《敏捷软件开发宣言》于 2001 年由软件行业的思想领袖发布，目的是提出一种新的软件开发方法，宣言由 12 条原则和 4 个核心价值组成。

37. B

信息管理系统是向团队分发项目信息的方式。电子文件是一种存储文件的方式，而不是一种分发方式。

38. C

你正在执行制定预算过程。这个过程的目的是汇总单个活动或工作包的估算成本，以建立经批准的成本基准。

39. C

项目所经历的各个阶段被称为项目生命周期。

40. B

最小可行产品是指向有限数量的客户推出的最小可售特性产品。在某些情况下，最小可行产品是一个原型，由此产生的反馈将被考虑并纳入最终产品。

41. A、B、C

最有效的敏捷团队的规模通常为 3 ~ 9 位团队成员，位于同一地点工作，并且能够将百分之百的时间投入团队和手头工作中。敏捷团队通常有每日站会而不是每日状态会议。

42. A

索赔管理是控制采购过程的一种工具和技术。它涉及记录、监控和管理合同中有争议的变更。具体而言，在这种情况下，项目经理使用仲裁，和所有相关干系人进行谈判，以试图达成协议。

43. C

项目经理需要分析范围变更的影响及存在哪些可选项，例如，是否撤销已完成的工作，或者分析是否应批准范围变更。这应通过变更请求和正式的变更控制程序来实现。

44. D

项目章程确定了项目的目的及项目或产品的高层级说明。它包括预先批准的财务资源和总体里程碑计划。项目章程不包括详细的项目进度表。

45. C

根据《PMBOK® 指南》，项目团队花费了精力识别、分析风险及制定风险应对措施，但没有采取任何措施去管理风险。

46. B

该问题描述了监控沟通过程。该过程涉及如何确保满足干系人的信息需求，以及项目经理确定沟通管理计划是否达到了预期的结果。

47. D

采用基于流程的敏捷方法（如看板）的团队专注于从待办事项中开发优先级最高的功能。当团队有能力时，团队从待办事项中提取并完成优先级最高的功能，然后继续下一个。

48. C

蕾安娜目前正在执行管理团队过程。这个过程是跟踪团队成员工作表现、提供反馈、解决问题并管理团队变更，以优化项目绩效的过程。

49. B

通过执行整体变更控制程序，我们对项目管理计划（及其中的子计划）的变更进行处置和管理。

50. B

干系人在项目的早期阶段（而非最终阶段）对项目及项目的产品、服务或结果的特征有最大的影响力。其他选项都是正确的。

51. A

项目经理和团队可能会执行与已批准的变更请求相关的工作。这些已批准的变更请求是通过指导和管理项目工作过程来实施的。

52. C

罗肖德和莎莉正在执行计划资源管理过程，确定和记录了角色及职责。这属于项目资源管理知识领域的过程。

53. A

该场景描述了项目的早期阶段，两名高管刚刚批准了项目并指派了项目经理，这些活动发生在项目管理的启动过程组中。

54. A

这道题需要计算完工尚需估算（ETC），用于估算项目的剩余工作。ETC 计算是控制成本过程中预测工具和技术的一部分。

55. C

随着项目不确定性的增加，变更的可能性也随之增加。根据所采用的项目管理方法，浪费的工作和返工的需求也可能增加。

56. C

主服务协议允许项目经理和采购团队在正式确定合同关系时构建多层结构。这对于采用混合方法的项目特别有用，其中一部分条款将是固定的（即保修条款），而其他条款将更具有动态性。

57. D

项目经理和项目团队根据项目的需要共同负责制定最佳的项目管理过程。

58. B

根据《PMBOK® 指南》，假设在规划过程中被认为是正确、真实或确定的因素，则无须证据或证明。它们是预期存在或已经显现的因素。

59. B

凯莉刚刚执行了收集需求过程，接下来可能会执行定义范围过程。

60. A

启动过程组的特点是成本低、人员配备水平低、成功完成项目的概率低、风险高及干系人对项目的产品或服务的特性影响最大。项目发起人负责确认项目或项目的下一个阶段是否应该开始并授权资源分配。

61. A—（4），B—（1），C—（5），D—（2），E—（3）

根据承诺的工作衡量正在进行的工作进展，对于预测型、适应型和混合型项目交付方法非常重要。有多种测量和显示进度的方法。

62. D

根据《PMBOK® 指南》，订购单、谅解备忘录和协议都是合同中使用的条款，只有选项 D 采购订单不属于合同的内容。

63. C

道格拉斯·麦格雷戈定义了两种员工的行为模型：X 理论和 Y 理论。模型试图解释不同的管理者如何管理他们的团队成员。X 理论的管理者认为大多数人不喜欢并且试图逃避工作；他们认为人们没有追求，需要不断地被督促，除非受到威胁，否则不会真正履行工作职责。

64. B

根据《PMBOK® 指南》，工作绩效数据是指在执行项目工作的活动期间所确定的原始观察和测量。

65. B

变更请求可以采取预防或纠正措施、变通方法的形式。在监控过程组中采取预防措施还不晚。

66. A—（2），B—（3），C—（1）

《PMBOK® 指南》提供了三种不同类型的 PMO：支持型、控制型和指令型。

67. D

项目经理正在进行干系人分析，并评估干系人的兴趣和影响程度。在这种情况下，项目经理正在执行识别干系人的过程。

68. A

根据《PMBOK® 指南》，阶段审查也被称为阶段关口、阶段入口、阶段出口、阶段关卡和关键决策点。阶段审查通常作为阶段结束时的检查点，根据项目章程或计划评估绩效或进度。一旦完成阶段审查，项目将进入下一阶段。

69. D

监控风险过程的目的是监控风险应对计划的实施、跟踪已识别的风险、识别和分析新风险，以及评估风险的有效性。作为执行此过程的一部分，项目团队可能会召开风险审查会，检查和记录风险应对在处理整体项目风险和已识别的单个项目风险方面的有效性。

70. B

管理沟通是确保团队及时且适当地收集、生成、发布、存储、检索、管理、监督和最终处置项目信息的过程。在这种情况下，项目经理会使用沟通技能。

71. D

可交付成果是在完成项目或项目阶段之前被认为必须产生的可测量结果、可验收标准或特定项。需求是可交付成果的规格说明，用来告诉你是否成功地完成了可交付成果。

72. C

获取资源的过程涉及项目的所有资源，包括现有员工、顾问或外部员工。采购过程用于获取员工，而获取资源的过程涉及获取和分配资源。

73. C

该项目的投资回收期是18个月。当计算投资回收期时，只需将题干中所提到的每个季度的现金流入相加即可，当总现金流入达到投资总额时，项目就收回了投资。

74. A

罗伯特正确地指出了项目经理在管理项目时应该考虑所有项目管理过程。但这并不意味着项目经理必须执行所有项目管理过程，项目经理必须对项目管理过程的适用性进行评估和考量。

75. B

这个问题描述了高效团队的特征。

76. D

采购文件包含与供应商签署的协议有关的各种有用信息，包括工作说明书、支付信息、承包商工作绩效信息及与供应商的任何往来函件。而项目管理计划和协议是另外两个关键输入，它们本身并不能为尼古拉斯提供足够的信息。这里讨论和分析的是执行控制采购过程，采购文件是这个过程的关键输入。

77. B

莎莉没有让作为项目发起人的罗肖德了解项目的最新情况，以至于罗肖德听说了资源缺口后，才不得不联系莎莉以了解情况。

78. C

沟通的元素包括发送者、接收者和信息。沟通模型是管理沟通过程的工具和技术，包括编码、传递信息、解码、确认信息和反馈／响应信息。交流的形式是口头和书面沟通。

79. A

项目经理正在执行识别干系人的过程。干系人分析是该过程的一部分。在项目整个生命周期中，应该定期进行识别和分析干系人的过程。

80. C

在执行整体变更控制过程中使用的配置管理系统记录了项目产品的物理特性，并确保描述是准确和完整的。

81. B

题干中描述的是一种加权系统技术。供应商B的最终得分为37分，供应商A的最终得分为26分。对于每位供应商，将每个类型的信息得分乘以权重，然后将结果相加，就可以得到该供应商的最终得分。

82. B

虽然从技术上来说，项目管理计划也是一个正确的选项，但是该问题特指资源管理计划（项目管理计划的一个组成部分），所以正确答案是选项B。

83. B

规划干系人参与涉及让干系人有效参与，了解他们的需求和利益，了解他们给项目带来的好处和坏处，以及了解项目将如何影响他们。

84. B

绩效测量基准包括进度、范围和成本基准。其中，成本基准不包括管理储备和应急储备，所以绩效测量基准不包括它们。

85. C

规划进度管理、估算活动持续时间和控制进度属于项目进度管理知识领域的过程。属于该知识领域的其他过程包括定义活动、排列活动顺序和制订进度计划。

86. B

阿莉莎正在执行规划范围管理的过程，并正在使用专家判断技术来制订范围管理计划。

87. D

净现值（NPV）和内部收益率（IRR）通常会让你做出相同的接受 / 拒绝决定。

88. D

在这种情况下，快速跟进是最好的方法。预算是该项目最主要的限制因素，因此项目经理几乎不可能获得更多资源来协助项目。所以，最好的方法是实施进度压缩来缩短项目工期。

89. B

该场景描述了与获取资源和实施采购过程相关的活动，这些过程属于执行过程组。

90. B

你正处于管理质量的过程中并已执行质量审计。执行质量审计以确定低效或无效的流程、政策、程序和指南，并在正确执行时确定产品是否适合使用、是否遵守适用的法律和标准、是否需要采取纠正措施等。

91. A、B、C、E

RACI 是一种责任分配矩阵，用于捕获分配的资源及确定它们如何与项目工作相关联。RACI 代表执行（Responsible）、负责（Accountable）、咨询（Consult）和知情（Inform）。

92. A

你刚刚进行了质量审计，并确定需要采取纠正措施。

93. C

与大多数过程一样，管理项目知识过程在项目的整个生命周期中会被反复执行。

94. A

该知识领域负责人力和物力资源。

95. B

塔克曼阶梯理论是由布鲁斯·塔克曼提出的，是一种用于确定团队共同经历的各个发展阶段的团队发展模型。

96. A

企业环境因素是可以影响项目的内部和外部因素。在获取资源的过程中，企业环境因素是一个展现组织现有资源信息的关键输入，包括项目资源的可用性、经验水平、兴趣、成本和能力。

97. A

根据使用的特定条款，成本补偿合同有不同的名称，如成本加激励费用合同、成本加奖励费用合同、成本加成本百分比合同和成本加固定费用合同。

98. A

该问题描述了监控干系人参与的相关活动，这是监控干系人参与过程的一部分。保证干系人参与将有助于确保整个项目的成功，并能使干系人了解项目最新的问题和状态。

99. C

进度偏差（SV）可以告诉你进度是提前还是落后于本期计划，它可以通过挣值

（EV）减去计划价值（PV）来计算。在本题中，SV=95－85 ＝ 10（美元），结果为正数，这意味着该项目在这期间的进度是提前于本期计划的。

100. D

项目经理和项目团队根据项目的需要共同负责制定最佳的项目管理过程。

101. B

自下而上估算的操作步骤是，先获得每个项目活动的单独估算，然后将所有这些估算相加，最后得出工作包或项目的总估算。它是一种比较精确的估算方法，尽管在执行的过程中更耗时，成本更高。

102. C

题干中描述了风险审查，作为会议的一项议程，它是在监督风险过程中使用的工具和技术。根据《PMBOK® 指南》，团队应该定期召开风险审查会，评估和记录实施的风险应对措施是否有效处理了已识别出的整体项目风险和单个项目风险。

103. D

通常在项目阶段结束时，至少产生一个可交付成果。

104. A

布鲁斯·塔克曼博士提出了塔克曼阶梯理论。塔克曼阶梯理论是一种团队发展模型，可以识别团队共同经历的各个发展阶段。

105. C

增加了两位干系人后，根据计算沟通渠道的公式：$C_n^2 = \dfrac{n(n-1)}{2}$，沟通渠道有 66 条。但是，这道题问的是所需管理的沟通渠道增加了多少条，这意味着需要用新渠道的数量减去原渠道的数量才能得到答案，即 $66 - 45 = 21$（条）。

106. B

根据《PMBOK® 指南》，问题日志用于促进与干系人的沟通。问题日志是管理干系人参与过程的输出，是项目文档更新的一部分。

107. B

尼古拉斯将干系人参与计划作为执行管理干系人参与过程活动的一个参考。干系人参与计划是这个过程的关键输入，记录了促进干系人有效参与项目过程所需的策略和行动。

108. B

已批准的变更请求是指导和管理项目工作过程的输入，为了实现此变更，需要反复执行这个过程。已批准的变更请求是实施整体变更控制过程的输出。题干中没有足够的信息帮助我们确定范围是否被扩大了，因此选项 C 和 D 都不正确。

109. B

组织过程资产包括过去项目的历史文档和模板。特别是模板，可以帮助你快速编写网络图。

110. D

工作分解结构（WBS）是项目团队对需要开展的总体工作范围的分解。这意味着它代表了百分之百的项目范围，以及完成可交付成果要实现的目标。

111. B

卡丽娜正在执行与规划过程组相关的活动。

112. D

参数估算是利用数据模型和历史数据来估算成本，从而可以得到比较准确的估算结果。

113. B

这道题需要通过分析折现现金流量来比较备选方案 A 和备选方案 B 的价值。对于备选方案 A，折现现金流量 $=21\,000\,000 \div (1+0.05)^2 = 19\,047\,619$（美元）；对于备选方案 B，折现现金流量 $=29\,000\,000 \div (1+0.05)^3 = 25\,051\,290$（美元）。

114. B

强制依赖也被称为硬逻辑或硬依赖。在强制依赖中，工作本身的性质决定了活动执行的顺序。

115. A

范围变更会引起进度修订，但进度修订不会更改项目范围。项目需求是项目范围说明的一部分，因此选项 A 是正确的。

116. A

题干中描述了监控沟通和监控干系人参与的过程。这两个过程都会对沟通和干系人参与活动的结果进行评估，并将结果与预期结果进行比较。根据比较的结果，项目团队可能对这些活动进行调整。

117. D

趋势分析是一个用来预测未来结果和项目趋势的数学公式。趋势分析不是分析问题如何发生的工具。趋势分析是控制成本过程的一种数据分析工具和技术。

118. A

采用三点估算技术的三角分布计算公式为：预期成本 =（乐观估算 + 最可能估算 + 悲观估算）÷ 3。代入数值，即预期成本 =（2 500 + 3 500 + 7 200）÷ 3 = 4 400（美元）。

119. C

项目有四种开发生命周期：预测型、迭代型、增量型和混合型。增量型开发生命周期使用被称为迭代的预定时间区间来完成可交付成果（不要与迭代型开发生命周期混淆）。

120. A

题干中表明你正在开会讨论合同的细节，可见你正在使用采购谈判的工具和技术，这是一种人际关系和团队技能。在做出决定之前，使用建议书进行评估，通过采购谈判达成合同协议。虽然项目经理可以参与合同谈判，但通常谈判还是由采购管理员进行。

121. A

正确解答这道题，你需要知道如何计算预期货币价值，以及了解决策树分析。在这道题中，我们的关注点是自制场景，想要计算预期货币价值，我们要用 15 000 美元的影响力乘以 15% 的概率，然后加上 35 000 美元的初始投资，所得正确答案是 37 250 美元。

122. D

这道题没有足够的信息来确定答案。投资回收期是现金流分析技术中最不精确的参考，但在这道题中，投资回收期是相同的。初始投资信息不足以帮助我们做出选择。

123. A

这道题描述的是队友的专家权力和项目经理民主的领导风格，因为在做出决定之前，项目经理征求了团队成员的意见。

124. A

在项目的早期阶段，发生风险的概率最高；在项目启动阶段，不确定性最大。

125. B

根据《PMBOK® 指南》，在项目生命周期阶段，有三种执行方法：顺序、迭代和交叠。

126. A

项目经理要求雅兹计算完工尚需估算（ETC）。当工作按计划进行时，使用以下公式计算 ETC：ETC = EAC − AC。代入数值，即 ETC = 75 000 − 50 000 = 25 000（美元）。

127. C

团队目前正处于规范阶段。在这个阶段，团队成员之间可以合作得很好，可以调整自己的工作习惯和行为来支持团队协作。

128. A

要计算进度偏差（SV），需要从挣值（EV）中减去计划价值（PV），代入数值，即 SV = 500 − 700 = −200（美元）。这里的 SV 为负数，意味着项目落后于进度。

129. B

在监控沟通过程中，报告模板、沟通策略、沟通技术，以及围绕数据、沟通方法和记录保留策略的安全问题是作为组织过程资产输入的一部分，而不是项目沟通输入的一部分。

130. D

在进行假设情景分析时通常使用蒙特卡罗技术（Monte Carlo Technique）。该技术通过使用现有的项目数据，同时考虑不确定性来模拟数百种情景。假设情景分析作为一种建模技术，可以用在制定进度、控制进度、进行风险定量分析的过程中。

131. B

你正在收集需求。这个过程是规划过程组的一部分。

132. D

项目章程授权项目开始。一旦项目章程获得批准，项目经理就被授予将资源应用于项目的权力。

133. B

项目经理执行了制定项目章程和识别干系人的过程。下一步，项目经理可能会制订项目管理计划，执行制订项目管理计划过程中概述的活动。

134. D

虽然监控项目工作也是一个很好的选择，但大卫可能会特别强调控制范围过程。这个过程确保完成并且仅完成已批准的范围。任何变更均按照正式的变更控制程序进行管理。

135. C

只有关键路径活动才会导致计划延迟，除非一个或多个非关键路径活动已用完所有的浮动时间。这道题中没有指出非关键路径活动是否已使用完所有的浮动时间。

136. A

产品范围的完成情况是根据产品需求来衡量的，而项目范围的完成情况是根据项目管理计划来衡量的。尽管从技术角度来说，需求文档是一个正确的答案，但产品需求是一个更确切的答案。

137. A

根据《PMBOK® 指南》，项目管理计划描述了如何执行、监控和收尾项目。项目管理计划整合了所有的子管理计划和基准，以及管理项目所需的其他信息。

138. C

项目经理正在执行管理干系人参与过程。管理干系人参与过程包括在适当阶段让干系人参与，通过谈判和沟通管理干系人的期望，处理与管理干系人相关的风险或潜在问题，预测未来的问题，以及澄清和解决确定的问题。

139. D

题干中的关键信息表明你拥有准确的历史信息和可量化的参数，这两项都是使用参数估算技术所需的信息。

140. C

获取资源过程的工具和技术包括预分派、人际关系与团队技能（谈判）、虚拟团队和决策（多标准决策分析）。资源日历是这个过程的输出。

141. A

当偏差不典型时，完工尚需估算（ETC）的计算公式为 $ETC = BAC - EV$，代入数值，即 $ETC = 900 - 500 = 400$（美元）。

142. A

合法权力也被称为正式权力，是由影响者的职位所产生的结果。例如，团队成员可能仅仅因为影响者的职位而同意与高管合作。

143. C

项目经理正在执行管理干系人参与的过程。管理干系人参与过程包括在适当阶段让干系人参与，通过谈判和沟通管理干系人的期望，处理与管理干系人相关的风险或潜在问题，预测未来的问题，以及澄清和解决确定的问题。

144. A、C、D

团队是由个人组成的，个人发展是项目成功的关键因素。

145. A

变更请求通常是采取纠正或预防措施或进行缺陷修复的一种方法。项目文件的更新通常是由于实施变更请求而发生的。

146. B

卡丽娜正在完成与规划过程组相关的主要活动，并准备进入执行过程。在项目生命周期的这个节点上，成本通常是低的。

147. C

范围变更可能会影响进度、成本、质量和其他过程，因此应将其与所有监控过程充分整合。范围变更可能会减少项目需求，从而减少完成项目所需的资源数量或时间，继而可能会导致项目预算减少。

148. C

根据题干信息计算项目绩效，可以使用成本绩效指数（CPI）来计算。CPI = 挣值（EV）÷ 实际成本（AC）= 5 000 ÷ 7 500 = 0.67。当CPI小于1时，意味着该项目超出预算。

149. C

蒙特卡罗分析从项目整体的角度来检查风险。

150. D

要回答这道题，你需要计算累计的进度绩效指数（SPI）和成本绩效指数（CPI）。计算 SPI 和 CPI 需要的所有数据，题干中都已提供。SPI = EV ÷ PV，代入数值，即 SPI = 59 000 ÷ 70 200 = 0.84。当 SPI 小于 1 时，表示该项目落后于进度计划。CPI = EV ÷ AC，代入数值，即 CPI = 59 000 ÷ 64 500 = 0.91。当 CPI 小于 1 时，表示该项目超出预算。因此，该项目落后于进度，并且超出了预算。

151. C

作为执行定量风险分析过程的一部分，团队会对风险登记册进行更新，更新的内容包括项目整体风险敞口评估和项目详细概率分析。

152. 类比

类比估算使用过去类似项目的历史信息作为估算活动持续时间的基础。题干中项目经理使用上一版项目的信息做估算，使用的技术就是类比估算。

153. A

卡丽娜将在风险登记册中更新已识别的风险和有关风险的信息。虽然项目文件也是一个正确选项（因为风险登记册是一个项目文件），但风险登记册更具体，因此是更加正确的答案。虽然她的发现也可能会被纳入风险报告，但是这也是一个次要的选项。

154. B

TCPI 为 1，意味着必须继续以当前的效率水平执行项目，才能完成既定目标。

155. C

马斯洛的需求层次理论指出，人类有五个层次的需求，必须按照以下顺序满足：基本生理需求、安全与保障需求、社会需求、尊重需求和自我实现需求。这意味着必须满足上一个层次结构中的需求后，人类才能转移到下一个需求层次。

156. B

箭线图（ADM）只使用"完成—开始"的依赖关系。

157. C

总浮动时间是指在不延误项目完成日期的情况下，可以推迟的总时间量。要计算总浮动时间，可以用最晚开始时间减去最早开始时间，或用最晚结束日期减去最早结束日期（两种计算方式的答案相同）。

158. C

根据《PMI道德规范和职业行为准则》，尊重是对自己、他人和所拥有的资源表示高度的尊重。

159. C

工作绩效报告是监控项目工作过程的输出。这些报告可以采取多种形式，旨在提高人们对问题的认识，为决策提供信息，并使人们就问题采取行动。

160. C

检查是确认范围过程的重要工具和技术，目的是检查工作和可交付成果，以确保它们满足要求和产品验收标准。如果可交付成果通过检查，那么其将被视为验收的可交付成果，这是这个过程的主要输出。

161. A

协议是一份相互约束的文件，要求卖方提供一套特定的产品、服务或结果。协议通常包含许多信息，如采购工作说明书或主要交付物、何时生产货物或服务、报告、相关条款和其他相关信息。协议是实施采购过程的输出。

162. A、B、D

参照权力是下属给影响者的权力。例如，项目团队成员可能会高度重视他们的项目经理，因此愿意遵循项目经理做出的决定。正式权力也被称为合法权力，而不是参照权力。

163. D

质量改进是质量审核的结果，质量审核是管理质量过程的工具和技术。我们一般通过提交变更请求或采取纠正措施来实施质量改进。

164. A

支持型 PMO 往往对项目的控制程度较低，在项目中更多地发挥咨询作用。通常，支持型 PMO 会提供最佳实践、模板、培训和其他资源来支持项目。

165. A

题干中介绍了计划质量管理过程中的成本效益分析。

166. C

在项目生命周期的执行阶段，当资源使用率最高时，成本最高。

167. A

$CPI = EV \div AC = 114 \div 103 = 1.1$；$SPI = EV \div PV = 114 \div 120 = 0.95$。

168. A、C、D

待办事项列表中包含项目中按优先级排序的所有工作。待办事项列表用于跟踪、审查和管理工作。团队通常从待办事项列表的顶部提取工作，并且待办事项会在项目过程中不断地被细化。产品负责人负责维护待办事项列表，他是业务的代表。

169. A

题目中需要一个用于解决干系人参与度的输入。该场景涉及监控干系人参与过程。人际关系和团队技能及决策都是工具和技巧，因此，选项 C 是不正确的。由于项目管理计划包含干系人参与计划，该计划记录了干系人参与策略，因此选项 A 是正确的。项目管理计划的其他有用组成部分还包括通信管理计划和资源管理计划。

170. B

团队参与了估算成本过程。这个过程的目的是计算完成项目工作所需的资源成本。

171. C

随着项目在整个生命周期中不断地被完善，项目管理过程通常会被重新审视几次，因此项目在生命周期中是以迭代的方式被执行的。

172. C

项目发起人需要的是一个更新了的项目进度表，它反映了项目目前已完成的工作。进度基准包含计划信息，而不是实际工作进度。不过，人们通常将进度基准与当前的项目进度进行比较，以确定项目存在哪些差异。

173. D

这道题描述了过程分析的工具和技术。过程分析是从组织和技术的角度来看过程改进的。通过过程分析，你可以检查在进行项目工作时遇到的问题和限制，并确定低效和无效的过程。

174. B

正确答案是应急储备，即为应对在执行风险应对计划后仍存在的风险而预留的资金。管理储备金是为应对不可预见的风险而预留的资金。成本汇总处理的是成本估算的合计，因此它被明确地排除了。而现金流是指所需或使用的资金。

175. A

虽然收集三点估算值确实有助于生成更准确的估算值，但三点估算是用来估算活动持续时间的技术，而不是进行资源估算的技术。所以，其他三种说法都是正确的。

176. D

完工估算（EAC）是完成所有工作所需的预期总成本。

177. B

项目管理计划包含采购管理计划。该计划将作为开展采购相关活动的指南。

178. D

项目经理刚刚完成了指导与管理项目工作过程，因此选项 D 是正确的。尽管执行、监督和控制过程是反复进行且重叠的，但这里的最佳选择是监控项目工作过程。这个过程负责根据计划跟踪、审查和报告项目的总体进度。根据题干描述，项目经理将根据计划评估可交付成果。尽管整体变更控制可能是另一个将要执行的过程（在项目中发生的频率更高），但是没有足够的信息证明整体变更控制是最佳选择。

179. D

沟通需求分析是规划沟通管理过程的一种工具和技术，这种技术考虑了公司和部门的组织结构图、干系人关系、项目涉及的所有部门和专业、参与项目的人数及工作地点等因素，以及任何外部需求，如媒体、政府或行业组织所要求的沟通信息的更新。

180. A

正确答案是根据基线比较和监控项目绩效，采取纠正措施。基准是项目管理计划。针对在项目过程中发现的偏差，可以采取或不采取纠正措施。采取预防措施是为了减少负面后果发生的可能性，人们可以通过进行缺陷修复来纠正产品缺陷。

181. B

系统流程图或工艺流程图显示了系统的各个元素是如何相互关联的，这种技术可以显示问题是如何发生的。

182. D

收尾过程组仅包含 1 个过程，启动过程组共有 2 个过程，规划过程组共有 24 个过程，执行过程组共有 10 个过程，监控过程组共有 12 个过程。

183. D

选择卖家后，团队将为其采购的资源建立资源日历，以便显示资源的可用性。

184. B

风险经理忽略了风险管理的初始过程，即创建风险管理计划。风险管理计划是执行其他风险管理过程的重要组成部分，因为风险管理计划概述了如何识别、分析、监控风险等。因此，在这种情况下，项目经理制定有助于进行风险管理的风险登记册的可能性很低。

185. B

个人工作风格、进度优先级和稀缺资源是形成冲突的三大原因。因此，这道题的正确答案是选项 B。

186. B

速率是指在平均周期时间或每个迭代完成的故事的数量。假设计算出的速率是可靠的，那么团队可以用速率来预测完成项目需要多长时间。

187. D

根据题干描述，这两个过程都负责执行关闭活动。采购关闭是控制采购的输出，在这个过程中，人们根据合同验证已完成的需求；采购的行政关闭是通过关闭项目或阶段过程进行的，包括归档相关文件。

188. D

项目经理需要根据计划的范围来衡量已完成的范围。为此，项目经理需要工作绩效数据，这是控制范围过程的关键输入。偏差分析和趋势分析是控制范围过程的工具和技术，而不是输入。

189. A

项目范围说明书的内容包括项目的可交付成果、项目的需求及用于确定项目完成情况的可衡量标准。项目范围说明书是定义范围过程的输出，并用作创建工作分解结构（WBS）过程的输入。

190. B

卡丽娜正在使用控制成本过程的挣值分析技术。挣值分析将绩效测量基准与实际绩效（如实际进度和成本）进行比较。

191. C

项目目标应包括可用于帮助衡量项目是否取得成功的可量化标准。项目目标应包括进度、成本和质量等要素。

192. B

瀑布、敏捷和受控环境下的项目管理（PRINCE2）是项目管理方法的示例。

193. A

贝塔分布期望值 =（乐观估算 + 悲观估算 + 4 × 最可能估算）÷ 6。代入数值，即贝塔分布期望值 =（75 + 250 + 4 × 100）÷ 6 = 120.83（天）。

194. A

根据《PMI 道德规范和职业行为准则》，项目管理从业人员应该遵循以下四个价值观：责任、尊重、公平和诚实。

195. C

加权评分模型使用标准的权重乘以单项分数得出总分。项目 1 的得分为 47 分，项目 2 的得分为 45 分，项目 3 的得分为 42 分。根据这些信息得出，项目 1 是最佳选择。

196. C

项目经理负责在整个项目生命周期内正确管理变更，并遵循组织的变更控制策略。

197. A

使用准时制策略会引入库存成本。要实施这类策略，企业必须拥有较高的效率，且高度重视产品质量，否则策略就行不通，货物要么过早到达，要么延迟到达。

198. C

燃尽图显示了一个时间盒中剩余的工作量与剩余的时间。时间盒的示例包括当前或未来迭代的剩余时间，也可以反映项目的剩余时间。

199. B

属性抽样是一种检验测量技术，只有两种结果：合格或不合格。换句话说，即测量值符合要求或不符合要求。这也可以被视为通过或失败。

200. A—（2），B—（1），C—（3）

不管项目的生命周期是什么，项目管理都包括计划活动。所有项目生命周期都把计划作为一项关键活动，但何时执行、如何执行却各不相同。

第五章　全真模拟试题 2

1. D

虚拟团队为项目创造了在不同地域扩展资源池的机会，并增加了其获取特殊专业知识的可能性。团队可以通过控制员工为开会而支付的旅行费用和允许成员远程工作来降低成本。

2. D

在敏捷实践中，我们可以根据个人知识的深度和广度来判断一个人能够承担工作的程度。"I型人才"是指在某一领域拥有深厚的专业知识，但很少为该领域之外的工作做出贡献的人；"T型人才"是指通才，即在某一领域具有一定的专业知识且同时可以为其他领域做出贡献的人。

3. B、D

PMO 可以促进项目审计成为一种监控 PMO / 公司发布的准则、政策及程序的合规性的手段。项目审计的一个主要好处是它可以作为识别合规性潜在威胁的工具，如法律或合同要求。

4. A—（3），B—（1），C—（4），D—（2）

项目终止类型有四种：整合式终止、自灭式终止、附加式终止和绝对式终止。绝对式终止是最好的结果。

5. B

挣值（EV）是实际完成工作的价值。计划价值（PV）是在给定时间段内，计划完成工作的预算金额，实际成本（AC）是在给定时间段内，实际完成工作的成本。完工估算（EAC）是一个估算值，是对工作预期总成本的估算。

6. A

RACI 矩阵是组织结构图和职责描述的组成部分。RACI 矩阵是资源管理计划中关于职责描述的工具和技术。

7. C

敏捷团队中有三种常见的角色：跨职能团队成员、产品负责人和团队教练。

8. E

多元化和包容性是我们在组建项目团队时需要考虑的重要因素。

9. D

由于投资回收期是最不精确的现金流分析指标，因此内部收益率（IRR）在项目决策中具有更高的优先级。

10. D

所有团队成员，不仅仅是项目经理，都应具备情商技能。这些技能可以使团队成员很好地适应彼此并且能够应对各自工作的变化。

11. B

我们在评估各种备选方案时使用的成本管理技术即生命周期成本法。该方法考虑了购置、运营和处置成本等方面的因素。

12. A、D

希望采用敏捷实践或其他新文化规范的组织必须培养和创造一个安全、诚实和透明的环境。这种类型的环境可以鼓励团队向前迈进，避免团队陷入过去的行为和做法中。

13. C

预先确定团队成员的技术是预分配。通常，预分配会正式记录在项目章程中或作为项目建议书的一部分提交给发起人。

14. A—（5），B—（2），C—（1），D—（4），E—（3）

我们有五种冲突解决技术，所有这些技术都有两个不同的名称：撤退/回避、包容/缓和、妥协/调解、强迫/命令、合作/解决。

15. C

艾莉莎正处于制订项目管理计划的过程中。这个过程的唯一输出是项目管理计划。

16. A、C、D

活动清单是项目进度的关键要素，它是编制进度基准的依据。根据《PMBOK® 指南》，范围基准内容包括项目范围说明书、WBS、工作包、规划包和 WBS 词典。

17. D

沃尔特·休哈特被认为是全面质量管理（TQM）之父。他开发了统计工具，以检测何时必须对相关流程采用纠正措施。

18. D

项目经理可以使用多种个人和团队的评估工具来深入了解团队的优劣势领域，例如，团队成员偏好调查、结构化面试、能力测试和焦点小组等。

19. C

PMO 分为三种类型：支持型、控制型和指令型。控制型 PMO 专注于为项目团队提供支持，如已发布的资源和模板，以及确保项目团队遵守企业发布的项目管理和治理框架等。

20. A

执行整体变更控制过程是作为监控活动的一部分执行的。该活动与执行活动一起进行，但其本身不属于执行过程。

21. B

项目管理计划描述了项目将如何被执行、监控及收尾。它涉及如何管理项目的各种要素，包括一些将要被运用到项目中的方法论。

22. A、B、D

超出可接受范围的差异的常见原因是它们难以被纠正，通常需要重新组织流程。但更改流程的决定权不在项目经理的权限范围内，这需要管理层的批准。七点法则是指当七个或更多的数据点落在中线的同一侧时，可能是有外部因素对结果产生了影响。

23. B

当会议结束时，项目经理采取了一种妥协的方法，也被称为调解；这种冲突解决方法可以在当事人试图为各方实现某种程度的满足以部分解决冲突时使用。项目经理通过提高第二个用户故事的优先级并允诺团队成员将其并入迭代来解决冲突。

24. A

合法权也被称为正式权，是指由于某人的职位或正式头衔而产生的权力。根据题干描述，部门经理的职位使他的命令具有很大的影响。

25. C

在组建团队时，项目经理必须考虑一些因素。多标准决策分析是一种协助决策过程的工具。可用性、成本和能力是项目经理可能使用的团队成员选择标准的示例。可用性、成本和能力也可能是项目的假设条件或制约因素，但这并不是持续不变的。

26. D

假设日志最先在制定项目章程过程中被创建，它包含假设条件和制约因素。

27. C

总价合同可以为卖家所提供的产品或服务设定一个明确的价格，或者为其达成或超额完成的合同交付物设立激励措施。总价合同分为三种：固定总价合同、总价加激励费用合同和总价加经济价格调整合同。

28. B

合同邀标阶段是准备采购文件（不是回应采购文件）并与规划采购管理过程关联的阶段。规划采购管理过程的两个输出分别是采购文件和供方选择标准，它们共同成为实施采购过程的输入。

29. A—（5），B—（1），C—（3），D—（2），E—（4）

对干系人的参与程度进行分类并记录有助于为未达到预期参与水平的干系人规划及制订后续的行动计划。

30. C

干系人参与计划包括用于促进干系人在整个项目中创造性参与的策略。干系人参与计划是项目管理计划的组成部分，因此制订干系人参与计划相对选项 D 制订项目管理计划而言是一个更具体、更好的答案。

31. B

敏捷团队中有三种常见的角色：跨职能团队成员、产品负责人和团队教练。

32. C

生成状态报告属于监控项目工作的流程，它是监控过程组的一部分。这个过程的主要输出是工作绩效报告。

33. D

当高层习惯于以预判性的思维方式和方法工作时，他们很难认同敏捷实践。如果公司不为高层提供相关的教育和培训，他们很难理解和接受一种新的工作方式。另外，《敏捷实践指南》建议我们使用精益思维来描述敏捷术语，如定期评审等。

34. B、C、D

根据《PMBOK® 指南》，我们在选择管理项目工作的方法时需要考虑三个主要因素，即组织文化、项目团队和项目本身。

35. D

看板通过遵循使用拉动进度系统（也被称为按需进度系统）的精益方法来保持项目的灵活性并专注于持续交付。这个拉动进度系统利用看板，使在过程中流动的工作可视化。

36. C

建议书评估技术是这一过程的工具和技术，也是供方选择标准的一个示例。供方选择标准是这个过程的输入，前者可能也包括财务能力和技术能力。

37. A

项目发起人指的是收益。根据《PMBOK® 指南》，项目收益的定义是为发起组织及项目的预期受益人提供价值的行动、行为、产品、服务或成果。

38. D

评估风险概率很困难，因为它依赖于专家判断。其他选项不适用于此过程。

39. D

发展项目团队可以使团队取得成功，同时，它也是一种通过创造开放、激励的环境来使团队成员做出贡献的策略。

40. A、B、C

根据《敏捷实践指南》，集中办公可以改善沟通，促进知识共享，使团队成员能够对彼此及项目本身做出承诺，并创造一个低成本的持续学习环境。

41.　专家

当被影响的个人相信施加影响的另一个人在这个领域的知识是渊博的，专家权就会产生。在本题中，部门经理对于你的经验和知识的认可使得你的建议对他而言具有很高的价值。

42.　C

在执行过程组中，我们执行计划中定义的工作并实施批准后的纠正和预防措施。监控过程组的主要工作重点是进行测量和执行检查，以确认实际与计划是否存在差异。

43.　D

题干中描述的是实施采购过程。自制或外购决策是此过程的输入之一，投标人会议和建议书评估技术分别是此过程的工具和技术。由于你认识供应商，因此即使你最近没有见过他，你也应该关注利益冲突的情况。

44.　A、B、D

敏捷 PMO 的存在是为了指导组织持续实现商业价值。根据《敏捷实践指南》，敏捷型 PMO 是价值驱动的、以创新为导向的、多学科的。

45.　B、C、D

项目经理需要不断地使用人际关系和团队技能来完成他们的日常工作。在这些技能中，项目经理通常必须使用谈判技能来建立项目团队并获得团队所需的技巧和能力。项目经理经常与组织外部的职能经理、其他项目经理及销售商/供应商进行谈判。

46.　A

虚拟团队通常可以降低项目或组织成本。虽然成本可以被分摊在多个地区，但这种情况高度依赖于项目或案例的场景，因此并不总是这样。其他三个选项都是使用虚拟团队的好处。

47.　C

实施已批准的变更是指导和管理项目工作过程的组成部分，是执行过程组的组成部分。

48. C

这种敏捷方法以结合迭代和增量的治理框架为基础。在项目开始时，动态系统开发方法（DDSM）已经制定了项目成本、质量标准和完成时间框架，因此项目将会受约束驱动。

49. B

WBS 的最低层级是工作包。工作包进一步被分解为活动。这些活动是制订进度计划的输入，并不是 WBS 的组成部分。

50. D

项目经理在强矩阵组织中具有中等或较高的权力。在这类组织中，项目经理向职能经理汇报并且直接管理项目预算。全职项目经理这个职位名称也在一定程度上反映了其角色职责。

51. C

题干中描述的是亲和图。亲和图是一种数据表现工具和技术，通过对缺陷的相关潜在原因进行分组来确定哪些领域应该得到最多的关注。

52. B

水晶方法是指一系列旨在满足项目需求的方法。它是多方面的，每个棱面都代表一个核心价值。水晶方法的核心价值观是人、交互、社区、沟通、技能和才能。

53. A

《PMI 道德规范和职业行为准则》中的角色定位研究部分涉及四个领域，包括促进团队成员和其他干系人之间的互动。题干中描述的是管理干系人参与过程的目的。

54. C

基本规则是指团队建立的、对团队成员规定的可接受行为的准则。基本规则通常是团队章程的一部分，是管理干系人参与的重要工具。

55. B

项目发起人要求的是收益。效益管理计划描述了项目收益将如何交付及何时交付。它侧重于目标收益、战略一致性、实现收益的时间框架、收益评估指标和收益所有者，以及与交付的商业价值相关的其他关键信息。

56. D

我们可以使用三角分布（简单平均）或贝塔分布（加权平均）计算期望值。三角分布的三点估算公式如下：期望值 =（乐观估算 + 悲观估算 + 最可能估算）÷ 3。代入数值，即期望值 =（25 + 50 + 35）÷ 3 = 37（天）（四舍五入）。

57. D

数据表现包括使用干系人参与矩阵来评估沟通需求是否得到满足。根据题干描述，艾莉莎正在执行监督沟通过程。

58. B

交互型领导是一种结合了三种风格的领导方式：交易型、变革型和魅力型。交易型是指在确定奖励时注重目标、反馈和成就的领导者；变革型是指通过理想化的属性和行为赋予追随者权力，鼓励其创新，激发其创造力的领导者；魅力型是指激励追随者的领导者，这类领导者通常会在其自身周围创造高能量场的环境，并且他们本身往往持有坚定的信念。

59. D

塔克曼阶梯理论也被称为团队发展阶段，由团队发展可能经历的五个阶段组成：形成、震荡、规范、成熟和解散。成熟阶段是团队表现最佳的阶段。在这个阶段，团队的生产力和效率最高。

60. A

题干中描述的是指导和管理项目工作的过程。这个过程主要包括领导并执行项目管理计划中定义的工作，以及实施已批准的变更。这是项目经理对正在执行的工作进行全面管理的过程。这个过程的输入包括项目管理计划、项目文件、批准的变更请求、事业环境因素和组织过程资产。专家判断是一种工具或技术，而问题日志和工作绩效数据是这个过程的输出。

61. B

项目 1 的投资回收期为 18 个月，第一年的现金流入为 528 000 美元，第 2 年的现金流入为每月 52 000 美元，因此总投资回收期为 18 个月。项目 2 的投资回收期为 15 个月，第一年的现金流入为 720 000 美元，第 2 年的现金流入为每月 45 333 美元，因此总投资回收期为 15 个月。

62. A

既然你已识别了风险类型，那么你应该已经完成了识别风险的过程。

63. A

选项 C 和选项 D 都不合理，因为项目发起人要求你提供的是完工估算（EAC），而不是完成尚需估算（ETC）。项目绩效或风险的变化可能会导致完工预算（BAC）不再合理。在题干中描述的情形下，我们需要使用 EAC 来预测完成所有工作所需的总成本。

64. D

知识可以分为两种类型：显性知识和隐性知识。显性知识可以用文字、图片和数字来记录和表达；隐性知识则不然，如信念、经验和诀窍。

65. C

根据《敏捷实践指南》，仆人式领导践行并蕴含着敏捷的思维。仆人式领导者按照以下顺序处理工作：目的（与团队合作定义"为什么"）、人员（鼓励团队创造一个所有人都能成功的环境）和过程（寻找结果）。

66. C

跨文化沟通存在一些独特的挑战，特别是在确保接收方理解信息含义方面。不同人群（即年龄、国籍、种族、性别）的沟通方式、不同语言的使用及不同的流程和协议都可以造成选项 C 的问题发生。

67. D

凸显模型是一种根据干系人的权威 / 权力、紧迫性和合法性评估，对干系人进行分类的方法。

68. A

项目管理计划是项目计划和基准的汇编，可以代表项目基准。一旦项目工作开始实施，我们将根据该计划衡量项目的进度。

69. A、B

题干中描述的是 Scrum 框架。Scrum 框架所引用的技术是冲刺回顾会议（在 Scrum 中，Sprint 被称为冲刺或迭代）。团队举行冲刺回顾会是为了确定哪些地方进展顺利，哪些地方可以在下一个冲刺中改进，以及需要在项目范围内进行的其他变更。

70. E

分布在不同地域的团队仍然可以从共享的虚拟工作空间中受益。《敏捷实践指南》提供了两个示例：通过不同位置之间的持续视频会议链接创建鱼缸窗口，在工作日内实时召开视频会议；通过虚拟会议工具共享屏幕、视频和音频并设置远程配对。

71. C

前导图法（PDM）是最常用的图表法。PDM 使用框来表示活动，用箭头连接活动，以显示它们之间的依赖关系。PDM 也被称为单代号网络图（AON）。

72. B

敏捷团队专注于衡量价值及团队交付成果。衡量往往是经验性的，本质上基于价值。

73. B

你正处于管理质量过程中。该过程负责将质量管理计划转化为符合组织质量政策的可执行的质量活动。

74. B、C、D

发送方 / 接收方沟通模型包括三个关键组成部分：编码、传递和解码。编码是指
发送者将信息转化为接收者能够理解的语言；传递是指使用适当的方法发送消息；
解码是指接收方翻译收到的信息。

75. C

团队章程也被称为团队社会契约，它创造了一个可以使团队成员能够在团队中尽
其所能地工作的敏捷环境。

76. C

获取资源涉及的活动有获取团队成员、设施、设备、材料、物资及完成项目工作
所需的其他资源。

77. C

类比估算比其他估算技术耗时少，可用于估算项目不同阶段的进度。类比估算不
如其他估算技术准确。

78. B

活动 3 的最晚结束日期的计算方法是用最后一项活动（活动 4）的开始日期减去
其时长。由于活动 4 的时长为 1 天，因此活动 3 的最晚结束日期为 6 月 4 日。同
时它的最晚开始日期是 6 月 4 日的前 7 天，也就是 5 月 29 日。

79. C

我们需要采用正推法来计算活动 4 的最早开始日期和最早结束日期，计算方法为
活动 4 的时长加上活动 3 的最早结束日期。

80. A

首先，我们需要计算此活动的标准差，标准差 =（悲观－乐观）÷ 6 ，代入数值，
即标准差为 1.67。95.44% 的置信区间对应 3 倍标准差，3 倍标准差 = 1.67 × 3 = 5.01
（天）。期望值为 23 天，因此，我们有 95.44% 的机会在 18~28 天内完成活动 2。

81. D

资源管理计划描述了团队如何对资源进行分类、分配、管理和释放。作为团队管理的一部分，该计划详细说明了团队成员所需的培训策略。

82. B

敏捷实践高度适应变化并定期评估为满足变化而做出的变更和不断变化的需求。在这种情况下，我们需要与团队协商，根据不断变化的需求对待办事项列表进行评估和改进。

83. C

题干中描述的是确认范围过程。这个过程使用的工具和技术是检查和决策。

84. A

敏捷发布计划是制订进度计划过程的一种工具和技术。根据《PMBOK® 指南》，它提供了发布计划的简要时间表，并帮助团队确定了完成发布计划所需的迭代或冲刺次数。

85. C

横向思维是一种备选分析类型，常用于确定项目范围。它由爱德华·德·博诺（Edward de Bono）创建，是用于推理和思考问题的一种手段。它所推理和思考的问题往往不是显而易见的。

86. D

合作也被称为解决问题，是指个人采取合作态度，开展公开对话以达成共识并承诺解决冲突的方法。这种方法会带来双赢的局面。

87. A、B、C

优秀的领导者使用参照权，这是由下属推断并反馈给他们的。他们是有远见的人，并且关注大局、战略方向和计划。

88. A—(1)，B—(1)，C—(2)，D—(2)，E—(1)

项目在很大程度上受其运营环境的影响。影响项目的因素主要有两种：事业环境因素和组织过程资产。

89. C

当我们将 EAC 作为目标时，TCPI 的计算公式为：$TCPI = (BAC - EV) \div (EAC - AC)$。代入数值，即 $TCPI = (15\,000 - 10\,000) \div (17\,000 - 12\,000) = 1$。

90. C

根据《敏捷实践指南》，待办事项列表细化的定义是项目需求和／或进行中的活动的渐进明细，进行中的活动是指为满足客户需要而进行的团队审查、更新及编写需求活动。其他三个选项分别定义的是产品待办事项列表、渐进明细和冲刺评审会。

91. B、C、D

根据《PMBOK® 指南》，冲突的来源包括缺乏资源、进度优先级和个人工作风格。拥有基本规则、团队规范和项目管理实践（即沟通规划和角色定义）是团队减少冲突的方法。

92. D

奖励和识别系统是鼓励满意行为的正式方式。根据题干描述，工程师虽然兑现了其承诺，但她并没有遵守团队章程，也没有表现出有利于团队的行为。

93. D

保罗的效益管理计划缺乏一个可追溯和衡量收益的系统。这个系统可以确保项目按照预期实现其价值。

94. B

风险概率与影响评估工具和技术用于确定风险发生的可能性及其对项目目标的潜在影响。执行评估后，我们将使用概率和影响矩阵确定风险评分或等级（红色、黄色、绿色）。

95. B

我们可以使用以下公式来计算沟通渠道的数量：$C_n^2 = \dfrac{n(n-1)}{2}$，$n$ 代表干系人的总数。接下来，代入数值可得：$C_{15}^2 = 15 \times (15-1) \div 2 = 105$（条）。

96. B

当加入一个新组织时，项目经理熟悉该组织的文化是非常重要的。了解组织的运作方式、容忍度和风险偏好等，将有助于克里斯汀调整她的项目管理方法并更好地了解团队的行为和规范。

97. A、B、D

在管理项目团队时，许多冲突来源于进度问题、资源可用性或个人工作习惯。

98. A

增量型生命周期强调在每次迭代结束时完成可交付成果，以便将其移交给客户使用。

99. 990

沟通渠道的计算公式为：$C_n^2 = \dfrac{n(n-1)}{2}$，$n$ 代表干系人的总数（假设你已经包含在 n 之中）。代入数值，即 $C_{45}^2 = \dfrac{n(n-1)}{2} = 990$（条）。

100. D

RAM 和 RACI 矩阵是组织结构图和职位描述工具和技术的一个组成部分。它们是一种基于矩阵的图表。

101. D

团队章程让整个团队成员了解他们将如何一起工作。它使团队在团队价值、工作协议、基本规则、会议指导方针和其他团队规范上保持一致。

102. C

知识可以分为两种类型：显性知识和隐性知识。显性知识可以用文字、图片和数字来捕捉和表达；隐性知识更难捕捉或表达，如信念、经验和诀窍。

103. B、C、D

估算活动资源属于项目资源管理知识领域的过程。其他三个选项都是正确的。

104. A、D

在基于流程的敏捷中，团队的吞吐量是重点。团队在站会中提出的问题如下：我们需要做什么来推进这项工作？有人在做任何不在任务板上的事情吗？作为一个团队，我们需要完成什么工作？工作流程中是否存在瓶颈或障碍？

105. C

项目经理正在执行与估算活动资源过程相关的活动。这个过程的活动包括评估团队资源及执行项目工作所需的材料、设备和供应品的类型和数量。

106. B

有几个可行的选项，尤其是控制进度和控制资源。由于项目经理目前正在协商资源，因此最佳答案是选项 B，这是通过被称为控制资源的项目管理过程而进行的活动。作为这个过程的一部分，项目经理使用团队人际关系和团队技能来影响和协调资源。

107. D

虽然此团队章程可能存在多个缺陷，但其中可能出现的缺陷之一是缺乏决策标准。

108. C

虽然事业环境因素（即市场条件、不断变化的政府法规）不在项目经理的控制范围之内，但它们可能会影响项目的结果。项目经理应该定期调查业务环境的内部和外部变化，以适当地识别和管理项目风险。

109. A

凯莉和阿莉莎正在使用蒙特卡罗分析，这个工具模拟单个项目风险和其他不确定性来源的组合效应，以确定它们对项目目标的潜在影响。

110. C

在这个场景中，你使用了推式沟通方法和交互式沟通方法来与团队成员沟通。推式沟通是单向通信，是指将信息发送给预期接收者（如本案例中的电子邮件）；交互式沟通是指双向沟通，即双方或多方交换思想或想法（如在会议期间）。

111. B

你可以在斯泰西复杂性模型中描绘关于复杂性元素（如需求或团队技能）的确定性（或一致性）程度——从低不确定性（或一致性）到高不确定性（或不一致性）。该模型可以在 X 轴和 Y 轴上同时显示从低到高的不确定性水平，或者在 X 轴上显示不确定性水平，在 Y 轴上显示一致性水平。

112. C

期望理论是由维克托·弗鲁姆（Victor Vroom）提出的。他认为，对积极结果的期望（也可以说个人价值观）是驱动动机的因素。

113. B

索赔管理包括记录、监控和管理有争议的变更。当双方无法达成协议时，争议变更可以通过替代争议解决方式解决，如仲裁。

114. C

具有高度不明确性和变化性的项目需要频繁且快速的沟通。频繁和透明的交流是敏捷方法的共同特征。

115. A

从鲍勃的角度来看，他放弃了自己的立场，以保持会议的和谐。这种冲突解决技术被称为平滑或适应。

116. C

道格拉斯·麦格雷戈定义了两种员工行为模型：X 理论和 Y 理论，以解释不同的管理者如何对待员工。

117. B

阿莉莎正在执行制订项目管理计划的过程。这个过程的目的是定义、准备和协调所有计划的组成部分，并将它们合并成一个综合的项目管理计划。也正是在这个关键时刻，管理项目的策略会被制定完成。

118. C

当团队中的成员缺乏能力或技能时，一种选择是通过培训来增强能力。培训方式包括课堂学习、远程学习、在职培训和辅导。

119. D

当采用服务型领导方法时，项目经理会转而着重指导那些愿意接受帮助的人，促进整个团队的高度协作，调整干系人的需求，并鼓励将责任分配给团队。

120. D

对那些不熟悉或不习惯这种工作方式的人而言，转换到敏捷方法可能是困惑且困难的。进行敏捷转型的方法之一是尝试使用混合方法，将预测型方法和敏捷型方法结合起来。

121. A

服务型领导方式的核心是赋予团队权力。采用这种方法的领导者专注于解决团队成员的需求和发展，以产出尽可能多的团队绩效。服务型领导通过阐明或创建项目/工作的目的（"为什么"）来处理项目工作，他们通过促进一个所有人都能成功的环境来关注人，最后，他们通过寻找结果来关注过程。

122. A

道格拉斯·麦格雷戈定义了两种员工行为模型：X理论和Y理论。你的新经理展现了X理论管理者的特征，她认为大多数人不喜欢工作，几乎没有抱负，需要进行持续的监督。

123. C

控制质量过程的工具与技术的主要作用是检查产品、服务或结果及项目过程是否符合标准。它们与计划—执行—检查—处理（PDCA）循环一起使用，以帮助识别和解决与质量缺陷相关的问题。

124. B

CPI = EV ÷ AC，代入数值，即 CPI = 2 100 ÷ 2 000 = 1.05。SPI = EV ÷ PV，代入数值，即 SPI = 2 100 ÷ 2 200 = 0.95（四舍五入）。

125. D

重要的是创造一种可以培养员工遵守团队基本规则的环境。在这种情况下，你的同事必须管理和纠正违反基本规则的行为。第一步，你的同事应该直接与工程师解决这个问题，以理解他为什么会有这样的行为。如果问题无法解决，下一步可能需要向上级反馈。

126. D

Scrumban 是一种结合了 Scrum 和看板的混合方法。这种方法是在冲刺中安排工作，就像在传统的 Scrum 中一样，使用看板来显示冲刺的工作，并监控正在进行的工作。

127. D

干系人参与类型可分为五个级别：不知晓、抵制、中立、支持和领导。中立的干系人既不支持项目也不反对项目，并且尽可能少地参与项目。

128. D

马斯洛需求层次理论认为，一旦一个较低层次的需求得到满足，它就不再是激励因素，下一个更高层次的需求会成为一个人生活中新的驱动因素。一个人在金字塔上的位置，取决于他在生活中经历了什么。最低层次是基本的生理需求（如住所、衣服、食物），其次是安全和保障、社会需求、自尊需求和自我实现。

129. C

这个项目的进度偏差（SV）为 -25 美元，这意味着这个项目落后于计划。这个项目的成本偏差（CV）是 50 美元，这意味着成本低于你在这个时间点的计划价值。

130. A、B

五因素模型也被称为五大人格特征，是一项人格调查，确定了用来描述个人性格的五个维度。这五个因素分别是经验开放性、尽责性、外向性、亲和性和神经质。

131. D

事业环境因素被定义为那些来自组织内部和外部能够影响项目的因素，包括市场条件、政府法规及组织的文化和结构。

132. C

团队使用的是自下而上估算。这种技术首先分别估算每个活动的成本，然后将它们汇总，得出一个更准确的活动级别的估算或整个项目的估算。

133. A

干系人登记册是项目工件，其中记录了已识别的干系人的信息。干系人登记册通常包括识别信息、评估信息和干系人分类。

134. B、C、D

干系人登记册包括已识别的干系人及其相关信息，具体内容包括基本信息、评估信息和干系人分类。团队基本规则包含在团队章程中。

135. E

根据《PMBOK® 指南》，与项目资源管理相关的活动应该与项目和组织的独特需求相匹配。独特需求包括团队的多元化、团队成员的物理位置、特定行业的资源需求、团队成员的招聘、团队管理，以及项目生命周期的类型。

136. D

团队建设活动有助于增加工作环境中的协同和合作。这些类型的活动还有助于团队成员之间建立联系，帮助他们更有效地一起工作，创造双赢的局面。

137. A

筛选系统使用预定义的性能标准或一套确定的最低要求来过滤掉不合适的供应商。

138. C

当项目提前结束时，应该在确认范围过程中记录已完成工作量的具体程度。

139. A、B、D

形成有效的敏捷团队的潜在成功因素是建立基本的信任和安全的工作环境，以及敏捷的思维。

140. A

文化可以通过检查组织偏差来评估。组织偏差与组织及其文化的价值观和偏好有关。根据《敏捷实践指南》，偏差包括探索与执行、速度与稳定、质量与数量、灵活性与可预测性。

141. C

对希望采用更多敏捷实践的团队来说，迎合通常是一种解决障碍和阻塞的方法。当敏捷术语和语言不符合组织规范时，解决方法之一是修改术语，以便团队成员理解活动并达成一致。为了取得成功，团队应该清楚地定义术语，使之与其含义保持一致。

142. A

将低优先级风险添加到风险登记册的观察清单里，对其可能发生的变化进行监控。

143. C

进度管理计划记录了开发、管理和控制项目进度的方法和方式。

144. C

珍妮使用了指导解决冲突的技术，这项技术也被称为强迫。指导就是一个人以他人为代价推行自己的观点。在这个场景中，珍妮没有完全认识到鲍勃对第二个用户故事的想法和意见。这被认为是一个"赢－输"的局面。

145. B

成本偏差（CV）可用来确定成本是高于还是低于这个时间段的计划，计算公式为

$CV = EV - AV$，代入数值，即 $CV = 95 - 100 = -5$（美元）。结果是负数，这意味

着项目成本低于这个时间段的计划成本。

146. D

业务分析师和项目经理已经开展了与以下过程相关的活动：收集需求、定义范围

和创建 WBS。这些过程属于项目范围管理知识领域。项目需求管理不属于十大知

识领域。

147. B、C、D

项目治理框架是在项目级别进行处理，而不是在组织级别。根据《PMBOK® 指

南》，项目治理指导项目管理活动，从而创建独特的产品、服务或结果，以满足预

期目标的框架、功能和过程。

148. D

团队章程也被称为团队社会契约。除了基本规则之外，这个协议还包括团队价值、

工作协议和团队规范。在理想情况下，团队应该共同制定这些内容。

149. C

所有选项都是使用虚拟团队的好处。在这个场景中，团队缺乏完成特性集合所需

的技术知识。扩大资源池，包括虚拟团队成员，将增加其获得所需技能集合的可

能性。

150. B

这道题的答案需要参考管理沟通过程。这个过程负责确保项目信息的及时分发。

项目管理计划、项目文件、工作绩效报告、企业环境因素、组织过程资产都是这

个过程的输入。其余的选项均是这个过程的工具与技术，而不是输入。

151. B

进度网络分析是开发进度过程的工具和技术，可以与其他的工具和技术（包括关

路径结合使用，以生成项目进度表。

152. A—（1），B—（2），C—（2），D—（1），E—（1）

资源管理计划记录资源将如何被分类、分配、管理和释放。团队章程记录并归档了团队共同运作的指导原则，以及团队价值观和协议。

153. B

风险报告包含对已识别的项目风险和总体项目风险来源的总结。

154. A

变更控制系统是配置管理系统的一个子集。配置管理系统是项目管理信息系统的一个子集。

155. D

最终报告是在完成项目或阶段过程的相关活动后创建的。该项目工件总结了项目或阶段的绩效，通常包括以下内容：项目或阶段的摘要、针对范围／质量／成本／进度目标的绩效、有关已完成工作的验证信息摘要、遇到的风险或问题的总结，以及项目产生的最终结果是否满足项目对应的业务需求的总结。

156. E

项目经理在敏捷实践中的角色仍然存在争议。根据《敏捷实践指南》，项目经理的角色有时被称为团队促进者、团队教练、Scrum 主管或项目团队领导。

157. A、D

敏捷实践的应用从拥抱敏捷思维开始。根据《敏捷实践指南》，希望采用敏捷方法的项目团队在制定实施策略时，可以问自己以下问题：项目团队如何以敏捷的方式行动？团队可以快速交付哪些内容并尽早获得反馈，从而利于下一个交付周期的工作？团队如何以透明的方式行事？为了专注于高优先级任务，哪些工作可以避开？仆人式领导的方法如何有利于团队目标的实现？

158. A、B、D

根据《敏捷实践指南》，仆人式领导者具有以下特征：提高自我意识；倾听；为团队成员服务；帮助他人成长；指导而非控制；提倡安全、尊重和信任；提升他人的能量和智慧。仆人式领导者通常出现在应用敏捷实践的环境中。

159. B

产生偏差的常见原因是随机偏差、已知或可预测的偏差或过程中始终存在偏差的结果。

160. C

当预计偏差会持续时，ETC＝（BAC－EV）÷CPI。首先，你需要计算 CPI，代入数值，即 CPI＝925÷925=1。那么 ETC＝（1 400－925）÷1＝475。

161. A、C、D

冲突管理、决策、情商、影响力和领导力都是项目经理管理团队时应使用的人际关系和团队技能。

162. B

根据《敏捷实践指南》，燃尽图展示的是剩余工作与时间盒中剩余时间的对比。

163. D

检查可能是对承包商执行的工作进行简单的审查。它是结构化的，旨在确保各方均了解正在进行的工作。

164. A

可交付成果是管理项目知识过程的输入，而非输出。其余三个选项均是这个过程的输出。

165. B

一般来说，敏捷实践营造了一种透明的文化。共同参与编码活动、共享阶段性可交付成果，以及展示失败可能会让一些喜欢在发布之前完善工作的团队成员感到恐惧和害怕。在这种情况下，最好的方法是项目经理以身作则并在进行决策时体现公开透明。这将最终营造一种安全和舒适的氛围。

166. B

根据《PMBOK® 指南》，变更日志是项目期间提交的变更及其当前状态的综合列表。它记录项目所需的纠正措施、预防措施或缺陷修复。变更日志在执行集成变更控制程序中被当作关键文件管理。

167. C

塔克曼阶梯理论指的是团队建设通常要经历五个阶段，即形成、震荡、规范、成熟和解散。在形成阶段，团队成员彼此不太了解，他们正在熟悉项目及其自身角色。

168. E

有几种技术实践可以帮助团队以最快速度交付，其中一些来自极限编程。示例包括持续整合、全方位测试、验收测试驱动开发、测试驱动开发和行为驱动开发，以及探针（Spikes）。

169. D

沟通管理计划描述了沟通在项目管理过程中如何被规划、组织、实施和监控，以确保其有效性。它是更广泛的项目管理计划的组成部分。沟通管理计划中包含上报流程的内容。

170. A

利益干系人在项目生命周期的早期阶段具有最大的影响力。

171. A—（4），B—（1），C—（2），D—（3）

项目经理和其他领导者使用权力说服他人以特定的方式完成任务。使用何种权力取决于他们的个性、个人价值观及企业文化。

172. D

挣值管理是一种绩效测量方法。预测不是一种绩效测量方法。偏差分析和趋势分析是绩效评估的两种类型。

173. B

团队参与待办事项列表的优化活动。这包括与团队合作，为即将到来的迭代准备用户故事。用户故事应该包含足够的细节，以便团队了解工作范围及它们之间关联性的大小。

174. B、C

团队章程记录并归档了团队如何共同运作的指导方针，还记录了团队价值观和共识。团队章程中涉及的要素包括团队价值观、沟通指南、决策标准和流程、冲突解决流程、会议指南和团队共识。资源管理计划中包括团队成员的角色、职责和获取流程。

175. A、B

高度预测（瀑布）型生命周期通常有详细的规范，在工作开始之前预先定义好了需求。高度适应（敏捷）型生命周期的需求逐步详细，并且交付频繁发生。预测型生命周期内的变化受到限制，而适应型生命周期鼓励在交付过程中实时纳入变更。

176. D

根据《敏捷实践指南》，那些不专注于敏捷团队并且必须在多任务之间切换的团队成员一般会损失 20%～40% 的生产率。

177. D

根据《PMBOK®指南》，纠正措施是一种有目的的活动，即使项目工作绩效重新与项目管理计划一致，换言之，是使项目重新与计划保持一致的工作。

178. C

经验教训登记册通常在项目生命周期的早期创建，并在整个项目的各个阶段（直至结束阶段）进行更新。在项目结束时，团队将举行最后一次经验教训总结会议然后将记录的信息存档，以供将来参考。

179. C

集中办公是指在项目期间或项目生命周期的关键点将团队成员集中在同一个物理位置。作战室是团队成员在同一个公共会议室集中办公的示例。

180. A

题干中列出了管理利益干系人参与过程的所有输出。在这个过程中，问题日志更像是一个行动日志。

181. A

塔克曼阶梯理论指的是团队建设通常要经历五个阶段，即形成、震荡、规范、成熟和解散。在规范阶段，团队成员彼此已经非常了解，并且能够专注于解决项目问题。

182. B、C、D

燃起图、燃尽图、交付周期和周期时间提供了有用的实时衡量指标，它对能力测量指标和可预测性测量提出了见解。这些类型的测量可以帮助团队了解他们还有多少工作，以及团队是否能按时完成工作。

183. A、C

在这个场景中，你采用的是极限编程方法，这是一种管理项目的自适应方法。极限编程可以在每次迭代中提供商业价值，并从创建故事卡开始。故事卡类似于用户故事，包含需求、特性和功能。故事卡是以渐进的方式设计的。结对编程需要两个开发人员一起编写代码。

184. A—（3），B—（4），C—（1），D—（2），E—（5）

著名的理论家们提出了各自的激励理论，解释了个人是如何被激励的，以及为什么他们会以某种方式感受或行动。

185. A

风险登记册包含记录的风险列表和相关信息，如风险责任人、风险触发条件、风险应对计划等。

186. C

适应型生命周期也被称为敏捷型或变更驱动型生命周期。

187. D

渗透式沟通是无意识信息共享的一种形式，在水晶方法中使用。当对话在团队听得见的范围内时，就会发生这种情况。团队成员无意中听到对话，可能会意识到该话题对项目的重要性。

188. B

完工偏差（VAC）计算公式如下：VAC＝BAC－EAC。

189. E

内在能力是指自我管理和自我意识，外在能力是指关系管理。

190. B

最小可行产品（MVP）用于提高交付速度并尽早获得产品反馈。产品仅包含最少可满足功能或可交付成果以获得用户反馈，该反馈可用于产品的未来增量开发。

191. A、C、D

增量型生命周期方法是在迭代结束时交付完成的功能或可交付成果，产品所有者可以立即使用。赞助商或客户因此能够更频繁地获得价值，而不是等到项目结束。这种方法对交付速度进行了优化，将发布总体解决方案的子集作为获得反馈和更好地理解需求的一种方式。

192. A—（3），B—（2），C—（1），D—（5），E—（4）

人格五因素模型指的是五大人格特质，是一项用来描述个人人格的五个广泛维度的人格调查。五个维度分别是经验开放性、尽责性、外倾性、宜人性和神经质。

193. D

魅力型领导者是通过激励追随者来领导的人。他们充满活力且往往具有强烈的信念。

194. A

敏捷团队中有三种常见角色：跨职能团队成员、产品负责人和团队促进者。

195. B

根据《敏捷实践指南》，完成定义（DoD）是指团队需要满足所有标准的核对单，从而使可交付成果准备就绪并可供客户使用。验收标准是指在验收可交付成果之前必须被满足的一组条件。

196. C

最小可行产品用于提高交付速度并尽早获得产品反馈。最小可行产品可以提供产品的某个版本来满足早期使用者，然后将反馈用于产品的未来增量开发。

197. A

敏捷方法推崇频繁和透明的沟通，特别是当项目环境不明朗或发生变化时。这个理念也适用于项目工件的处理。根据《敏捷实践指南》，项目工件应该以透明的方式发布，并定期进行干系人审查以促进干系人之间的沟通。

198. D

配置状态统计是与配置管理系统相关联的活动。这个活动记录并存储更改状态及有效管理产品所需的信息。

199. D

在敏捷实践中，我们可以根据个人知识的深度和广度来判断这个人能够承担工作的程度。"T 型人才"是指在某一领域拥有深厚专业知识，但也能为其他领域做出贡献的专家。"I 型人才"是指通才，即在某个领域具有一定的专业知识，而同时可以为其他领域做出贡献的人。

200. B

数据分析是控制范围过程中唯一的工具和技术。

第六章 全真模拟试题 3

1. B

运用三角分布（简单平均值）或贝塔分布（加权平均值）可计算期望值。贝塔分布的三点估算公式如下：期望值＝（乐观估算＋悲观估算＋最可能估算 × 4）÷ 6。代入数值，即期望值＝（25 ＋ 50 ＋ 35 × 4）÷ 6 ＝ 36（天）（四舍五入）。

2. D

迭代型生命周期关注解决方案的正确性。出于这个原因，团队会尽早且经常地获得干系人的反馈，如通过原型获得反馈，这样团队就可以根据收到的反馈和见解将变更纳入解决方案。

3. A

期望理论指出，那些相信更多的努力将带来更好的绩效，进而获得奖励的员工，将继续高效工作。这是一个有意识的选择，反之，如果他们不重视奖励，他们就没有高效工作的动力。

4. B

定义活动过程的输出包括活动清单、活动属性、里程碑清单、变更请求和项目管理计划更新。题干中表明活动清单已经创建，里程碑清单是唯一正确的选项。

5. C

团队建设活动可以增强团队协作和社交关系，并会创造一个更加协调的工作环境。在项目的整个生命周期内，团队可以从持续的团队建设活动中获益；在项目的早期阶段，当团队成员之间的关系尚未建立时，这一点尤为重要。

6. C

制定预算过程为项目确定了成本基准。成本基准是这个过程的输出。

7. B

列出的所有选项都是沟通方式的类型。在处理复杂问题时，最好使用正式的书面沟通方式。在进行跨文化合作、远距离交流，更新计划或处理法律事务时，正式的书面沟通方式也是最佳选择。

8. B

虽然风险管理计划涵盖了与风险相关的报告和格式的细节，但是它并未涵盖项目干系人的所有沟通需求。这在沟通管理计划中得到了解决。

9. A

虽然所有选项均为虚拟团队的优势，但这个特定项目需要一套专业技能。由于虚拟团队扩大了可用的资源库，团队成员可能遍布世界各地，因此这种方式可以满足这个项目独特的资源需求。如果不使用虚拟团队，这个项目可能无法进行，或者由于团队成员频繁出差，项目成本可能非常高。

10. A、B、D

每日站会鼓励团队保持自组织，并让团队成员为其承诺完成的工作负责。基于迭代的敏捷注重责任，而基于流程的敏捷注重团队的产出。

11. C

菲利普·克罗斯比认为，当实现零缺陷时，质量就符合要求了；如果缺陷存在且可以被接受，那么需要修改要求。

12. A、C

知识可以分为显性知识和隐性知识。显性知识可以通过文字、图片和数字来获取和表达；隐性知识更难获取或表达，如信念、经验和诀窍。

13. D

准确度描述了你的舍入精度，计量单位描述了你将如何计量资源，如以天、周、月为单位。

14. D

你目前正在执行与控制进度过程相关的活动。这个过程是监控过程组的一部分。

15. B、C、D

有各种敏捷适应型筛选器和模型可用于帮助组织确定它是否会从敏捷方法中受益。《敏捷实践指南》中提供了一个可以被广泛使用的模型，它根据三种类别对组织进行评估：文化（即环境是否支持敏捷方法）、团队（即团队规模是否合适）和项目（即变更速度是否很快）。

16. C

内部收益率（IRR）是指资金流入的现值等于初始投资时的折现率，回收期是指收回初始投资所需的时间（本题中以月为单位）。虽然 X 项目和革新项目的内部收益率均为 3%，但革新项目的投资回收期较短。

17. C

变革型领导是一种领导力风格，领导者鼓励他人的想法、创新和创造。

18. B

WBS 是估算成本的基础。它通过范围基准（项目管理计划的一部分）为估算成本过程提供输入。WBS 包含所有项目可交付成果和与工作包要素相关的控制账户。

19. A、D

尽管敏捷团队各不相同，但典型的特征包括以下几点：团队规模为 3～9 人，团队成员在同一个工作场地工作，并且他们全都是专职人员。

20. B

人格五因素模型指的是五大人格特质，是一项用来描述个人人格的五个广泛维度的人格调查。这五个因素分别是经验开放性、尽责性、外倾性、宜人性和神经质。尽责性衡量的是个人工作的效率。

21. A

原型允许团队获得对进一步细化和澄清的用户需求的早期反馈。它是收集需求过程的一种技术。

22. D

你正在执行创建 WBS 过程。该过程的目的是将项目可交付成果和项目工作细分为更小、更易于管理的组件。

23. B

看板是一种敏捷方法，通常用于制造业项目，同时它在信息技术领域也有一席之地。使用看板，工作可以与可用资源或可用工作能力相平衡。这是一个基于拉式的理念，只有在资源可用时，工作才能进行到下一步。

24. C

预期货币价值＝风险概率 × 风险影响数值。代入数值，即预期货价值＝10% × 4 000＝400（美元）。

25. A—（1），B—（5），C—（3），D—（2），E—（4）

这几种基于敏捷的方法遵循迭代或基于流程的敏捷方法。除了各种类型的敏捷方法，也存在混合方法，如 Scrum 板（看板和 Scrum 的组合）。

26. B

制定预算过程的输出有成本基准、项目资金需求和项目文件更新。项目资金需求分为项目的总资金需求和阶段性资金需求。

27. A、B、D

组织分解结构、材料清单、风险分解结构、资源分解结构等都是以层级的方式呈现的项目信息，而责任分配矩阵不是。

28. B

质量管理计划可以描述测量结果的可接受范围。这被称为公差。

29. B

项目经理已告知计划员，进度计划必须压缩一周。这意味着我们将使用两种进度压缩技术（赶工或快速跟进）中的一种。这两种技术都是可选的。如果可以，我们应首先选择成本较低的快速跟进技术。

30. B

如果团队保持每次迭代 60 个故事点的速度，那么它还需要 7 次迭代才能完成剩余的 420 个故事点。

31. A、B、C

仆人式领导与团队合作，通过为团队服务展现其无私的态度。他们通过以下顺序来完成工作：目的、人员和过程。

32. C

成本基准和进度基准用于衡量执行和监控过程中的绩效。

33. A、B、C

概率和影响矩阵不是实施定量风险分析过程的输入。它在风险管理计划中被定义，用于对风险进行优先级排序，并在实施定性风险分析过程中被用作工具与技术。

34. C

检查可防止错误落到客户手中，而预防可防止错误发生。

35. D

使用燃尽图可以跟踪待办事项列表的剩余工作。燃尽图展示了当前迭代仍有多少工作要完成，以及基于现有速度对剩余迭代中要完成工作量的预测。

36. B

需求会以用户故事的形式被记录在待办事项列表中。然后，用户故事会被进行优先级排序及细化。

37. C

项目预算包括成本基准。选项 C 描述反了。

38. C

要计算关键路径，必须先画出进度网络图，然后沿着一条进度网络路径计算每个活动的持续时间。图 6-1 展示了进度网络图和其中存在的三条进度网络路径。以下分别是各路径的持续时间：A—B—D—F = 17，A—C—D—F = 19，A—C—E—F = 21。

39. C

要计算活动 D 的最早结束日期，需要采用顺推法。采用顺推法计算，要先画出进度网络图，然后按照以下步骤进行。

（1）从第一个活动开始。

（2）第一个活动从最早开始日期（第 1 天）开始计算，加上活动的持续时间，然后减去 1，以确定最早结束日期。这基于日历日的概念。

（3）下一个活动的最早开始日期是上一个活动的最早结束日期加 1。在遵循现有依赖关系的同时，沿着所有进度网络路径继续计算最早开始和最早结束日期。

（4）当一个活动有两个相连的紧前活动时，最早开始日期将是较晚完成的紧前活动的最早结束日期再加上 1。

图 6-2 是进度网络图，展示了每个活动的最早开始和最早结束日期。

40. A

要计算活动 C 的最晚开始日期，需要采用顺推法和逆推法。采用逆推法计算，需要先画出进度网络图并采用顺推法完成计算，然后按照以下步骤进行。

（1）从最后一个活动开始。最晚完成日期与最早结束日期相同。

（2）用最晚完成日期减去活动的持续时间，然后加 1，以计算最晚开始日期。用这个数字减去 1 来计算紧前活动的最晚完成日期。

（3）逆向沿着所有进度网络路径，继续计算最晚开始和最晚完成日期。

（4）当一个活动有两个相连的紧前活动时，最晚完成日期将是较早开始的紧后活

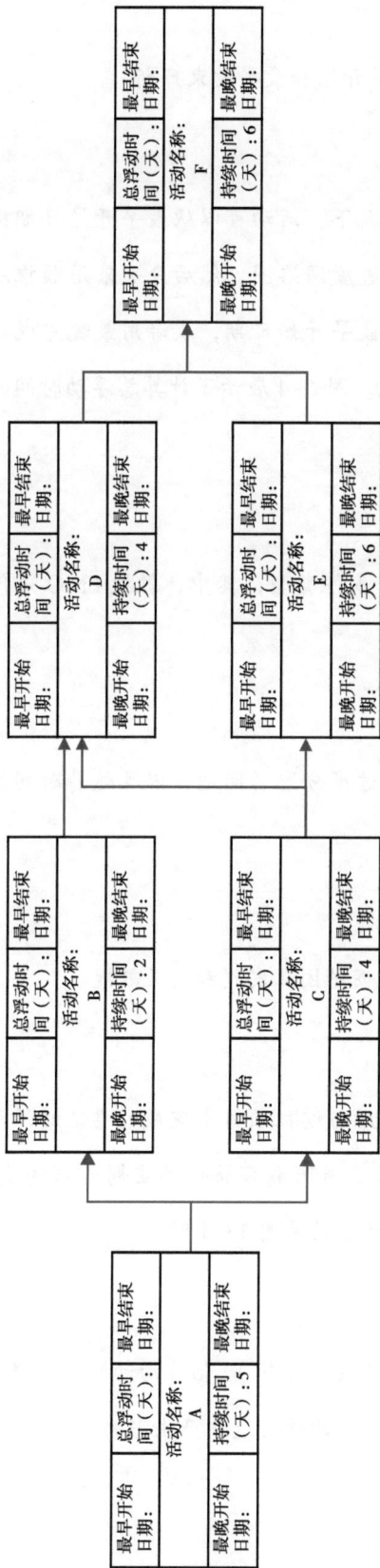

图 6-1 进度网络图：关键路径

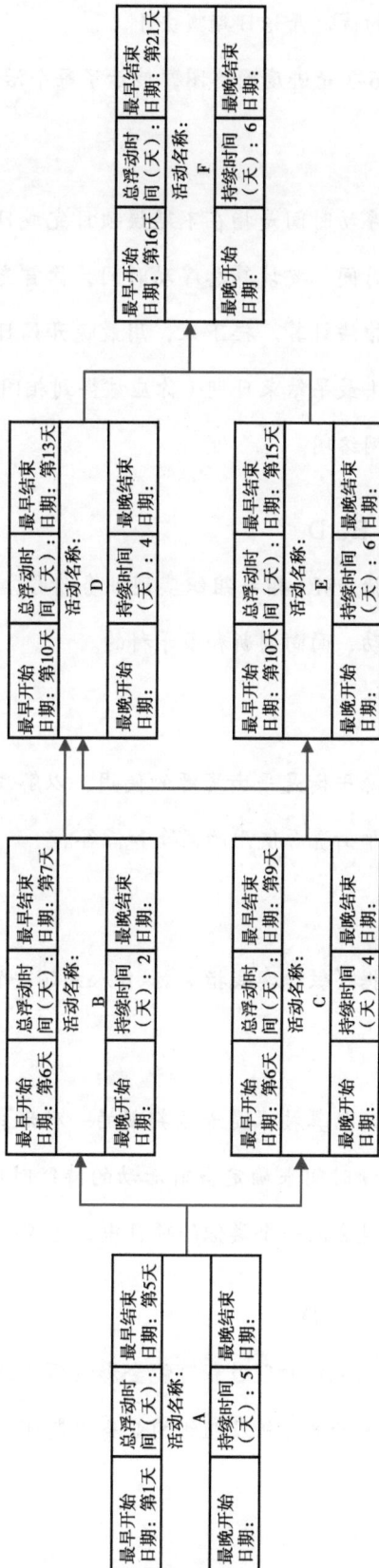

图 6-2 进度网络图：顺推法

动的最晚开始日期减去 1。

图 6-3 是进度网络图，展示了每个活动的最早开始和最早结束日期。

41. A

总浮动时间是指在不延误项目完成日期的情况下，活动可以从最早开始日期推迟的时间。要计算总浮动时间，你首先要画出进度网络图，然后分别采用顺推法和逆推法计算。接下来，用最晚开始日期减去最早开始日期，或者用最晚完成日期减去最早结束日期（你应该得到相同的答案）。图 6-4 展示了计算总浮动时间的进度网络图。

42. A、B、D

敏捷 PMO 指导组织实现业务价值。PMO 有多种类型，其中，敏捷 PMO 是价值驱动、面向创新和多学科的。

43. A

资源平衡是平衡资源的使用，以解决资源被过度分配的问题，以及随着时间的推移平衡资源使用的高峰和低谷。

44. D

根据《敏捷实践指南》，仆人式领导的作用是促进团队发现和定义敏捷。

45. B

类比估算技术是专家判断的一种形式。它使用与过往项目中完成的类似的活动的持续时间来确定当前活动的持续时间。这意味着阿莉莎将依赖主题专家的反馈：在过去的一个类似的项目中，完成一项类似的活动需要 13 小时。

46. A、C、D

规划采购管理过程可能会影响项目进度计划（反之亦然）。估算活动资源过程、自制或外购分析及组织的业务周期可能会对规划采购管理过程产生影响。

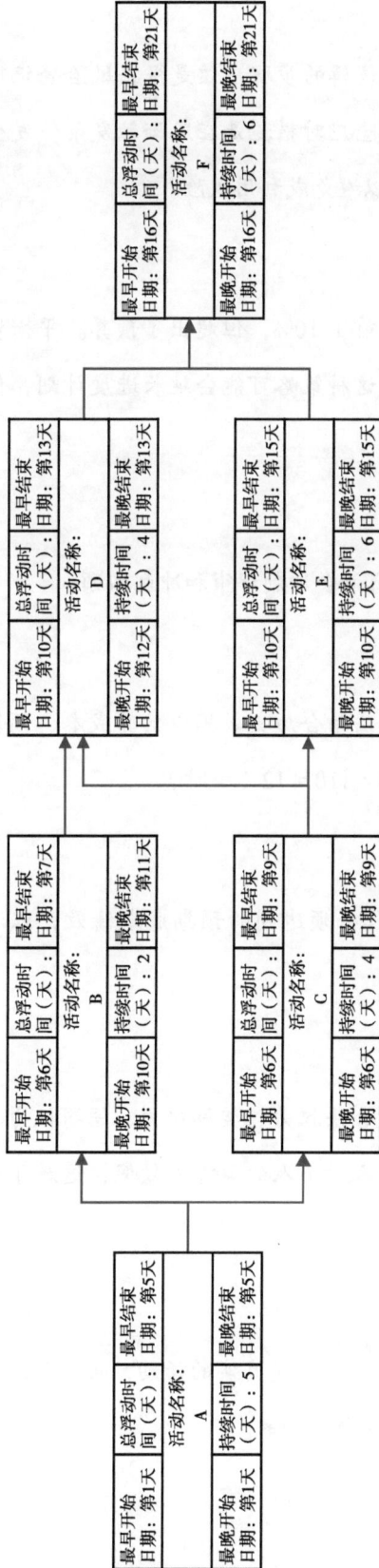

图 6-3 进度网络图：逆推法

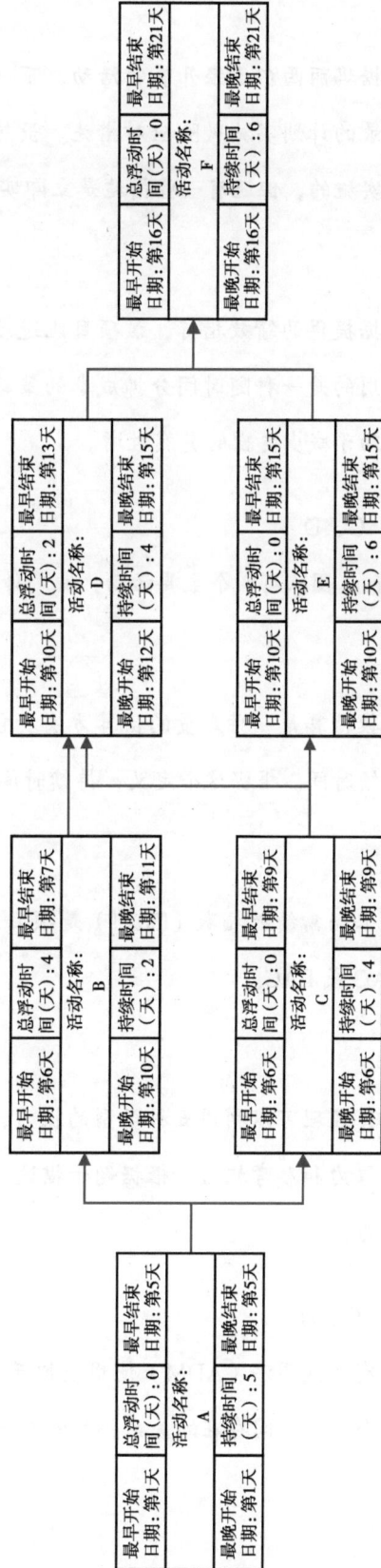

图 6-4 进度网络图：浮动时间

47. C

根据玛丽西尔已经开展的活动，下一个合乎逻辑的步骤应该是根据风险登记册中记录的计划实施风险应对措施。虽然有些风险应对措施是在风险触发条件发生时再实施的，但还有一些措施是立即实施的，以避免或利用风险。

48. C

根据提供的绩效指标，该项目比进度计划提前了 10%，但超出了预算。平衡资源使用的是一种随时间分摊成本的策略。尽管这种策略可能会延长进度计划，但这有助于减少支出的突然激增。

49. A、C、D

Scrum 团队有四个主要活动：冲刺计划、每日站会冲刺评审和冲刺回顾。

50. D

参数估算是一种定量的估算方法。它使用算法结合历史数据以估算成本、预算或持续时间。根据这个定义，持续时间 = 1 320 ÷ 110 = 12（小时）。

51. C

完工尚需绩效指数（TCPI）是项目剩余工作必须达到的预期成本绩效，以满足 BAC 或 EAC。

52. C

项目经理可以利用五种类型的权力，分别是合法权力、奖励权力、惩罚权力、专家权力和参考权力。根据题干描述，基于他人对个人的尊重或钦佩，这属于参考权力。

53. B、C、D

只有箭线图法（ADM）使用虚拟活动，这些活动不是真实的活动，而是用来显示两个活动之间存在的关系。其他选项的描述都是正确的。

54. A、D

根据《PMBOK® 指南》，有四种常见的项目生命周期：预测型、迭代型、增量型和敏捷型（也被称为适应型）。混合型是指两个或两个以上生命周期类型的组合。

55. D

项目章程在项目启动时生成。在开始规划或建立项目的待办事项列表之前，项目经理应该在项目启动时执行一个关键的活动——建立干系人登记册。这是执行干系人分析后的结果。

56. C

CPI 大于 1，表示项目在预算内执行；SPI 小于 1，表示执行进度落后。记住，通常指数大于 1 是好的，指数等于 1 是完美的（进度和成本均按照计划进行），指数小于 1 是不好的。

57. B

独立同行审查是正确答案。这种类型的审查可以确保项目开始时使用的观点、设计和测试都是好的选择。

58. A

敏捷团队通常会创建团队章程，作为团队建立社会契约的一种方式。团队章程确定了团队规范并统一了团队对如何一起工作的理解。这个社会契约包含了团队价值观、工作协议、基本规则和团队规范。

59. F

仆人式领导使团队更加敏捷，更易获得成功。根据《敏捷实践指南》，仆人式领导的特征包括提高自我意识、倾听、服务团队、帮助他人成长、指导而不是控制、促进安全 / 尊重 / 信任，以及提升他人的能量和智慧。

60. C

矩阵图工具包括二维图表和三维图表。它是一种管理质量过程的数据表现工具与技术。

61. C

光环效应是指根据一个人的显著特质去推断他的另一个特质。在这个示例中，公司认为因为乔恩擅长他的工作，所以他一定是一位很棒的项目经理。但是研究技术员的工作与项目经理的工作所需要的技能是不同的。

62. D

此时，预分派是一种已经使用过的技术，问题是关键资源没有被预先分派好，且现在是不可用的。最好的选择是与其他两个项目的项目经理及资源职能经理进行谈判，从而能够将资源分配给此项目。收购可能是一个潜在的选择，但必须先经过谈判。

63. B

规格界限和非机遇原因与控制图有关，因此选项 C 不是正确答案；趋势分析与运行图相关，所以选项 D 也不是正确答案。80/20 法则被称为帕累托定律或帕累托法则，它指出 80% 的问题是由 20% 的原因造成的。这正是这个场景中的项目经理所要关注的内容。

64. A

增量型生命周期的重点是通过频繁的交付来提高速度。这种类型支持具有动态需求的项目，允许项目团队将它完成的可交付成果交付给客户，并且客户可以立即使用。其他选项分别对应的是预测型、迭代型和敏捷型生命周期。

65. B

只有"正式书面"和"非正式书面"是沟通类型。电子邮件可以被认为是一种正式或非正式的沟通方式，这取决于内容。在这个场景中，电子邮件被认为是非正式的沟通。

66. A、B、D

观察清单中的风险是低优先级的风险，这些风险被确定为包含最小数量的威胁，但仍应在项目进展过程中定期监控其状态的变化。其他三个选项都是正确的。

67. B、E

虽然所有选项都可能导致该项目问题，但糟糕的范围可以很快导致项目失败，无论变更控制程序或系统有多好。缺乏正规的项目管理可能也是原因之一，但是通过认证并不能保证这种情况不会发生。范围基准通常是为了进行变更控制，并用于制定项目决策，这就是为什么对采用预测型生命周期方法管理的项目来说，糟糕的范围管理将导致大量的项目变更。考虑到此项目的高度不确定性，采用自适应型或混合型生命周期方法可以减少以上问题的发生。

68. A

谈判是项目经理为项目获取资源所使用的一种常见的技术。在理想情况下，项目经理应该首先向工程总监申请批准，但事已至此，最好的选择是尝试与资源经理进行协商。项目发起人不应该参与谈判，除非它对项目不利。

69. B

最好的选择是在问题日志中记录问题。这样做的原因是，可以将问题分配给负责人，并设置目标解决日期。这样可以提供更加结构化和文档化的解决方案。问题日志是日后在项目文件中被归档的文件。

70. E

虽然回顾会议通常在迭代或增量结束时举行，但团队也可以在项目的各个关键点进行回顾，以获得利益，比如，当团队感觉工作不顺畅时。虽然团队在何时举行回顾会议并不一定受到限制，但通常它在项目工作开始后举行。

71. B

观察与对话是管理团队过程的一种技术，描述了项目经理监控团队进展、成就和人际关系问题的方法，因此它是正确答案。360度反馈是项目绩效评估的一种类型，反馈来自团队成员的各个层级的互动。它提供了团队成员的信息，但不是来自团队成员。问题日志跟踪的是问题，与题干内容并不相关。团队建设活动似乎是一个正确的选项，但其目的是发展团队成员之间的关系，团队建设的重点是建立凝聚力，而不是评估工作态度。

72. A

为了使用决策树，我们需要计算每个方案的预期货币价值。预期货币价值可以通过风险影响数值乘以概率来计算。方案 A 的预期货币价值 = $-5\,000 \times 25\% = -1\,250$（美元），方案 B 的预期货币价值 = $-3\,500 \times 65\% = -2\,275$（美元）。因此，方案 A 是最好的选择。

73. D

知识可以分为显性知识和隐性知识。显性知识可以用文字、图片和数字来捕捉和表达；隐性知识更难捕捉或表达，如信念、经验和诀窍。

74. D

项目经理正在使用斯泰西复杂性模型来绘制关于复杂性元素的确定性程度，如需求、技术挑战或团队技能。测量的维度为低不确定性或高不确定性、一致性或非一致性。落入复杂象限的项目最适合采用适应型方法，而落入简单象限的项目最适合采用预测型 / 线性型方法。

75. B

项目章程通常由负责批准项目的项目发起人签字。在这个案例中，尼古拉斯被确定为项目发起人。

76. B

持续改善的概念围绕着一个理念，即对产品或流程进行小的或渐进的改善，从而降低成本并保持性能的一致性。"kaizen"在日语中的意思是"变得更好"。

77. C

这个问题涉及指导和管理项目工作的过程的关键输入内容。这个过程涵盖了项目工作和可交付成果的全面管理。虽然有些输入也很重要，但如果没有已批准的变更请求，就无法完成问题中提及的活动。

78. B

回顾会议类似于经验教训总结会议，团队在经验教训总结会议中从以前的工作中学习。召开回顾会议是敏捷团队学习和改进流程的一种方式。通常，团队会承诺在下一次迭代中致力于改进某个事项。

79.　D

项目经理使用人际关系技巧来建立信任、解决冲突、积极听取利益干系人的意见，并克服变更阻力。它是管理干系人参与、发展项目团队及管理项目团队过程所使用的技术。

80.　D

团队章程也被称为社会契约。这个文件描述了团队成员如何彼此交流，包括他们的基本规则、团队规范、工作协议和团队价值观。

81.　A

作为项目经理，你有责任为项目管理知识库做出贡献，其中包括向他人传授项目管理实践知识。独立估算是规划采购管理的一种工具和技术。

82.　D

数据分析是进行成本估算的一种工具和技术。有几种技术是数据分析的一部分，如备选方案分析。其他技术包括储备分析和质量成本分析。

83.　A

CPI 的计算公式如下：CPI = EV ÷ AC。代入数值，即 CPI = 1 700 ÷ 1 950 = 0.87（四舍五入）。CPI 小于 1，意味着项目超出预算。

84.　C

转移策略包括将风险转移给第三方。在这种情况下，第三方管理并承担了风险责任。购买保险是风险转移的一个示例。

85.　C

敏感性分析可以确定哪些风险对项目有最大的潜在影响，并利用龙卷风图比较从高度不确定性的变量到更稳定的变量的重要性。

86. A—（5），B—（2），C—（1），D—（3），E—（4）

冲突解决方法有五种：撤退/回避、缓和/包容、妥协/调解、强迫/命令、合作/解决问题。

87. C

这个状态描述了虚拟团队。虚拟团队由分散在不同地点的人组成，主要通过技术工具进行交互，如视频会议、在线聊天软件、电话等。团队成员几乎没有面对面交流的时间。集中办公正好相反，即团队成员在同一地点办公。

88. B

权力/利益方格根据干系人的权力参考级别及其对项目的关注级别，即利益参考级别对其进行分组。

89. A

凯莉刚刚执行了风险响应过程，接下来可能会执行与监督风险过程相关的活动。风险审计是一种工具和技术，用于评估已实施的风险应对措施的有效性，通常通过风险审查会议或专业的风险审计会议进行。

90. A

这道题问的是最常见的冲突来源。正确答案是稀缺资源。其他常见的冲突来源包括计划优先级和个人工作风格。

91. D

直到客户或买家签字，项目才被认为正式完成。许多公司都会因错误地理解项目的完成定义而犯错，从而产生进一步的需求或冲突。正式收尾意味着从客户那里获得了可交付成果和范围已经完全被满足的协议。

92. E

《敏捷宣言》有四个核心价值观：个体和互动高于流程和工具；工作软件高于详尽的文档；客户合作高于合同谈判；响应变化高于遵循计划。

93. B、C、D

资源管理计划描述的是何时及如何满足资源需求。它处理的是诸如人员获取、团队获得资源时间表、发布标准、培训需求、认可和奖励、遵守及安全等问题。然而，它没有定义角色和职责，这是人力资源管理规划过程中一个单独的输出。

94. B

沟通管理计划提供了进行沟通及报告的人员、内容、地点、原因和时间。该计划应包含有关报告何时分发的详细资料。

95. A

噪声被定义为任何可能干扰消息获取或接收的东西（如静电）。根据沟通的基本模型，四个选项中只有噪声和介质是官方术语。

96. B

通过组织过程资产，项目管理团队可以了解与采购相关的政策、程序、指导方针和管理系统。了解公司目前采购活动的进行方式很重要，这将有助于项目团队制订一个好的采购管理计划。

97. C

四个选项全都是概率分布的形式。最常用的概率分布是贝塔分布和三角分布。因为只有贝塔分布出现在选项中，所以它是正确答案。

98. C

成本类合同是一种合同类型，其形式为买方同意支付卖方完成工作的所有实际成本，外加一笔额外的金额。一些成本类合同会支付额外的固定费用，还有一些会支付额外的奖励费用或激励费用。买方是这类合同中风险最高的一方，因为他们可能无法控制卖方的开销。

99. D

模板被存储在组织过程资产中。当使用以前类似项目的模板时，项目经理可以获得一致性的结果。例如，通过使用活动清单或网络图，可以使团队更高效地利用时间。模板还可以改进结果。

100. C

项目经理正在使用斯泰西复杂性模型来绘制关于复杂性因素的确定性程度，如需求、技术挑战或团队技能。该模型在 X 轴和 Y 轴上显示从低到高的不确定性水平，或者在 X 轴上显示不确定性水平，在 Y 轴上显示一致性水平。该二维模型显示了复杂因素确定性和一致性的递增过程，并将其划分为简单、混乱等类别。

101. D

鱼缸窗口是一种建立共享虚拟工作空间以容纳分散在多个位置的团队成员的方法。个人可以在工作日开始时加入实时视频流，并在工作日结束时将其关闭。这种方法旨在增强团队协作。

102. C

发起沟通的人是项目组成员，信息的接收方是项目经理。

103. D

请注意，萨利接受了事实并当场做出了选择，她没有听取两位团队成员的意见，也没有试图讨论这些选择。这种冲突解决技术被称为强迫，即一个人在不考虑其他人反馈的情况下做出决定。强迫也被称为指挥。

104. D

RACI 是一种责任分配矩阵，代表执行、负责、咨询和知情。

105. B

这道题的答案是符合要求的成本。虽然质量有助于防止返工及提供更好的客户满意度，但这些都是符合项目要求的结果。

106. B

当资源在合同中被承诺给客户，或者早在项目章程中就被分配时，该资源就会被当作预分配对象。在以上两种情况的任何一种情况下，该资源都已正式投入该项目。

107. D

题干中提供了项目信息管理系统的示例，它是管理沟通过程的工具和技术。信息系统是用于促进沟通的工具。

108. F

由于组织的不同和各项目的独特需求，项目可能遵循不同的项目生命周期。根据《PMBOK® 指南》，一般项目都呈现通用的项目生命周期结构：启动项目、组织和准备项目、执行项目和结束项目。

109. A

在管理项目时，你应该始终了解影响项目所在地的法律及政治环境。通过了解政治环境，项目团队可以规划并采取预防措施。这道题不是问你如何避免政治暴力，而是如何防止它影响项目。

110. D

镀金通常是一个与质量相关的术语。它意味着为客户提供不包含在项目范围内的额外内容，是范围蔓延的一种形式。额外内容可能包括额外功能、性能改进和组件调整等。

111. C

过程改进计划包含四个主要方面：流程边界、流程配置、流程度量和绩效改进目标。因此，失败率是正确答案。

112. D

根据《PMBOK® 指南》，100% 规则是指工作分解结构包括项目所有的工作。因此，工作分解结构代表了所有产品和项目工作，可以最好地描述项目范围。

113. D

缓解可以降低风险的可能性和影响。其他选项分别描述了转移、规避和增强策略。

114. D

根据《PMBOK® 指南》，商业价值被定义为从商业活动中获得的可量化的净收益。收益既可以是有形的，也可以是无形的。

115. A

固定价格合同也被称为一次性付款，是卖方提供工作估算后，与买方谈判并承诺以该价格完成工作的合同。卖方的风险最大，因为如果估算不准确，他们最终可能没有利润。

116. C

题干要求项目团队了解所有可能的原因。根据提供的选项，因果图是最佳答案。因果图是一个类似于鱼骨的图表，显示了各种因素如何与潜在问题相关联。

117. A

所有选项都是对待风险的态度。对风险态度的命名非常具有描述性，从字面上很容易理解。

118. 阿尔弗雷德

RACI 代表执行、负责、咨询和知情。该矩阵将阿尔弗雷德标记为执行研究活动。"R"（Responsible）一栏表示谁将执行此工作。

119. C

团队绩效评估的目标是提高团队绩效，而项目绩效评估是直接反馈给项目团队成员的。团队绩效评估是开发项目团队过程的输出。

120. F

团队章程是团队的一种社会契约。根据《敏捷实践指南》，团队章程包含团队价值观、工作协议、基本规则和团队规范。

121. C

权力 / 影响方格可以被分为四个象限，根据利益干系人的权利和影响水平进行绘制。具有低权力／低影响力的干系人可能会受到监督；具有高权力／低影响力的干系人可能需令其满意；具有低权力／高影响力的干系人可能会被告知；具有高权力／高影响力的干系人可能会受到密切管理。托尼处于上述象限中的最后一个象限。

122. C

似乎有好几个选项都是正确的。例如，你可以认为选项 A 是正确的，因为它的内容适合描述一个项目。然而最好的答案是项目集。项目集被定义为一组彼此相关的项目。项目组合包含一组按照特定的战略业务目标进行分组的项目，但这些项目不一定相关。工作包不是正确选项，它指的是工作分解结构中的可交付成果。

123. C

质量成本是指因开展质量活动而产生的任何相关成本。这被认为是对时间、资金和资源的投资，从严格意义上来说，这一切都归结为资金的投资。因此，这道题的正确答案是返工。

124. A、B、D

运行图是一种质量工具，因此它不是用于展示组织结构图的方式。

125. B

项目经理负责为项目团队成员提供其工作所需的适当培训。

126. B

这道题的正确答案是特殊津贴。这是公司提供的另一种福利，它们通常被称为"津贴"。

127. B

在"开始—开始"的依赖关系中，后续活动（活动 B）必须等待其前置活动（活动 A）开始后才能开始。由于两个活动都要尽快开始，所以我们可以假设活动 B 在活动 A 开始后立即开始。但是，这里有两天的延迟，这意味着活动 B 必须在活动 A 开始后，等两天才能开始。所以从活动 A 开始的那一刻起，活动 B 将在 9 天后才能完成（只需用活动的持续时间，加上两天的滞后）。由于此方案中的活动重叠，因此完成这两个活动的总持续时间为 10 天。

128. D

项目经理应该允许团队成员解决他们自己的冲突。但是，当问题升级到需要项目经理参与时，最好的方法是合作。这是一种被推崇的冲突解决技术，因为它会带来双赢的局面。

129. A—（5），B—（1），C—（3），D—（2），E—（4）

项目经理可以利用各种领导风格来适应各种情况和组织规范。《PMBOK® 指南》中引用了六种领导风格：放任型、交易型、仆人式、变革型、魅力型和交互型。敏捷团队偏爱仆人式领导，因为它专注于团队。

130. C

根据题干描述，副总裁显然是项目的利益干系人，而且团队之前没有识别出来。如果还未确定所有利益干系人，就意味着所有期望、需求和要求未被完全记录和解决，这可能会在项目中产生重大问题。

131. B

《PMBOK® 指南》对项目的定义是"为创造独特的产品、服务或成果而进行的临时努力"。这道题旨在测试你是否认识到项目和运营工作之间的区别。运营工作的定义是持续的、重复的、旨在维持业务的工作。

132. A

最小可行产品包含刚好足以获得反馈的功能或可交付成果的产品，这些反馈可以用于未来的产品增量开发中。

133. A

滚动式规划是指详细规划近期工作，而远期工作则是在工作分解结构的较高层次被规划的。虽然这是一种渐进明细的方式，但滚动式规划是一个更具体的选项。渐进明细和滚动式规划与范围蔓延的不同之处在于它们是有计划和受控的。

134. B

这道题的正确答案是允许进行审计。审计并不总是在计划内的，其目的是提高效率并降低质量成本。识别现有的低效率将使团队受益匪浅。审计是双赢的，即使有时团队感到不便，也须以大局为重。

135. D

目标收益是指通过实施产品、服务或成果获得的有形和无形的商业价值。它们通常被记录在收益管理计划中，详细说明如何及何时实现收益。

136. D

收益管理计划描述了项目收益将如何及何时交付。它描述了项目生命周期内和项目结束后实现收益的时间框架。

137. D

渗透式沟通是一种使用水晶法的无意识的信息共享形式。当对话在团队可以听到的范围内时，就会发生这种情况。团队成员无意中听到对话，可能会意识到这个话题对项目很重要。

138. D

作为消息的发送者，项目经理负责确认消息清晰、完整且被正确理解。根据题干描述可知，项目经理假定消息已经被理解了。

139. E

在角色和责任的定位中，应该考虑一些具体的因素。它们是与组织、技术、人际交往能力、后勤和政治相关的因素。

140. C

采购审计是对采购管理流程进行审计的结构化审查。采购审计的主要目的是查明采购管理流程中的高效率部分和低效率部分，这将作为经验教训的一部分被记录下来。无论是近期项目还是远期项目，这些信息对于未来的采购都很重要。

141. C

这道题的正确答案是强迫。这是一种冲突解决技巧，而不是领导风格。领导风格主要有六种：放任型、交易型、仆人型、变革型、魅力型和交互型。

142. A

一个西格玛的标准概率是68.27%。

143. A

EAC 的计算公式是 $EAC = BAC \div CPI$。首先计算 CPI，$CPI = EV \div AC$，代入数值，即 $CPI = 145 \div 138 = 1.05$（四舍五入），从而得出 $EAC = 200 \div 1.05 = 190$（美元）（四舍五入）。

144. A

头脑风暴是指将个人聚集在一起，针对各种主题（如需求）产生并收集想法。

145. D

看板基于精益思想原则，帮助团队维护其组织性；看板让团队成员保持协作，让每个人都了解项目情况。基于流程的敏捷方法（如看板）是通过团队执行工作的能力从待办事项列表中选取工作的。

146. C

项目经理运用基本管理技能来协调利益干系人以实现项目目标。基本管理技能是管理利益干系人参与过程的一种技术。

147. D

《敏捷宣言》确定了敏捷方法的12条原则。2001年，一群聚集在一起的软件开发人员将其正式规范化。

148. D

内部收益率（IRR）是资金流入的现值等于初始投资时的折现率。如果根据 IRR 选择项目，那么要选择 IRR 的值较高的。

149. C

集中办公是指团队成员在同一地点工作。创建作战室是一种集中办公的方法。

150. A

虚拟团队是位于项目所在的主要物理办公地点之外的团队成员。

151. D

很明显，项目经理在制定进度表时没有检查资源日历安排。资源日历包含资源的工作日和非工作日，包括假期、休假和资源空闲时间。

152. D

团队建设活动旨在项目团队成员之间建立信任，使他们能够以更加高效和更有凝聚力的方式工作。

153. D

正确答案是里程碑清单，文件中包含项目的所有里程碑。它确定了里程碑是可选的还是强制性的。里程碑是项目中的一个重要节点或事件，随着项目的进展和工作的进行，里程碑清单可以作为衡量进度的基准。

154. B

这道题的正确答案是持续改进。"Kaizen"这个词在日语中的意思是"变得更好"。

155. A

完美地计划一个项目是不可能的，有时甚至是低效的。无论现在的项目可能与过去管理过的其他项目有什么相似之处，它都会有很多不确定的部分和因素。一名优秀的项目经理明白变更是不可避免的，这就是为什么进行项目维护、为项目设置不同的生命周期和进行整体项目管理如此重要。

156. D

这个问题与计划人力资源管理流程相关。苏所做的是为项目增加价值。构建人际网络是一种与他人的非正式互动形式，它可以帮助你了解影响项目的政治因素和人际关系因素，发展行业和伙伴关系。如果此流程在公司内部完成，它可以在内部建立伙伴关系和合作关系。

157. C

利益干系人管理计划过程确定了让利益干系人高效地参与战略制定。该计划的完成是基于利益干系人分析的，干系人分析是创建干系人登记册的一部分。虽然项目管理计划从技术角度而言也是正确的，但它不是最好的答案，选项C更具体。

158. A—（4），B—（3），C—（1），D—（2）

水晶方法实际上是一系列旨在根据项目需求进行扩展的方法。它根据三个因素来确定使用哪种水晶方法：项目的关键性、项目的优先级和涉及的人数。

159. D

三大冲突来源包括缺乏资源、优先级安排和工作方式个性化。

160. B

成本补偿合同对买方来说风险较高。因为买方为卖方报销了其实际成本，再加上一笔额外的费用，此外，成本补偿合同的类型可以决定这笔额外费用是否有上限，因此，当买方可以确定工作但不能确定如何进行工作时，通常会使用此合同。

161. D

组织过程资产包含来自过往归档项目的历史信息、经验教训、模板、政策、程序和其他有价值的信息。在这种情况下，项目经理使用以前的进度管理计划作为模板并对其进行裁剪以供当前项目使用。这是推荐的做法，可以避免项目经理为每个项目重新建立重要信息。精力需放在提高效率和改进现有实践及模板上。

162. A

工作分解结构（WBS）的最低级别是工作包。下一步是将工作包分解为活动清单列表。但是，活动清单列表不被视为WBS的一部分。计划包和控制账户也在WBS中，但不是最低级别。

163. D

阿尔弗雷德正在使用信息管理系统来录制、存储和分发信息给利益干系人。

164. A

项目模糊性在项目初始达到顶峰，利益干系人对此有很多看法。随着项目的进展和工作的运行，变更成本增加，变更量开始减少。因此，利益干系人最有可能在项目的初始阶段获得变更请求的批准。

165. C

这道题是关于预分配的问题。预分配问题可以在合同中协商，可以包含在项目章程中，也可以是以工作人员专业知识为重点进行分配的结果。预分配可被用作组建团队流程的工具和技术。

166. A

这道题需要使用沟通路径公式：$C_n^2 = \dfrac{n(n-1)}{2}$。代入数值，即 $C_{24}^2 = \dfrac{24 \times (24-1)}{2} = 276$（条）。

167. C

《PMBOK® 指南》将风险定义为不确定的事件或条件，如果它们发生，将对项目目标产生积极或消极的影响。针对已发生的未识别的负面风险，团队应采取权变措施（选项 A）。问题（选项 B）可以被描述为当前正在发生的负面风险或事件。触发器（选项 D）或风险触发器表示即将发生风险的事件。

168. C

请注意，约束会影响项目的事项顺序，因为根据合同要求的截止日期，项目经理必须在供应商开始工作之前提供必要部件。由客观依赖或合同要求所产生的依赖关系被称为强制性依赖关系或硬逻辑关系。

169. B

为了回答这个问题，你需要回忆马斯洛需求层次金字塔和金字塔内的五个层级。

这道题问的是最高层次的需求，根据金字塔模型，答案是自我实现。

170. C

里程碑的持续时间为零。它是项目中的重要时刻或事件，如可交付成果的完成。

171. D

参加博览会并不是为了侦查竞争对手，而是构建人际网络。在较小的范围内，构建人际网络活动包括非正式对话、委员会聚会、午餐会等。在这种场景下，鲍勃的行动是积极主动的。

172. C

在所有选项中，项目管理办公室（PMO）是最佳选择。PMO 负责为项目经理提供培训和资源。PMO 还存档了组织过程资产，这将有助于在此情景下进行培训。你提出与他一起管理项目，这意味着你将承担他的部分项目和责任，这是一个错误的选择。不提供任何类型的帮助是一个糟糕的选择，因为作为项目经理，我们的部分职责是在不以牺牲自己的项目为代价的前提下，鼓励和教育其他项目经理。

173. A

这道题的正确答案是通过观察和交流。这是一种可以让项目经理了解团队成员对项目的态度的技术，并可以更好地判断正在发生的事情。项目经理还可以从团队成员那里获得直接的反馈。

174. 虚拟团队

虚拟团队是由在不同地点工作的项目团队成员组成。因此，虚拟团队是正确答案。

175. D

风险经理正在使用专家判断技术。它指的是由项目内部或外部的主题专家验证用于执行过程的数据和技术。

176. B

此报告被视为正式的书面报告，因为它们是项目的正式报告，并且以书面形式提交。

177. A

这道题的正确答案是附加福利，即提供给所有员工的福利。

178. B

提出质量管理的 14 个步骤的理论家是 W. 爱德华兹·戴明。

179. A—（4），B—（1），C—（3），D—（2）

项目生命周期有四种类型：预测型、迭代型、增量型和敏捷型。选择用于管理项目的生命周期受多种因素驱动，其中之一是生命周期目标。

180. A

最小可行产品用于提高交付速度和尽早获得产品反馈。产品包含刚好足以获得反馈的功能或可交付成果，这些反馈可以用于未来的产品增量开发。

181. B

参考权力是基于他人对个人的尊重或钦佩。

182. C

通常，项目经理或职能经理负责解决此类冲突。但实际上，他们应该只会提供援助或以正规的方式解决冲突。最好的选择是项目团队成员自己直接解决冲突。

183. C

冲突管理不是一种反馈形式，与观察和对话相反，360 度反馈是一种正式的反馈类型。360 度反馈是一种考核，而团队绩效评估关注的是团队的绩效。

184. A

已经花费的金钱指的是沉没成本。机会成本是指在选择一个项目而不是另一个项目时损失的金钱，等同于放弃的项目的价值。直接成本是由项目工作所产生的成本。固定成本是在整个项目中保持不变的成本，如租金。

185. A

谈判和项目人员分配发生在获取项目团队过程中，这是项目资源管理知识领域的第二个过程。

186. C

镀金是指增加了项目范围外的附加功能。有时这样做是出于善意，但无论意图如何，这都被认为是不可接受的。如果添加的不是项目要求的功能，那么产品会被认为质量未达到标准。

187. B

与约瑟夫·朱兰关联的应该是合用性的概念。

188. A

利用是一种策略，用于在组织想要确保风险发生，或增加某积极风险的影响时。利用与避免完全相反，避免旨在消除风险发生的可能性。开拓和增强之间的主要区别在于开拓是通过变更确保机会发生，这可能包括也可能不包括影响的增加，而增强仅增加机会发生的可能性和/或影响。

189. A

质量指标用于确定要测量的内容及可接受的测量内容。

190. A

组织结构分为三种类型：职能型、矩阵型和项目型。

191. D

同理心、影响力和创造力都是人际交往能力的表现，也被称为软技能。人际交往能力本身就是基本管理技能的一部分。人们认为，项目经理可以通过了解项目团队成员的感受，了解他们的关注点并及时跟进现有问题来减少问题并增强合作。

192. B

尽管约翰认为尼克的问题不是当务之急，但他应该允许尼克将所有问题提出来或通过规定的程序提交。

193. C

这道题的正确答案是质量差。记住，确保质量旨在消除浪费和消除非增值过程，同时旨在改进流程并确保项目要求被满足。

194. C

制定项目章程是为了使项目正规化。项目启动后，接下来是利益干系人的确定和分析。

195. C

标杆对照法是将当前项目与其他项目进行比较，将以前的项目作为比较点。

196. B

作为信息的发送者，项目组成员负责确认信息内容完整、清晰并且项目经理理解了信息。另外，项目经理未能履行接收方的职责，即确保他完整地接收到信息并正确理解了信息。

197. D

资源管理计划是项目管理计划的组成部分。它概述了项目的培训需求、安全需求和合规性，以及如何获取、管理和发布项目团队的详细信息。

198. B

360 度反馈是一种项目绩效考核，其反馈来自与团队成员的各个层面的互动。这提供了有关团队成员的信息，但信息并非来自团队成员。接下来，观察和对话一起作为管理项目团队过程的一种技术。这是项目经理监管团队进度、技能和人际关系的一种方式，因此选项 B 是正确答案。问题日志只是跟踪问题，与题干信息不相关。团队建设活动似乎是一个不错的选择，但其目的是发展团队之间的关系，重点是建立凝聚力和促进合作，而不是评估工作态度。

199. D

面对面会议是与利益干系人打交道的首选方法。题干中没有任何信息表明需要与利益干系人进行一对一的会议，这使得面对面会议成为最佳和最有效的选择。

200. D

PERT 代表一种项目评估和审查技术，并使用以下三个估算的加权平均值：乐观估算、悲观估算和最可能估算。PERT 分析被用作三点估算的工具和技术来估算活动持续时间和估算成本。